Andrea Bagatta

Comunicare con PowerPoint

Organizzare l'informazione in presentazioni efficaci

Pocket

APOGEO

Comunicare con PowerPoint

Autore:
Andrea Bagatta

Socio Unico Giangiacomo Feltrinelli Editore s.r.l.
Via Natale Battaglia 12 – 20127 Milano (Italy)
Telefono: 02-289981 – Fax: 02-26116334
Email: apogeo@apogeonline.com
Sito Web: www.apogeonline.com

ISBN: 978-88-503-2745-4

Impaginazione elettronica: Edimatica – Milano
Redazione: Fabio Brivio
Copertina e progetto grafico: Enrico Marcandalli
Responsabile di produzione: Vitiano Zaini

Finito di stampare nel mese di aprile 2008
da L.e.g.o. - stabilimento Lavis (TN)

Indice

Introduzione

Processo alle intenzioni

Le presentazioni basate su diapositive elettroniche impoveriscono la comunicazione e semplificano messaggi complessi alterandoli di fatto. Questa è l'accusa, non nuova, che si rivolge a PowerPoint, o meglio a tutti i software per la creazione di presentazioni e quindi a PowerPoint come principale rappresentante della categoria.

Sicuramente, in questa critica c'è qualcosa di vero, forse molto più di qualcosa: una slide non è in grado neppure lontanamente di competere per approfondimento e precisione con una pagina di libro. Così il confronto tra una presentazione e un libro è sicuramente a favore di questo in termini di approfondimento e affidabilità.

Già, ma se si deve comunicare in un'ora scarsa a un pubblico eterogeneo composto da un centinaio di persone i principi basilari di un intervento di ristrutturazione architettonica, allora forse anche il libro non è sempre lo strumento più adatto.

Che cosa vogliamo dire? Che PowerPoint è uno strumento e come tale va trattato, non è né bravo né cattivo. È inadeguato a trasmettere messaggi complessi, ma è ottimo per lo scopo per cui è stato creato, quello di preparare presentazioni pubbliche che devono essere accompagnate da esposizioni e commenti di un relatore.

In questo, PowerPoint non è solo bravo, è imbattibile.

Spesso si legge che in fondo uno strumento come PowerPoint è un'evoluzione della lavagna luminosa e che quindi i criteri da tenere a mente per una buona presentazione sono sempre gli stessi che si dovevano conoscere anche 30 o 40 anni fa. Ma è un po' come affermare che la televisione è la prosecuzione moderna della macchina fotografica. Si confondono strumenti completamente diversi.

PowerPoint è molto diverso dalla lavagna luminosa di 30 o 40 anni fa: possiede caratteristiche e funzionalità che ne fanno un compagno ideale nella preparazione e nella stesura di presentazioni professionali e complesse. Le novità introdotte dalla versione nella suite Microsoft Office

2007 non stravolgono l'impianto del software, se non nella concezione del layout della pagina, peraltro comune a tutti gli altri applicativi della suite: ora è molto più funzionale, pratico e intuitivo (nonostante chi abbia alle spalle anni e anni di Office "tradizionale" possa faticare un po' a orientarsi, almeno inizialmente).

L'evoluzione di PowerPoint nel tempo, però, lo ha trasformato da uno strumento per la creazione di presentazioni in uno strumento in grado di progettare e realizzare diapositive per tutte le occasioni. Non è un gioco di parole.

Oggi con PowerPoint 2007 si possono preparare schemi e organigrammi da salvare direttamente come immagini, si può semplicemente trasferire la presentazione creata sul Web come una cartella di file HTML o si può creare una presentazione a esecuzione continua per il suo inserimento in chioschi multimediali o su Internet.

Anche in funzione dello scopo si possono individuare diversi approcci all'uso di PowerPoint 2007: si passa dall'album di fotografie digitali alla creazione di un curriculum accattivante e fuori dagli schemi consueti, dalla presentazione professionale più classica a una completamente automatizzata con tanto di commenti audio inseriti e riproducibili al posto giusto e nel momento giusto.

Una tale varietà di usi e di possibilità richiede senza dubbio una buona preparazione di base nei confronti dello strumento: guai ad avere o a mantenere un approccio semplicistico, si perderebbe molto tempo raggiungendo risultati parziali.

Per questo motivo, una parte importante di questo libro è dedicata a tutte le principali funzioni di PowerPoint: non solo uno sguardo attento ma anche un'analisi e una descrizione delle procedure con cui arrivare a un certo risultato.

Un approccio da manuale, se si vuole, ma solo quando serve, con un taglio molto pratico e distribuito all'interno dei capitoli in funzione di ciò che si è analizzato con un respiro più ampio. Il respiro della comunicazione o almeno di quella particolare forma di comunicazione che è veicolata dalle presentazioni.

Non grandi analisi o eleganti racconti, ma più semplicemente la capacità di cogliere nel segno, cioè trasmettere al pubblico un messaggio di partenza che a sua volta deve essere per forza limitato e circoscritto. Quando si pensa che questo possa essere un limite, bisogna pensare a quante chiacchiere vuote si sentono o si leggono a proposito di qualsiasi argomento. Allora il dover essere per forza limitato e circoscritto, anche del messaggio iniziale, forse non è un peccato: in un lavoro serio di presentazione, questa semplicità costringe a eliminare tutti gli orpelli che poco hanno a che vedere con il cuore, il nocciolo della questione.

Questo è ciò che PowerPoint sa fare meglio di qualsiasi altra cosa in termini di comunicazione: andare al nocciolo della questione. Si tratta di una grande opportunità di chiarezza anche per i relatori, e quindi non la si deve in alcun modo sprecare, ma al contrario sostenere e rafforzare utilizzando al meglio gli strumenti tecnici a disposizione. Questi inducono a trattare ogni slide come se fosse un nucleo espositivo e comunicativo compiuto, e questo significa che il relatore deve lavorare su due livelli: uno sviluppo lineare dell'intera presentazione e uno sviluppo puntuale e preciso di ogni singola diapositiva.

Gli stessi strumenti, d'altra parte, impongono anche dei limiti che possono rivelarsi vere e proprie trappole per il ragionamento: affidarsi ai *template* e ai modelli precostituiti di PowerPoint, infatti, è molto pratico dal punto di vista operativo, ma comporta che le proprie idee siano costrette e infilate a forza in un abito che non è tagliato su misura per loro.

Inoltre, PowerPoint ingigantendo il valore dell'infografica come modello comunicativo (tabelle, grafici, schemi), renderebbe la comunicazione molto più povera e asciutta di quanto non sia con altri mezzi.

La storia che circola in Rete a questo proposito è esemplificativa di cosa intendono i detrattori di PowerPoint quando lo accusano di essere "stupido". L'esplosione dello Shuttle Columbia al rientro nell'atmosfera, nel 2003, era stata messa in conto come una probabilità anche elevata dai tecnici della NASA, che avevano studiato le possibili conseguenze di un piccolo incidente al suolo accaduto durante la partenza.

Il problema fu che i tecnici presentarono ai vertici NASA le loro conclusioni, su cui sarebbe stato scritto nero su bianco che la navicella poteva incendiarsi ed esplodere, con una presentazione di PowerPoint: la tragica probabilità finì così all'interno di un elenco puntato in una slide di secondaria importanza rispetto ai ragionamenti principali, dedicati alla struttura. Così, quell'annotazione passò quasi inosservata e nessuno si preoccupò di prendere delle contromisure, con il risultato drammatico che tutti conosciamo.

Che sia leggenda metropolitana opportunamente adeguata alle esigenze della Rete oppure verità o anche solo mezza-verità, tuttavia rimane una storia sufficientemente esemplificativa dell'opinione che molti professionisti della comunicazione hanno di PowerPoint.

Un'opinione ingiusta, tuttavia, perché un mezzo non può mai avere la responsabilità di quello che fanno le persone. Una presentazione non viene fatta da PowerPoint, ma da un relatore in carne e ossa: egli deve preoccuparsi di essere chiaro e di far passare il messaggio desiderato. PowerPoint si limita a eseguire le istruzioni che gli vengono passate; se queste istruzioni non sono valide, il risultato finale sarà pessimo. Proprio questa è la chiave del ragionamento e, alla fine, ciò che cercheremo di spiegare con questo libro: c'è differenza tra una presentazione e una presentazione efficace.

A quest'ultima bisogna sempre fare riferimento lavorando nel miglior modo possibile, in fase di preparazione con PowerPoint e in fase di esposizione, utilizzando al meglio un sapiente mix di competenze tecniche e personali. Creare una buona presentazione non è una cosa che si improvvisa, ma che si conquista con il lavoro, la professionalità e l'esperienza. E se queste tre caratteristiche sono fondamentali, allora che cosa c'è di tanto diverso da qualsiasi altro tipo di progetto di comunicazione?

Convenzioni utilizzate nel libro

Nel libro sono presenti alcune icone che identificano tipi particolari di informazioni relative agli argomenti trattati.

Terminologia *Il testo in questa sezione spiega termini nuovi o poco familiari.*

Suggerimento *Questa icona contrassegna spunti e consigli per risparmiare tempo ed evitare confusioni, come per esempio il modo più semplice per eseguire una determinata operazione.*

Attenzione *Accanto all'icona di attenzione sono riportate indicazioni da non trascurare per evitare le difficoltà in cui gli utenti, soprattutto alle prime armi, possono imbattersi.*

Nota *Una nota contiene informazioni interessanti, talvolta tecniche, relative all'argomento trattato. A volte riporta approfondimenti e curiosità.*

Il *corsivo* viene utilizzato per evidenziare i nomi di menu, comandi e finestre di dialogo.

Capitolo 1

Analisi e scelte preliminari

Una presentazione altro non è che una forma di comunicazione, un'interazione tra individui in cui una persona dice qualcosa, in un certo modo, ad altre persone.

Che si crei una presentazione per vendere dei prodotti, per spiegare una certa dottrina ai propri studenti o per agevolare una platea composita a seguire un ragionamento, chi comunica dice qualcosa a chi ascolta, e in questo caso lo fa con un doppio sistema: a voce, in maniera dinamica e flessibile, e per iscritto (che siano parole o immagini poco importa), in maniera fissa e, almeno sul momento, immutabile.

Per questo è bene approfondire in maniera preliminare tutti gli aspetti che possono influenzare la nostra comunicazione, soprattutto per quanto riguarda la parte delle diapositive, fissa e immutabile. Infatti, se anche si conosce e padroneggia alla perfezione una certa materia, tutt'altra cosa è mettersi a spiegare a una platea un certo argomento cercando di farsi seguire e capire da tutti.

Senza dover scomodare i modelli comunicativi più complessi messi a punto da linguisti e massmediologi, tuttavia, è chiaro che alcuni elementi teorici da essi codificati possono essere applicati anche allo schema di comunicazione per slide, e analizzare ciascuno di essi può rivelarsi molto utile a capire i meccanismi generali adatti a creare presentazioni efficaci.

Elementi di analisi

Tra i vari elementi di cui si deve tenere conto, quindi, vale la pena affrontare e conoscere almeno questi quattro indispensabili.

- Il messaggio – Che cosa
- Il destinatario – A chi
- L'obiettivo – Perché
- Il mezzo – Con che cosa e in che modo

Alcuni di questi elementi sono mutuati, nella loro accezione originaria e nel nome, da teorie linguistiche che hanno fatto scuola, come quella di Roman Jakobson, per citarne una che gli addetti ai lavori potrebbero immediatamente riconoscere tra le righe.

Tuttavia, è bene specificare subito che la complessità dei modelli originari non si addice a questa trattazione, e forse nemmeno a essere applicata allo schema della comunicazione per slide.

In realtà, cerchiamo di analizzare e capire come ciascuno di questi elementi, qualcuno più nobile e studiato, qualcun altro più umile e improvvisato, possa e debba influenzare il modello di comunicazione delle presentazioni, soprattutto nella parte riguardante le diapositive.

Niente di diverso, insomma, da quanto farebbe, magari in modo spontaneo e automatico, chiunque si apprestasse a preparare una presentazione in PowerPoint.

Gli elementi di cui tener conto potrebbero essere molti, con un alto numero di variabili alle quali prestare attenzione. In questa sede ci limitiamo a considerare quelli più rilevanti e generali, rimandando alla sensibilità e intelligenza dei lettori il saper di volta in volta distinguere, tra quelle non citate, quelle su cui è necessario concentrare una particolare riflessione.

Il messaggio – Che cosa

In qualche modo, dovrebbe essere scontato, ma non sempre lo è: chi prepara una presentazione ha, o dovrebbe avere, qualcosa da dire. Il primo punto fondamentale, quindi, deve essere sempre quello di tenere bene a mente, e conseguentemente mettere sempre in risalto, il contenuto che si vuole offrire al proprio pubblico.

Il messaggio di per sé, cioè l'oggetto, il contenuto, è il cuore stesso della comunicazione, capace di influenzare pesantemente e indirizzare le scelte relative all'impianto generale e a ciascuno degli altri elementi.

Soprattutto nel caso di presentazioni molto lunghe o complesse, la probabilità di lasciarsi trascinare fuori tema dal discorso è sempre dietro l'angolo. Per questo è bene chiedersi, per ogni slide che si prepara: ha attinenza con il contenuto principale, cioè con quanto voglio comunicare?

Il contenuto dovrebbe essere sempre messo in primo piano, a partire dal titolo: per questo nelle presentazioni è molto meglio affidarsi a titoli asettici, descrittivi e precisi. Una titolazione poetica, o magari volutamente misteriosa, forse può colpire di più l'immaginario o suscitare curiosità nell'auditorium, se è stata ben pensata. Tuttavia, il nostro scopo, al di là degli obiettivi che ci poniamo, è quello di informare, e l'informazione si fa prima di tutto con semplicità e chiarezza.

Allo stesso modo può essere utile inserire nelle diapositive una nota a pié di pagina o comunque un richiamo costante al contenuto principale: all'oratore può ricordare di evitare di allontanarsi dal seminato, al pubblico può offrire un saldo e costante punto di riferimento sul contenuto della presentazione.

Il destinatario – A chi

Capire che tipo di audience si avrà di fronte quando si parlerà è fondamentale per poter tagliare su misura la propria presentazione. Infatti, lo stesso argomento deve essere affrontato diversamente se ci si rivolge a un pubblico di professionisti o a uno di studenti, a uno di casalinghe o di venditori.

Proprio come quando si va a costruire una brochure o un sito Internet, sapere chi sarà il fruitore della propria presentazione permetterà di andare incontro ai suoi gusti e alle sue aspettative. Ciò è valido per la presentazione nella sua interezza, con riferimento a tutte le sue parti, quelle testuali o quelle di immagini, ma anche all'uso che si può fare di effetti grafici, multimediali o sonori.

Tra i tanti elementi propri delle teoria della comunicazione che non approfondiamo in questa sede vi sono il contesto e il codice, cioè in quale ambito di riferimento si svolge una certa comunicazione e con quali convenzioni linguistiche. Entrambi questi elementi sono però strettamente correlati al destinatario della comunicazione, che determina l'ambito e influenza in maniera decisiva il codice espressivo.

Per fare un esempio concreto, il corredo iconografico di una presentazione varierà notevolmente in funzione del nostro pubblico.

Se stiamo preparando delle slide sulla tutela dell'ambiente e della natura da presentare ai bambini della classe di nostro figlio a scuola (un ambito ben preciso nel quale esistono convenzioni proprie), faremo ricorso a disegni e immagini, qualcosa che si avvicini ai *cartoon*, in grado di divertire i ragazzi e far passare il messaggio con spensieratezza.

Nella stessa galleria di clipart di PowerPoint o in quella del sito Microsoft Office Online si potranno trovare un numero adeguato di immagini più che opportune (Figura 1.1).

Figura 1.1 La galleria di clipart di Microsoft Office Online, raggiungibile all'URL `http://office.microsoft.com/it-it/clipart/default.aspx`.

Al contrario, se lo stesso tema sarà presentato con slide a un convegno politico, le clipart sarebbero assai fuori luogo e otterrebbero l'effetto di far passare un'aria molto poco professionale e seria, quale invece si vorrebbe per tale platea. Le immagini non potrebbero essere altro che fotografie, personali o da gallerie pubbliche, oppure rappresentazioni grafiche create ad arte per l'occasione.

Il pubblico influenzerà inoltre il nostro linguaggio, sia per quanto riguarda le diapositive sia per il parlato: sullo stesso tema di tutela dell'ambiente, a una platea di studenti universitari di un corso di laurea attinente ci rivolgeremmo con un tono e una terminologia ben differente dai due casi precedenti. Il nostro codice espressivo, cioè, si adeguerà alla platea di ascoltatori che avremo di fronte.

L'obiettivo - Perché

Prima di tutto, qualsiasi comunicazione si pone l'obiettivo di informare qualcuno rispetto a qualcosa, ovvero di far arrivare un certo messaggio a certe persone. Ma questo è soltanto lo scopo, per così dire, intrinseco alla comunicazione, e non potrebbe essere altrimenti.

Oltre a questo, però, bisogna chiedersi quale obiettivo si voglia raggiungere per mezzo della comunicazione o, nel nostro caso, della presentazione. Questo è oltremodo importante se stiamo preparando una presentazione su un argomento commissionato da altre persone.

In funzione dello scopo, infatti, il nostro approccio alla presentazione potrà essere diverso e questo influenzerà la scelta del tono, dei termini, delle immagini e di tutti gli elementi d'animazione a corredo. In molti casi, non solo è corretto ma è anche utile esplicitare, magari all'inizio della presentazione, quali siano gli scopi che si stanno perseguendo.

Su certi target mirati, può essere utile approntare anche un test di valutazione della presentazione, per capire se effettivamente ha prodotto i risultati voluti.

Naturalmente, paga sempre essere onesti con i propri interlocutori: una platea di commercianti non imparerà a vendere di più o meglio assistendo a una presentazione. Semmai potrà imparare quali sono i principi teorici delle logiche di mercato, quali le medie di riferimento, quali i casi di successo. Se il nostro pubblico uscirà più arricchito dalla presentazione, avremo raggiunto il nostro obiettivo.

Per migliorare le vendite, invece, non potranno che aiutarsi da soli, magari mettendo in pratica quello di cui sono venuti a conoscenza con le nostre slide.

Il mezzo - Con che cosa e in che modo

In questo caso, il mezzo è abbastanza chiaro: le diapositive o, per meglio dire, le slide create con appositi programmi informatici. Sembrerà superfluo ai più, ma forse qualcuno si ricorda ancora di quando le presentazioni si facevano con i lucidi, e in questo caso potrebbe apprezzare la puntualizzazione.

Tutto questo, però, non è sufficiente a delineare in maniera chiara come realizzare una presentazione, se non nella comprensione dei limiti che tale tipo di file ha, comprensione che deriva soprattutto dall'uso dello strumento, inutile dirlo.

Ciò che è molto più importante mettere in rilievo, in questo caso, è che una presentazione di PowerPoint si presta a innumerevoli usi, e benché spesso si trasferisca un'unica presentazione nelle diverse sedi in cui si intende utilizzarla, sarebbe molto meglio capire fin dal principio con quale mezzo e in che modo la presentazione verrà diffusa.

Nonostante le possibilità siano svariate, alla fine ciò che veramente importa nella fase di creazione di una presentazione è sapere in che modo questa sarà distribuita e di conseguenza fruita dal pubblico, compreso, particolare non del tutto trascurabile, da quale tipo di pubblico.

Dunque, sapere se si parlerà in pubblico, dove e a quale pubblico, oppure se si farà in modo che il file di diapositive venga visto in nostra assenza, e da chi, un gruppo ristretto di manager o tutti gli utenti di una certa intranet oppure tutto il mondo in un sito web: queste variabili sono le prime e fondamentali da tenere conto nel preparare la presentazione.

Presentazioni live

In questo modo possiamo definire la presentazione classica: un oratore che parla a un certo pubblico mentre trasmette su (maxi)schermo le diapositive preparate in precedenza. In questo caso, le slide sono strettamente legate alle parole, ai gesti e alla presenza scenica di chi parla. Questa è la modalità di diffusione per cui sono stati pensati e creati negli anni gli appositi software per sostituire il lavoro con i lucidi e i proiettori.

Tra chi parla e chi ascolta, in questa modalità, la comunicazione è di tipo sincrono, avviene cioè contemporaneamente, e le reazioni della platea influenzano, come è giusto che sia, il discorso e il tono dell'oratore. Di più: per l'oratore possono funzionare come un vero e proprio termometro per capire gli eventuali errori della sua esposizione e correggerli in corsa.

Inoltre, la presentazione accompagnata dal commento *live* dell'oratore permette di giocare anche sull'ironia, o comunque con sfumature di significato che in una sola presentazione per testi e immagini avrebbero in sé notevoli rischi. Si pensi soltanto a come l'inflessione della voce possa far capire se una certa frase è stata detta in modo sarcastico o serio, a come una risata dopo una battuta possa portare all'effetto domino creando un'atmosfera rilassata e divertita e via di seguito.

In questo caso, dunque, non è sufficiente creare presentazioni efficaci, perché queste devono essere accompagnate da una certa capacità di *public speaking* o quantomeno da commenti appropriati e non banali.

Il rapporto tra parlato e diapositive

Quella appena vista, la presentazione in presa diretta, rimane anche il caso più comune e tipico dell'uso di PowerPoint. Le diapositive non sono qualcosa di staccato, a se stante rispetto a quanto viene detto e, in generale, alla performance dell'oratore.

Per questo motivo la preparazione della presentazione deve andare oltre la costruzione di slide efficaci, ma deve riguardare anche la parte parlata e, per così dire, scenica. Infatti, una buona presentazione su un argomento d'interesse può essere vanificata da un'interpretazione scadente da parte del presentatore: lettura pedissequa, monotonia, impacci o errori di dizione rappresentano una palla al piede per qualsiasi trattazione.

L'unica possibilità di valutare in anticipo le proprie performance è data dall'allenamento: provare e riprovare il proprio discorso, annotando i commenti, magari anche solo un loro riassunto veloce o le parole chiave, nell'apposito spazio delle note. Un commento completo, del resto, sarebbe controproducente, perché legarsi in modo pedissequo a una trattazione, magari imparandola a memoria, ci lascerebbe del tutto impreparati di fronte a qualsiasi variazione non contemplata inizialmente e ci impedirebbe di interagire liberamente con il pubblico cogliendo eventuali spunti.

Le note in ciascuna diapositiva devono servire come traccia per non perdersi e come appunto per i passaggi più delicati o per quelli da riportare fedelmente, per esempio una citazione a effetto, un aforisma o qualsiasi rimando che debba essere preciso (Figura 1.2).

Inoltre, se al termine della presentazione si pensa di distribuirne una copia ai partecipanti, una stampa comprendente le note potrebbe essere più apprezzata di una senza, perché permetterebbe al pubblico di rivedere, almeno *in nuce*, il commento dell'oratore. In questo caso, che evidentemente deve essere deciso per tempo, si deve però avere cura di scrivere i commenti in maniera chiara e comprensibile per tutti, perché diventeranno a tutti gli effetti parte integrante della presentazione.

Il rapporto tra commenti parlati e diapositive, infine, può arrivare a influenzare anche il metodo di costruzione della presentazione stessa. Infatti, è possibile stabilire prima, in funzione di ciò che si pensa di dire in pubblico, che tipo di slide creare, almeno come tendenza generale.

Le diapositive, infatti, possono assumere diverse funzioni rispetto alla componente orale della presentazione.

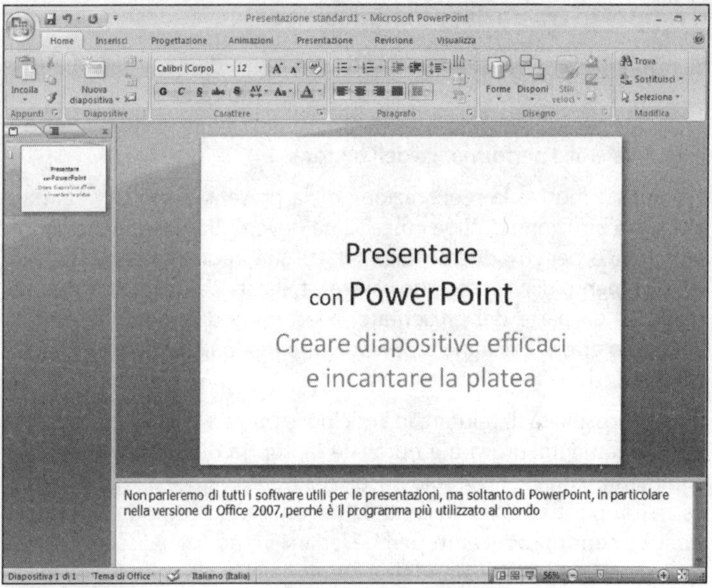

Figura 1.2 Le note inserite in ciascuna diapositiva possono funzionare come utile traccia per il commento del relatore.

- Funzione complementare: si integrano alla parte orale in maniera paritetica e la presentazione deve essere creata tenendo conto di una e dell'altra forma di esposizione.
- Funzione riassuntiva: la presentazione si basa sull'esposizione orale, mentre le diapositive servono a fornire elementi di sintesi e raccolta di idee del discorso, sotto forma di anticipazione o di riassunto finale di ogni nucleo del ragionamento.
- Funzione rafforzativa o aggiuntiva: le slide servono a sottolineare i passaggi fondamentali del discorso e non hanno un senso autonomo né possono offrire un percorso di lettura indipendente.
- Funzione descrittiva: la presentazione è conclusa e compiuta come senso e come sviluppo già nelle slide, che descrivono tutta l'enunciazione: il parlato è un commento aggiuntivo o rafforzativo delle slide, che sono il vero cuore della presentazione.
- Funzione ausiliaria o illustrativa: le slide servono più che altro come momenti di esemplificazione e di chiarimento rispetto a quanto si intende andare a raccontare al pubblico.

Ciascuna di queste funzioni ha più o meno significato tenendo conto del motivo dell'esposizione, del pubblico di riferimento e della capacità stessa dell'oratore di tenere la platea. Non esistono una presentazione giusta e una sbagliata a priori: sono gli scopi, le motivazioni e le modalità a stabilire quale sarà giusta e quale sbagliata.

Interagire con il pubblico: le tre V

Volendo trattare l'argomento in modo esauriente ci sarebbe bisogno di un libro solo per parlare di questo. Tuttavia, semplificando un po', possiamo tenere presenti alcune caratteristiche generali della comunicazione non verbale, perché alla fine di questo stiamo parlando.

Secondo un celebre e molto citato studio del 1971 dello psicologo Albert Mehrabian, la percezione della comunicazione da parte del proprio interlocutore può essere suddivisa per questi ambiti d'influenza (Figura 1.3).

- Movimenti del corpo (espressioni del viso in particolare): 55%.
- Aspetto vocale (timbro, tono, ritmo): 38%.
- Aspetto verbale (parole e frasi): 7%.

Al di là della valutazione sui singoli valori e sulla loro correttezza, che in questa sede francamente poco interessa, il fatto saliente è rappresentato da ciò che se ne deduce: la comunicazione è un fenomeno ben più complesso della semplice trasmissione di parole e frasi da un soggetto a un altro. In inglese, tale lapalissiana verità della comunicazione viene ricordata con la cosiddetta regola delle 3 V: *Verbal*, *Vocal*, *Visual*.

Se fosse rimasto qualche dubbio rispetto alla veridicità di quei valori nell'ambito di una presentazione, vale subito la pena di dire che essi sono fuorvianti, e in particolare l'ambito verbale è sottostimato. Come lo stesso Mehrabian specificò per evitare di generare fraintendimenti, quella suddivisione venne valutata nell'ambito di esperimenti relativi a messaggi che veicolavano questioni di feeling e attitudini personali.

Nel caso di una presentazione, bisognerebbe effettuare esperimenti per ricalcolare le percentuali, che sicuramente sarebbero diverse tenendo conto della predisposizione e dell'attenzione del pubblico all'ambito verbale e dell'accompagnamento delle diapositive (che nella V di *Visual* sostituirebbero in gran parte il movimento del corpo, confinandolo a un'importanza marginale).

Tuttavia, se anche le percentuali fossero da ridistribuire, è evidente che oltre all'aspetto puramente verbale, e a quello centrale delle slide, biso-

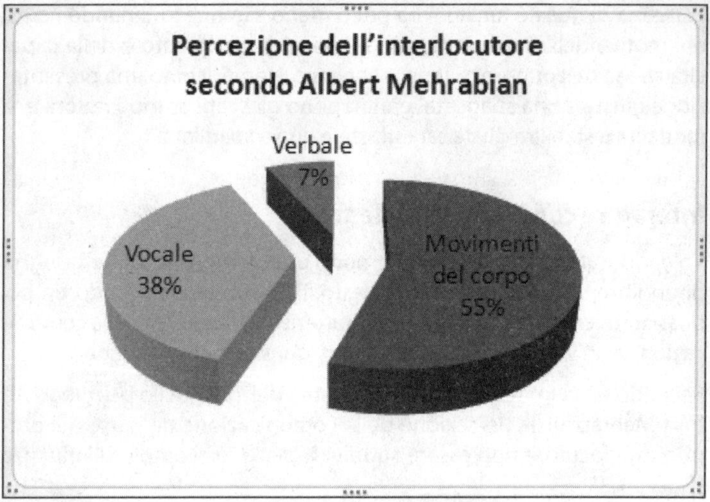

Figura 1.3 Rappresentazione grafica in PowerPoint degli ambiti di comunicazione percepiti dall'interlocutore secondo Albert Mehrabian.

gna tenere in considerazione la "presenza scenica" nel suo complesso, soprattutto per timbro, tono e ritmo della voce.

Prepararsi in anticipo

Se studiare come migliorare il timbro, il tono e il ritmo della voce è questione di corsi lunghi e impegnativi, un semplice ed efficace esercizio per correggere almeno gli errori più marchiani, per esempio le interiezioni troppo frequenti, è quello di recitare più volte i commenti della propria presentazione a voce alta, ancora in fase di prova, anche di fronte ad altre persone, che potranno darci un giudizio sincero sulla nostra performance.

In generale, proprio questa è una delle chiavi della buona riuscita complessiva di una presentazione, soprattutto per chi è alle prime armi: allenarsi, prepararsi, mettersi alla prova. Quanto detto per migliorare la propria presenza scenica, infatti, vale anche per la costruzione della presentazione per slide: una volta conclusa, farla vedere in anteprima a un conoscente o a un amico che possa dare un giudizio critico ci aiuterà a migliorarne gli ultimi aspetti prima di portarla di fronte al pubblico.

Verificare i tempi cronometrando una prova di presentazione sarà utile per capire se rispetteremo le eventuali scalette di interventi organizzate da altri o anche solo per comprendere se i nostri interlocutori rischiano veramente di vedersi crescere la barba mentre parliamo: spesso le presentazioni si risolvono in un'interminabile e mortalmente noiosa sequenza di diapositive perlopiù inutili. Fare una prova con tanto di orologio alla mano può essere una buona idea.

In PowerPoint 2007 la funzionalità del cronometro manuale è superata dal software stesso, che permette di valutare i tempi in anteprima e addirittura di salvare tali intervalli di visualizzazione tra una diapositiva e l'altra: nel gruppo *Imposta* della scheda *Presentazione* fare clic su *Prova intervalli*. Si passa automaticamente nella modalità di visualizzazione della presentazione, e in alto a destra compare una piccola barra di registrazione con i tempi parziali di ciascuna diapositiva, il totale della presentazione e alcuni pulsanti tipici come la pausa di registrazione, *Back* (o *Indietro*) per ripetere l'ultima diapositiva e via di seguito. Quando si conclude la presentazione o la si interrompe volontariamente (tasto Esc o chiusura della barra di registrazione), il software presenta una finestra di dialogo con la quale chiede se mantenere o meno gli intervalli così come sono stati provati (Figura 1.4).

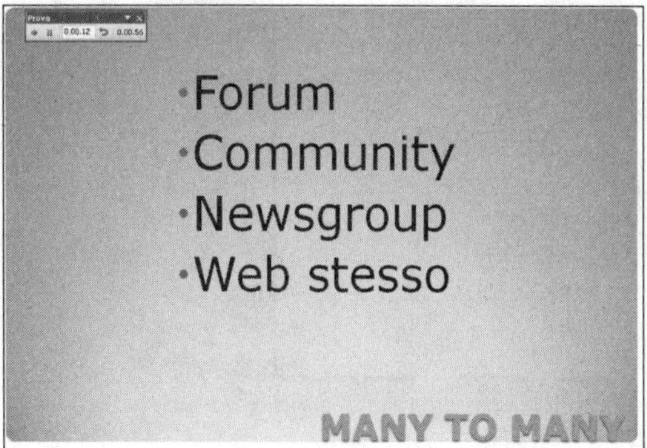

Figura 1.4 La visualizzazione di una diapositiva durante la prova degli intervalli: in alto a sinistra la barra di registrazione.

Altra buona idea è sicuramente quella di avere sempre a disposizione, mentre si parla in pubblico, di un riassunto di tutte le slide che si devono illustrare: infatti, non c'è niente di peggio per dare un'idea di approssimazione e non professionalità che interrompersi a un certo momento del discorso perché non ci si ricorda del punto al quale siamo arrivati nell'esposizione delle diapositive.

Un metodo semplice ed efficace per avere sempre sott'occhio l'insieme della presentazione e il dettaglio della slide che si sta per commentare è quello di stampare una copia della presentazione in modalità *Visualizzazione Struttura*, che in poche pagine (a seconda di quante sono le slide) potrà contenere di fatto tutta la nostra presentazione, ricordandoci anche il contenuto essenziale di ciascuna slide.

In PowerPoint 2007, è necessario fare clic sul logo di *Microsoft Office*, scegliere la voce *Stampa* e quindi *Anteprima di stampa*. A questo punto, nel gruppo *Imposta pagina*, sotto *Stampa* si deve scegliere dal menu a comparsa la voce *Visualizzazione Struttura* (Figura 1.5).

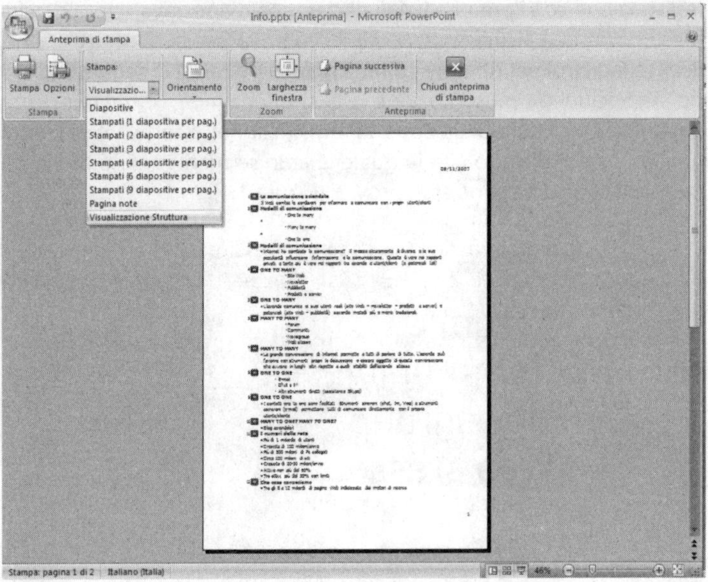

Figura 1.5 L'Anteprima di stampa della Visualizzazione Struttura di una presentazione.

Le presentazioni differite

La crescente diffusione di PowerPoint, come già detto, l'ha portato nel tempo ad assumere una dignità propria di mezzo di comunicazione.

Oggi, presentazioni si trovano nei siti web o nelle intranet aziendali, sono utilizzate come *learning object* e alla stregua di altre modalità di comunicazione unidirezionali, da uno a tanti, in svariati contesti Internet.

Un esempio tipico è il sito SlideShare.net (`http://www.slideshare.net`), che permette di diffondere e condividere le proprie presentazioni. In questo caso, la comunicazione è asincrona perché il creatore della presentazione non ha la possibilità di interagire con il proprio pubblico se non in tempi differenti (tramite i commenti o i contatti di posta elettronica).

Un learning object *è un oggetto d'apprendimento, un'unità di istruzione nei modelli di e-learning. Si tratta di particolari tipi di risorse utili per l'apprendimento a distanza, modulari e riutilizzabili, che possono essere impiegate in contesti diversi.*

In tutti questi casi, quindi, la presentazione in slide deve essere autosufficiente rispetto al contenuto da trasmettere, perché non c'è la voce dell'oratore ad affiancare e completare il significato delle diapositive.

Strumenti di esecuzione automatica

Proprio il crescente utilizzo di PowerPoint come strumento di comunicazione in sé è il motivo per cui nell'ultima versione del software compreso nella suite Office 2007 si trovano diverse funzionalità pensate per sviluppare al meglio una presentazione senza la presenza fisica del relatore, per la visualizzazione in Internet o intranet aziendali, in chioschi multimediali durante le fiere o i workshop e in ogni altra occasione in cui la presenza di un oratore sarebbe impossibile.

Le funzioni più importanti per l'esecuzione automatica di una presentazione sono sicuramente l'impostazione a ciclo continuo e la registrazione di commenti audio sulle diapositive.

Nella scheda *Presentazione*, gruppo *Imposta* il comando *Imposta presentazione* apre una finestra nella quale è possibile scegliere tra le opzioni la *Presentazione continua (schermo intero)* con le relative voci d'accompagnamento (Figura 1.6).

Benché sia consigliabile in ogni occasione, la verifica del lavoro fatto in fase di costruzione è indispensabile per le presentazioni a esecuzione automatica. Infatti alcune funzioni di default rischiano di mettere a repentaglio l'intero lavoro: per esempio, l'avanzamento delle diapositive può essere impostato come manuale per gli utenti solo inserendo dei pulsanti di azione o dei collegamenti ipertestuali, altrimenti tutta la presentazione rimane bloccata sulla prima diapositiva.

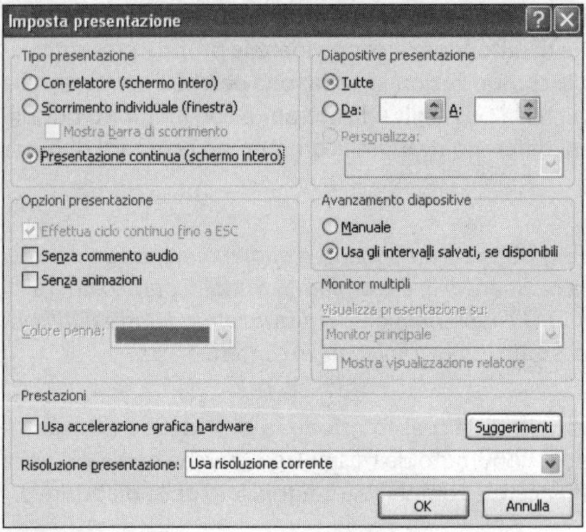

Figura 1.6 La finestra del comando Imposta presentazione con tutte le opzioni disponibili, comprese quelle relative all'esecuzione automatica.

Se invece, si vuol far sentire la propria voce pur non essendo presenti di persona, si può ricorrere alla funzione *Registrazione commento audio*, alla quale si può accedere dal menu *Presentazione*, gruppo *Imposta*: con questa caratteristica del software si possono registrare dei commenti a voce che poi potranno essere riprodotti insieme alla presentazione.

Per registrare un commento è necessario che nel computer in uso siano disponibili una scheda audio, un microfono e un connettore microfono (solo un microfono e il relativo connettore per i computer portatili). È possibile registrare il commento audio prima di eseguire la presentazione per renderla disponibile in assenza del relatore, ma si può anche registrare l'esposizione di una presentazione svolta in diretta davanti un pubblico, magari anche con i commenti stessi degli spettatori, per renderla disponibile in un secondo momento su piattaforme di condivisione più ampie, per esempio Internet o intranet, o per riproporle poi ad altre platee in forma più "chiusa", senza nuovi interventi.

Capitolo 2

Strutturare i contenuti

La facilità di comprensione di un'esposizione è la chiave di volta di un progetto di comunicazione, quale che esso sia. Le presentazioni non fanno difetto: più sono comprensibili, migliori sono.

Ma un'esposizione, qualsiasi esposizione, guadagna in chiarezza se strutturata adeguatamente: è il principio di ogni pubblicazione, giornale, libro, sito web, che prevedono struttura e distinzioni in comparti più o meno rigide.

Il vantaggio della strutturazione dei contenuti è rappresentato in primo luogo dall'ordinare l'esposizione, e con questo evitare di conseguenza dimenticanze, stabilire priorità, indicare percorsi di lettura.

Una volta stabilità l'importanza di darsi una struttura, tuttavia, il problema rimane: come crearla materialmente? Infatti, pur avendo molte persone una grande facilità affabulatoria e magari anche le idee chiare, almeno in linea di massima, rispetto a un certo argomento, costruire una presentazione può risultare molto difficile.

Questo accade perché mentre le parole in libertà permettono di spaziare, ritornare sui propri passi, aggiungere in un secondo momento e fare cento altre variazioni in corsa, una presentazione, come altri prodotti complessi, deve essere chiusa, in quanto a logica, linearità e completezza dell'esposizione, almeno nelle sue tracce fondamentali.

La presentazione in PowerPoint, a dire il vero, è favorita dall'integrazione verbale dell'oratore, ma se le slide sono lacunose o il ragionamento salta alcuni passaggi, sarà estremamente difficile recuperare il filo logico di fronte al nostro pubblico.

Raccogliere le idee

Il modello di comunicazione implicito in una presentazione, quello da uno a tanti, mette l'oratore su un piedistallo, qualche volta non solo metaforicamente: una posizione di grande rilievo ma al tempo stesso molto esposta. Infatti, come non basta conoscere una certa materia per poterla insegnare, parimenti non è sufficiente essere esperto di un certo argomento per imbastirci sopra un'efficace presentazione. Per questo motivo, il primo passo da compiere è senza dubbio quello di raccogliere le idee, tutte quelle possibili, rispetto a un certo argomento.

Come tradurre in pratica questa enunciazione di principio? Non ci sono scorciatoie né stregonerie. Il metodo non è dissimile da quello che ci è stato raccomandato la prima volta tanti anni fa dal nostro insegnante di italiano al liceo (ciascuno dal proprio, perché tutti i buoni insegnanti di liceo hanno spiegato questo trucco almeno una volta): scrivere su un foglio tutte le idee, i pensieri e le singole parole relative all'oggetto della futura presentazione.

Questo raccolta di idee può essere fatta in maniera scientifica, mettendosi davanti al computer durante il proprio lavoro e utilizzando un documento di Word o di una altro software di videoscrittura, oppure in modo più creativo, tenendo sempre con sé un foglio di carta sul quale di volta in volta, quando ci vengono in mente, aggiungeremo nuove voci alla personalissima lista di contenuto.

Una sorta di *brainstorming* personale al quale possiamo decidere di far partecipare eventualmente altre persone, amici, colleghi o esperti. Non deve mancare il confronto con tutte le fonti possibili, a partire da quelle che possono essere reperite su Internet, ma qui entriamo già nel merito del contenuto, e ciascuno saprà regolarsi da sé nella ricerca delle eventuali risorse.

Un sistema organico: content inventory

Per dare sistematicità al lavoro di raccolta delle idee si può ricorrere al metodo del *content inventory*, o inventario dei contenuti, un'espressione mutuata dall'*information architecture*, la disciplina che si occupa di dettare le norme per la realizzazione di siti web.

L'inventario dei contenuti non è soltanto un'idea, ma una realizzazione fisica, da creare preferibilmente in un foglio di Excel o in una tabella di Word. Volendo, lo si può già fare in PowerPoint, con il vantaggio che poi ogni diapositiva conterrebbe già il contenuto da sviluppare in un secondo momento: in questo caso, però, si avrebbe lo svantaggio di una scarsa visione d'insieme e soprattutto di non poter allineare le diverse tipologie di contenuto distribuite nelle singole slide.

Ritornando alla forma a tabella, la prima colonna dovrà contenere un numero di riferimento progressivo. Nella seconda ci finirà il concetto chiave di quella diapositiva, l'argomento o il titolo se già è chiaro. Nella terza colonna si potrà inserire una brevissima descrizione dell'argomento o il sottotitolo. Nelle successive tre colonne si indicheranno la tipologia di contenuto, testo, immagine, tabella, grafico, filmato, se tale contenuto esiste già o è da creare o reperire, e infine il percorso o l'indicazione di dove trovare il materiale (il percorso nel PC o in rete, l'indirizzo web o altre indicazioni). Nell'indicare il tipo di contenuto, si faccia attenzione, se possibile, a inserire fin da subito anche il suo tipo di estensione, soprattutto se già esistente, in modo da poter verificare l'uniformità dei vari file di supporto alla presentazione.

Al termine di questo inventario, che può essere arricchito di ulteriori dettagli anche in funzione di esigenze espositive particolari, otterremo una tabella complessa e magari molto lunga, che è soltanto una primissima bozza di presentazione, da smussare, raffinare e approfondire ulteriormente.

La gerarchia delle informazioni

Infatti, pur con buona parte del materiale e del contenuto raccolto davanti a noi, ancora manca il disegno compiuto su cui imbastire la nostra struttura. Ancora una volta, ci viene in soccorso il vecchio insegnante del liceo che, dopo aver raccolto le idee, ci suggeriva di costruire una scaletta del materiale a nostra disposizione.

Prima di decidere la scaletta vera e propria, però, dobbiamo compiere un primo sforzo di analisi del materiale raccolto finora, ovvero di tutte le voci che abbiamo segnato sul nostro foglio di lavoro. Dobbiamo ora creare una gerarchia delle informazioni in nostro possesso, assegnando alle varie voci un numero di importanza, per interesse e approfondimento, che ci indichi il livello al quale appartiene.

Spesso si ritiene utile partire da un elemento secondario per arrivare in un crescendo di informazioni al nocciolo della questione: forse può essere vero in certi tipi di esposizione, per esempio in alcune narrazioni, ma in termini assoluti, dal punto di vista comunicativo questo è quanto di più sbagliato ci possa essere.

L'attenzione del proprio pubblico è sempre difficile da ottenere e da mantenere, e pertanto si deve andare quanto prima a fornire l'informazione principale, rimandando in secondo piano le cose meno importanti, e ancora più in là i dettagli di poco conto che non cambiano la sostanza dell'esposizione.

Bisogna cioè creare una gerarchia delle informazioni nella quale il primo posto è riservato alla o alle informazioni più importanti, il secondo a quelle subito dietro, indispensabili per chiarire il senso delle prime, quindi il terzo agli aspetti di contorno che influenzano però i primi aspetti, e via di seguito fino ad arrivare ad aspetti del tutto marginali.

Si viene a creare la cosiddetta *piramide inversa dell'informazione*, in cui il vertice della piramide è il punto di partenza, non quello d'arrivo.

Organizzare la gerarchia

Già, ma come arrivare alla gerarchizzazione delle informazioni, alla creazione di una piramide? Ci si può arrivare applicando diverse modalità d'organizzazione del materiale a nostra disposizione.

Il più semplice e intuitivo è quello di procedere per livelli, appunto: passando in rassegna le voci presenti sul foglio, si scelgono quelle di primo livello, cioè le cose più importanti da dire.

A ciascuna di queste voci possiamo assegnare per esempio un numero in sequenza: 1, 2, 3 e così via. Otteniamo un primo elenco che possiamo separare dal resto: sono le informazioni principali.

A questo punto, nell'elenco originario andiamo a riconoscere quali voci rimaste hanno attinenza a quelle già estrapolate come principali. Creiamo cioè dei gruppi di voci omogenee, nei quali l'espressione numerata è la capogruppo, per così dire, e tutte le altre sono informazioni secondarie: a loro volta, possiamo decidere di numerarle per livelli, individuando le informazioni più importanti e quelle meno importanti. In questa fase, sicuramente, ci accorgeremo che il nostro inventario dei contenuti non era completo, e aggiungeremo nuove informazioni.

Il risultato finale sarà quello di ottenere uno schema numerico o grafico (per esempio con la classica rappresentazione *a cluster*, a grappolo, in cui le voci sono cerchiate e messe tutte attorno alla voce principale).

Nella Figura 2.1 riportiamo un esempio molto semplice di gerarchizzazione dei contenuti, compiuta proprio per il primo capitolo di questo libro.

Il libro, infatti, è il paragone migliore per la realizzazione di una presentazione come di qualsiasi altro prodotto complesso di comunicazione: in un manuale abbiamo dei capitoli, magari sopra di essi delle parti, e sicuramente sotto di essi dei paragrafi e forse sottoparagrafi. Il lettore è condotto per mano dentro al contenuto con una chiara indicazione dei concetti generali più importanti, di quelli secondari e così via.

```
Capitolo 1 - Analisi e scelte preliminari

    1.1 Elementi di analisi
        a) il messaggio - che cosa
        b) il destinatario - a chi
        c) l'obiettivo - perché
        d) il mezzo - con che cosa e in che modo
    1.2 Presentazioni live, speaker presente
        a) Il rapporto tra parlato e diapositive
        b) Interagire con il pubblico - tre V
           1) Visual
           2) Verbal
           3) Vocal
        c) Prepararsi in anticipo
    1.3 Presentazioni differite, speaker assente
        a) Strumenti d'esecuzione automatica
           1) Presentazione continua
           2) Commenti audio
```

Figura 2.1 Un modello di gerarchizzazione delle informazioni: il sommario di un capitolo di libro.

L'idea chiave

La gerarchia delle informazioni ci permette di creare dei livelli di priorità per le varie notizie che intendiamo comunicare, ma c'è un passaggio ancora più importante che avviene contemporaneamente alla definizione della gerarchia: l'idea chiave.

Se stiamo per parlare a un certo pubblico di un determinato argomento dobbiamo sapere con certezza il cuore di ciò che intendiamo dire. Nel giornalismo si direbbe: dove sta, qual è la notizia?

Anche nelle presentazioni possiamo individuare una domanda simile: qual è l'idea chiave? Per ogni presentazione nella quale si è raggiunto un buon livello di organizzazione e gerarchia del contenuto dobbiamo essere in grado di rispondere con precisione e semplicità.

Il metodo più certo per verificare di avere individuato con chiarezza il nocciolo della questione è esporlo nel minor tempo possibile a un'altra persona. Spesso, ciò che sembra chiaro nella nostra mente non si rivela altrettanto preciso quando viene esplicitato: se ci si impiega più di un minuto per dare una spiegazione logica, soddisfacente e completa della nostra idea chiave, allora forse significa che non è ancora così chiara, e c'è bisogno di lavorare ancora per affinare il contenuto che abbiamo già individuato in via preliminare.

Questa stessa idea chiave, espressa compiutamente o soltanto abbozzata, dovrà poi essere l'argomento d'attacco della nostra esposizione: infatti, un pubblico generalista può mantenere una concentrazione alta in assenza di stimoli intellettuali forti per le prime 10-15 slide, non oltre.

Più probabilmente, se alla quarta o quinta diapositiva non si sarà ancora enunciato in maniera chiara il succo del ragionamento, la maggior parte del pubblico sarà da considerarsi ormai persa per gran parte dell'esposizione.

Lo schema espositivo

L'esposizione, già. Finora abbiamo visto come riordinare le idee, ma ancora non ci siamo spinti ad analizzare la vera e propria presentazione: come deve essere? Cioè in quale ordine logico vanno presentate le varie informazioni che vogliamo comunicare?

Ciascun oratore di una certa esperienza è in grado di rispondere da sé a queste domande, e in generale è bene che ciascuno cerchi la propria strada secondo quello che si sente di essere e di raccontare. Tuttavia, possiamo indicare almeno due schemi, le famose scalette degli insegnanti del liceo, che non stonano e che anzi, con poche varianti, alla fine sono i metodi fondamentali di enunciazione.

L'esposizione classica

È quella che possiamo far risalire direttamente a... Cicerone! Già, si può ritornare indietro fino all'oratoria latina per questo schema, che classico non è per caso, infatti (Figura 2.2).

Chi ha studiato Cicerone a fondo sobbalzerà sulla sedia vedendo la semplificazione che stiamo per proporre, ma questo riferimento, che nella sua essenza non è poi così stravagante, basta a far comprendere come l'oratoria non abbia bisogno di chissà quali innovazioni incredibili, ma piuttosto di rigore, serietà e preparazione.

Nell'esposizione classica abbiamo una suddivisione teorica in almeno quattro parti (che riportiamo con almeno due dei nomi con cui nel corso dei secoli sono state indicate dai diversi autori): esordio o attacco, narrazione o proposizione, argomentazione o motivazione, epilogo o conclusione.

Nell'esordio o attacco si devono inserire tutte le informazioni utili a catturare l'attenzione degli ascoltatori, spiegando il nocciolo del ragionamento e facendo capire loro a che cosa assisteranno.

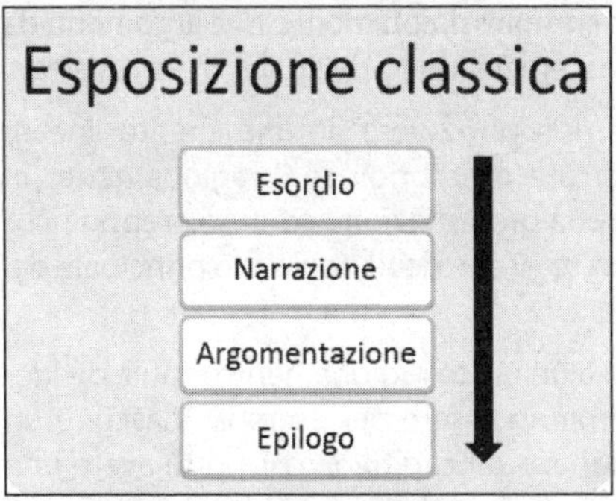

Figura 2.2 L'esposizione classica rappresentata con uno schema di PowerPoint.

Tradotto in linguaggio comune, ci vorrà un buon titolo, magari con una brevissima descrizione dell'evento o dell'ambito nel quale è inserita la presentazione, e quindi un sommario più o meno dettagliato della presentazione stessa.

La narrazione è il corpo centrale della presentazione, quella in cui si racconteranno i fatti, i pro e i contro, i vari punti di vista di un certo argomento, con dati, statistiche, tabelle, grafici, immagini e tutto quanto può servire a inquadrare la questione in tutta la sua complessità e al tempo stesso nel miglior modo per preparare la parte successiva.

Con l'argomentazione, infatti, andiamo a esporre le nostre considerazioni personali, a tirare le fila del discorso e a proporre il nostro punto di vista, che sia un progetto, un'idea o una proposta. Nel farlo, non bisogna dimenticare di illustrare anche in questo caso i pro e i contro, e tutti i punti di vista relativi a quanto esposto.

L'epilogo serve per chiudere il cerchio, per tirare le conclusioni, magari ripercorrendo in pochi passaggi l'intera esposizione fino alla propria proposta, e quindi chiudendo il ragionamento motivandolo ancora una volta con l'argomento più forte tra quelli a disposizione.

L'esposizione ripetitiva o simmetrica

Questo tipo di esposizione è perfetta per tutti quei casi in cui la presentazione si concentra su un aspetto ben definito e logicamente compiuto: sarà quindi ragionevolmente corta, con poche o nessuna divagazione sul tema centrale, che è uno solo e chiaramente identificato. Al contrario, questo tipo di esposizione perde la sua ragione d'essere nel caso di ragionamenti lunghi o complessi, con molti casi e argomenti da trattare, in cui è difficile riconoscere il filone principale.

In questo caso, l'esposizione non può avere un andamento lineare come in quella classica, e cercare di imbrigliare il ragionamento in quello schema può portare a una presentazione confusa, troppo ricca di punti di vista differenti o con temi che deviano dal filo principale del discorso.

Piuttosto che ricondurre tutto a un unico ragionamento è utile dividere in sottoargomenti, che potranno essere per esempio ciascuno un capitolo della nostra esposizione: ogni capitolo, così, potrà avere uno sviluppo proprio, magari basato sul modello di esposizione classica, ma sarà anche inserito in un ragionamento e in uno schema più ampio. Ritornando alla scaletta classica potremo avere un attacco valido per tutta l'esposizione, quindi la parte narrativa in cui viene sviluppato ciascun capitolo, e poi ritorneremo al tema generale con le proprie motivazioni e conclusioni (Figura 2.3).

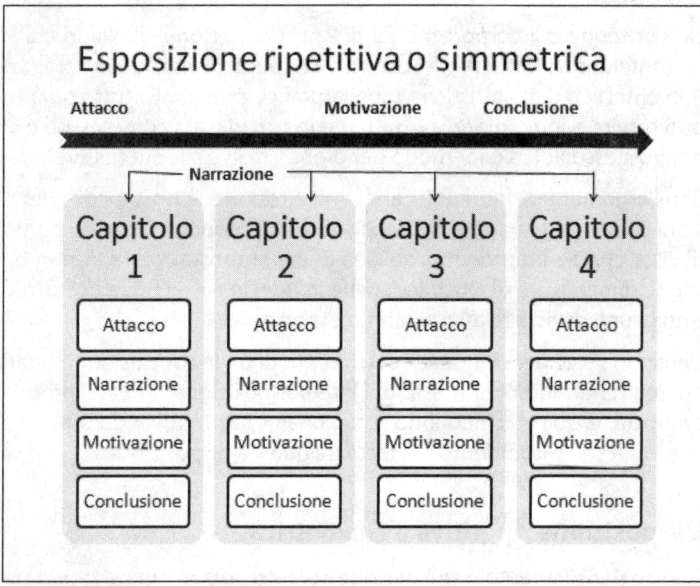

Figura 2.3 L'esposizione ripetitiva presentata con uno schema di PowerPoint.

La parte dedicata ai singoli capitoli avrà sempre un andamento simmetrico, in modo da agevolare gli ascoltatori rispetto alla complessità dei temi trattati e alle loro relazioni: una scansione di argomentazioni uguale per ciascuna parte, infatti, renderà più agevole per l'ascoltatore seguire il ragionamento nel suo dipanarsi.

Questo modello di esposizione ripetitiva o simmetrica funziona nel caso di esposizioni particolarmente lunghe e complesse, in cui ciascun sottoargomento ha bisogno di una trattazione a parte. L'attacco generale, la motivazione e la conclusione del ragionamento dovranno essere molto sintetici e puntuali, lasciando alla parte di narrazione il compito di sviluppare analiticamente tutti i vari sottoargomenti.

I modelli di esposizione presentati sono teorici e non sempre è possibile applicarli: non si tratta quindi di schemi chiusi e infallibili ma piuttosto di semplici tracce, linee di sviluppo che possono tornare utili per valutare se l'impianto della presentazione funziona oppure se ci sono lacune o sviste.

Esplicitare la struttura

Una volta che abbiamo chiaro in mente e sulla carta quale tipo di schema seguire, almeno in linea di massima, dobbiamo essere capaci di trasmetterlo anche al nostro pubblico.

Anticipare agli spettatori quante saranno le slide e come sarà organizzato tutto il ragionamento permetterà di preparare gli ascoltatori al meglio. Si tratta di un'operazione da compiersi non soltanto come forma di cortesia, tanto per dare un quadro generale, ma come vera e propria strategia di comunicazione: gli ascoltatori saranno avvisati di ciò che li attende e potranno a loro volta prepararsi nel migliore dei modi all'esposizione.

Sicuramente, un pessimo modo per anticipare il contenuto della presentazione è quello di distribuirne una copia a tutti i presenti: in questo modo, il pubblico tenderà a concentrare la propria attenzione più sulla carta che su ciò che viene detto dall'oratore, e questo non è di certo il risultato che vogliamo raggiungere.

Piuttosto, si potrà avvisare il pubblico che una copia sarà distribuita alla fine della presentazione, in modo che ci si possa concentrare liberamente su quanto viene detto senza dover rincorrere l'esposizione per catturare qualche appunto sparso.

Un ottimo modo per rendere esplicita la struttura è invece quello di presentare all'inizio, nelle prime cinque slide, un riassunto ragionato, un sommario dell'intera presentazione.

Contrariamente al sommario dei testi scritti, per esempio dei libri, che deve sempre restare a disposizione dell'utente, per potere rintracciare un certo argomento a una certa pagina, in questo caso si tratta di dare un'idea abbastanza precisa ma al tempo stesso non necessariamente esaustiva.

Per esempio, potrebbe essere sufficiente dare l'indicazione dei temi principali, con il numero di slide che lo sviluppo di ciascuno di essi comporterà e un sunto stringato del suo contenuto.

Inserire gli elementi di contesto

Ciascuna slide della presentazione, infine, dovrà a sua volta contenere degli elementi formali in grado di aiutare sempre gli spettatori a destreggiarsi con sicurezza sullo svolgimento in atto:

- titolo della presentazione;
- nome dell'autore (e magari una fotografia, soprattutto se la presentazione avviene in modalità di esecuzione automatica);
- numero e titolo del capitolo o comunque indicazione del punto dove ci si trova nell'esposizione;
- numero della slide rispetto al totale;
- logo dell'azienda per cui si sta effettuando la presentazione;
- data e luogo dell'evento, anche con il titolo nel caso di una particolare manifestazione.

Il minimo che si possa fare è quello di ricorrere all'inserimento automatico nelle diapositive di intestazioni e piè di pagina, scegliendo la relativa voce dal gruppo *Testo* della scheda *Inserisci* (Figura 2.4). Di default, è possibile soltanto inserire la data e l'ora, aggiornabili automaticamente o fisse (l'opzione da privilegiare nelle presentazioni con relatore), il numero automatico della diapositiva e un piè di pagina con un breve testo.

L'inserimento di tali elementi deve essere fatto secondo buon senso. Infatti, se in taluni casi possono essere utili o addirittura indispensabili per migliorare la comprensione generale dell'esposizione, in altri casi potrebbero essere controproducenti. Si pensi all'inserimento del numero della diapositiva se l'esposizione nel suo complesso fosse molto breve, oppure a come verrebbero presi tutti questi elementi se la presentazione fosse destinata soltanto a poche persone, magari i propri responsabili. Non esistono

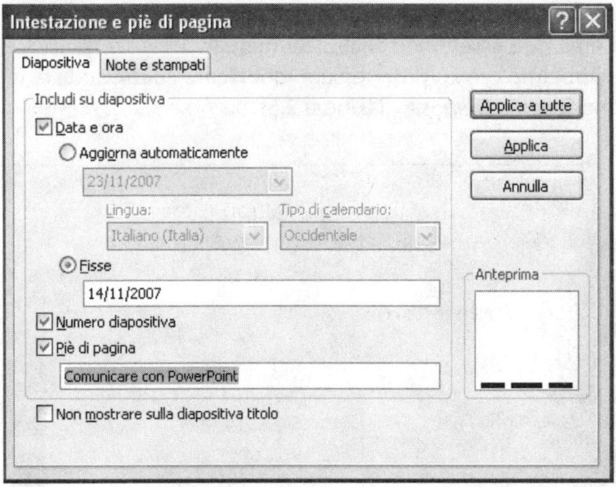

Figura 2.4 La finestra Intestazione e piè di pagina nel gruppo Testo della scheda Inserisci.

regole specifiche: in certi casi sarà opportuno inserire alcuni di questi elementi, in altri tutti, in altri ancora soltanto una parte di essi o nessuno. Si decida in funzione della propria sensibilità e dell'occasione per cui si prepara la presentazione.

Un primo livello di personalizzazione è possibile andando a formattare come si vogliono questi elementi: nella scheda *Visualizza* bisogna scegliere il gruppo *Visualizzazioni Presentazione* e quindi fare clic sullo schema che si vuole modificare.

A questo punto, gli elementi di contesto appaiono all'interno dei loro segnaposto: per ingrandire o spostare questi segnaposto bisogna agire con il mouse trascinandoli nella posizione voluta oppure trascinando gli angoli e i bordi per ingrandirli. Allo stesso modo, si può modificare il testo contenuto scegliendo le opzioni preferite dalla voce *Carattere*, alla quale si può accedere dal menu contestuale che appare facendo clic con il pulsante destro del mouse sull'elemento da formattare oppure aprendo la scheda *Home* e scegliendo il relativo gruppo. Infine, questi segnaposto possono essere duplicati con un copia e incolla, e quindi trascinati nella posizione voluta dove potremo cambiare il testo a nostro piacimento: per esempio, si potrebbero inserire nella parte alta della diapositiva il titolo e l'indicazione del capitolo che si sta svolgendo.

Tuttavia, mentre il contenuto dei segnaposto inseriti automaticamente dal programma può essere personalizzato in qualsiasi visualizzazione, quello che abbiamo creato potrà essere modificato soltanto dalla visualizzazione *Schema Diapositiva* (Figura 2.5).

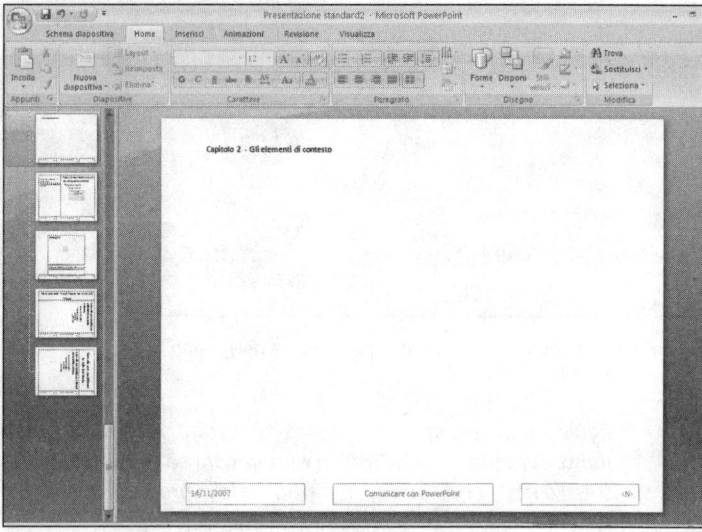

Figura 2.5 Uno schema di diapositiva con gli elementi di contesto personalizzati.

Inoltre, per poter richiamare ogni volta lo schema che si è creato si dovrà avere l'accortezza di sceglierlo correttamente dai layout dei temi di Office proposti facendo clic sulla freccia di fianco a *Nuova diapositiva*.

Questa personalizzazione, tuttavia, è poco articolata, e sicuramente non è in grado di soddisfare la sfrenata fantasia compositiva dei relatori. Per ottenere un risultato finale completamente personalizzato è meglio seguire un'altra strada, che prevede di non utilizzare gli strumenti automatici del programma.

Dalla scheda *Visualizza* si scelga la voce *Schema diapositiva* dal gruppo *Visualizzazioni presentazione*. Quindi nel gruppo *Modifica master* della scheda *Schema diapositiva* si faccia clic su *Inserisci layout*. Nel gruppo *Layout Schema diapositiva* della scheda *Schema diapositiva* si scelga la voce *Inserisci segnaposto* facendo clic sulla freccia e individuando la voce voluta. Si preferisca la prima voce *Contenuto*, che è generica e quindi valida per qualsiasi tipo di contenuto: in caso di successive variazioni, sarà più semplice intervenire. Scelto il layout preferito, ci si potrà posizionare con il mouse nella diapositiva nel punto desiderato per inserire il segnaposto, trascinandone i bordi per delimitare l'area a esso assegnata (Figura 2.6).

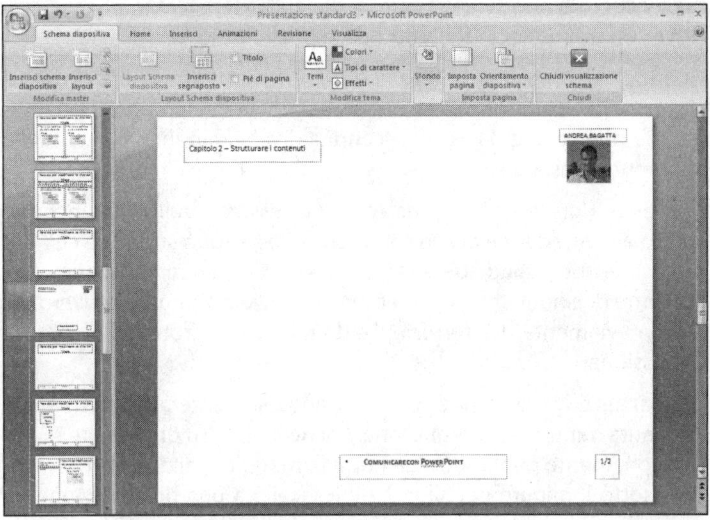

Figura 2.6 Il layout personalizzato con i segnaposto per gli elementi di contesto desiderati.

Una volta inseriti tutti i segnaposto desiderati ed eventualmente altri elementi direttamente dalla scheda *Inserisci*, si potrà fare clic su *Chiudi visualizzazione schema* per tornare alla visualizzazione normale della diapositiva. Quindi, da *Nuova diapositiva* del gruppo *Diapositiva* sceglieremo il tema di Office con il layout personalizzato che abbiamo creato.

Questo tipo di personalizzazione presenta chiaramente lo svantaggio di dover inserire il contenuto dei segnaposto in ogni diapositiva, ma proprio questo è anche il suo punto di forza, perché permette di variare il testo inserito in ogni slide. Inoltre, ovviare allo svantaggio con funzioni automatiche è abbastanza banale: basta fare clic con il pulsante destro del mouse sull'ultima diapositiva nella visualizzazione a colonna sulla sinistra della finestra, e quindi scegliere la voce *Duplica diapositiva*.

La lunghezza conta?

Molti esperti sostengono che non sia determinante, ma francamente una presentazione da cinquecento diapositive sembra un po' troppo. La lunghezza della presentazione conta davvero? La risposta è: sì, conta davvero. Ma non si faccia l'errore di confondere il numero di diapositive con la lunghezza *tout court* della presentazione.

Quando parliamo di presentazione, ci riferiamo al susseguirsi di diapositive, ma per ciascuna di esse si deve spendere del tempo di descrizione, che può variare da pochi secondi a diversi minuti in funzione del contenuto presentato.

Una buona presentazione, tuttavia, deve essere equilibrata anche rispetto al contenuto e al suo commento: così si può supporre che per ogni slide si possano spendere tra uno e tre minuti, arrivando a un massimo di cinque (ma qui il tempo comincia a stringere davvero). Al netto, ovviamente, di interruzioni e domande che protraggano oltre la discussione.

Ciò significa che venti slide possono tranquillamente valere tra i venti e i sessanta minuti di presentazione. Anche ammesso di spezzare molto il ragionamento puntando a un numero maggiore di diapositive, scendere sotto il minuto per slide è difficile: allora una presentazione da cento slide non potrà durare meno di un'ora, un'ora e mezza.

Questi sono i parametri generali nei quali ci si muove, e poi chiaramente a influire sulla lunghezza complessiva sono altre considerazioni, prime fra tutte quanto si ha da dire, quanto tempo si ha a disposizione, a chi si parla.

Non esistono regole, e se devono essere tracciate tutte le prospettive di sviluppo di una società a dei manager e per farlo avete tutto il giorno, allora forse si potrà creare una presentazione anche da duecento o trecento slide.

L'unico dubbio che rimane, in questi casi, è se il nostro pubblico sarà in grado di sopportare una presentazione tanto lunga senza addormentarsi. I giornali insegnano che l'attenzione del lettore raramente è in grado di andare oltre le 3000-3500 battute, che valgono meno di cinque minuti.

Anche ammesso che durante una presentazione l'interesse specifico sia maggiore, le capacità dell'oratore molto buone, l'uso di elementi anche multimediali più accattivante, perché mai il pubblico dovrebbe sopportare più di una o due ore di presentazione senza ribellarsi?

Questi dovrebbero essere gli standard più opportuni: presentazioni brevi, da 20 a 30 minuti; presentazioni medie, un'ora; presentazioni lunghe, due ore. Il numero di slide dovrebbe andare di conseguenza. Del resto, quando lo sviluppo del ragionamento e delle argomentazioni è ben chiaro, una sintesi è sempre possibile.

E comunque, se anche non si volesse operare una sintesi, sarebbe più opportuno lavorare sui macroargomenti presentati, in modo da dividere la presentazione in più blocchi chiaramente distinti l'uno dall'altro e offrire così al proprio pubblico uno svolgimento dell'incontro meno pesante e più vario, intervallato da momenti di confronto e più pause.

Per capire quanto durerà una presentazione, lo strumento principale è la prova sul campo, necessaria anche per affinare la capacità di parlare in pubblico: non la si tralasci per un eccesso di confidenza. Potrebbe rivelarsi fondamentale per evitarci brutte figure e al tempo stesso darci preziose indicazioni sulla lunghezza complessiva del nostro lavoro.

Sequenzialità e frammentarietà

Questa possibilità di spezzare la presentazione in più blocchi ci ricorda che lo sviluppo delle diapositive è tipicamente lineare, dalla prima all'ultima: somiglia di più a un testo, quindi, che non a un ipertesto, nel quale i collegamenti sono dati tra i singoli elementi, senza uno sviluppo sequenziale.

Il modo di comunicare delle presentazioni, però, è ancora diverso da queste due tipologie e al tempo stesso le assomma.

Infatti, è indubbio che lo svolgimento della presentazione dalla prima all'ultima diapositiva sia strettamente sequenziale, lineare e anche temporalmente definito. Tuttavia, nel corso di una presentazione di fronte a un pubblico, può essere necessario tornare a una slide precedentemente vista o anticipare una parte del contenuto che si dovrebbe vedere in seguito o ancora seguire il filo della domanda di uno spettatore e recuperare contenuto distribuito in più punti.

Tutto ciò è possibile perché l'atto della comunicazione si svolge in generale su tutta la presentazione, ma anche puntualmente su ciascuna diapositiva in maniera frammentata.

Ogni slide, cioè, è o dovrebbe essere un messaggio finito in sé in grado di dare delle informazioni complete rispetto al singolo passaggio che descrive. Ogni slide è un nucleo chiuso, un anello compiuto. Anello dopo anello, otteniamo una catena, una cosa composta da tanti anelli ma diversa da ciascuno di essi. È possibile una lettura (e un'esposizione) unitaria e lineare, ma anche una frammentaria, diapositiva per diapositiva, ciascuna fine a se stessa.

Questa potenzialità delle diapositive, utilizzabile o meno in funzione di come si vuole sviluppare il progetto complessivo, si rivela particolarmente utile perché permette di interrompere il filo del discorso, alternarlo e riprenderlo, in base al grado di interesse, competenze e interazione che ci aspettiamo o che dimostra il pubblico.

I collegamenti ipertestuali

Per attuare questi "salti" tra diapositive, lo strumento principale è il *collegamento ipertestuale*. Si possono infatti compiere dei salti passando da una slide all'altra, ritornando materialmente indietro.

L'inserimento di un link, però, oltre a essere più elegante perché non costringe durante l'esposizione a goffe ricerche poco professionali, è più pratico ed efficace.

Naturalmente, potrà capitare anche di avere delle domande in diretta che ci costringono ad associazioni di idee (e diapositive) impreviste ma, dove possibile, un collegamento ipertestuale potrà risolverci molti tentennamenti, senza tuttavia diventare obbligatorio: meglio un link in più, anche se poi non è detto che lo utilizzeremo.

Un collegamento ipertestuale può essere inserito su testi, immagini e altri oggetti sempre scegliendo la voce *Collegamento ipertestuale* dal gruppo *Collegamenti* della scheda *Inserisci* oppure dal menu a comparsa che appare facendo clic con il pulsante destro del mouse sull'elemento da collegare.

Il collegamento inserito può essere interno e quindi portare a un'altra diapositiva della stessa presentazione, o esterno a una slide di altra presentazione o a un file che risiede sullo stesso PC oppure sul Web.

La chiave del collegamento ipertestuale, quindi, è la destinazione, da scegliersi nella finestra *Inserisci collegamento ipertestuale* (Figura 2.7)

Per collegarsi a un'altra diapositiva della stessa presentazione, in *Collega a* fare clic su *Inserisci nel documento*. A questo punto, in modo abbastanza intuitivo, in *Selezionare una posizione nel documento* si faccia clic sulla diapositiva che si desidera utilizzare come destinazione.

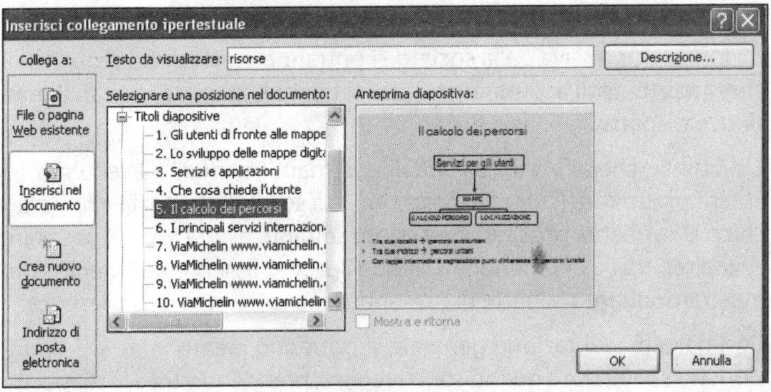

Figura 2.7 La finestra Inserisci collegamento ipertestuale con il documento corrente scelto come destinazione.

Se invece vogliamo trovare una destinazione esterna, in *Collega a* si dovrà scegliere *File o pagina Web esistente*. A quel punto si dovrà rintracciare il documento che vogliamo collegare: nel caso di un altro file con estensione .ppt, cioè di un'altra presentazione, è possibile trovare la slide esatta di destinazione facendo clic su *Segnalibro* e scegliendo quindi la diapositiva desiderata.

Se in ogni caso ci venisse richiesto di tornare o di andare a una diapositiva che non è raggiungibile tramite un collegamento ipertestuale, si eviti di scorrere le diapositive a una a una avanti e indietro fino a trovare quella giusta: l'impressione di pressapochismo e di non professionalità sarebbe molto alta (probabilmente non a torto). In questi casi, meglio ricorrere al pulsante destro del mouse, dal quale faremo comparire il menu contestuale e sceglieremo la voce Vai a diapositiva*: comparirà un elenco completo di numero e titolo di ogni slide della presentazione. Qui sarà più facile individuare il punto dove si dovrà tornare, e a quel punto basterà fare clic su di esso per farla tornare in esecuzione.*

Presentazioni a geometria variabile

La frammentarietà della comunicazione per slide diventa un notevole punto di forza in PowerPoint 2007 grazie alla funzione *Presentazione personalizzata*. Con questa caratteristica è possibile adattare una singola presentazione a diversi tipi di pubblico, utilizzando soltanto la parte di presentazione individuata come più adatta per esso.

Se per esempio si sta preparando una presentazione sulla riorganizzazione complessiva della società, si potranno creare slide sequenziali che trattino degli aspetti organizzativi generali e quindi quelli di ogni singolo reparto.

È possibile che ai vertici aziendali e ai manager di alto livello debba essere presentata l'intera esposizione, ma scendendo nel livello gerarchico ai capi-area possano interessare soltanto alcuni reparti per finire ai capireparto e ai dipendenti, ai quali probabilmente sarà necessario mostrare soltanto la parte di presentazione relativa al loro distretto.

Così dalla presentazione generale si potranno creare tante presentazioni personalizzate quanti sono i reparti, prendendo solo le diapositive raggruppate in maniera omogenea per ciascuno di essi.

Nel gruppo *Avvia presentazione* della scheda *Presentazione* si faccia clic sulla freccia accanto a *Presentazione personalizzata* e quindi su *Presentazioni personalizzate*. Nella finestra di dialogo che si apre si scelga *Nuova* e quindi si selezionino le diapositive desiderate. Con il pulsante *Aggiungi* si inseriscano le diapositive volute nella nuova presentazione personalizzata. Agendo sulle frecce a destra si può variare l'ordine di visualizzazione di tali diapositive. A questo punto è sufficiente digitare il nome della nuova presentazione personalizzata nella casella *Nome presentazione* e poi premere *OK* (Figura 2.8).

Non ci sono limiti per la creazione di presentazioni personalizzate, e ciascuna può essere aperta e modificata in qualsiasi momento. Inoltre, possono servire anche come destinazione di un collegamento ipertestuale: è sufficiente che quando si seleziona una posizione nel documento si scelga la voce relativa (in fondo all'elenco delle slide), eventualmente trovando il punto esatto di destinazione grazie al segnaposto.

Una soluzione molto simile ma a un livello più semplificato, sia concettualmente sia nelle operazioni da compiere, è rappresentata dall'opzione per nascondere le singole diapositive.

Nella scheda *Diapositive* della *Visualizzazione Normale* oppure nella visualizzazione *Sequenza diapositive* è sufficiente fare clic con il pulsante destro del mouse e scegliere la voce *Nascondi diapositiva* tra quelle del menu contestuale.

Con questa opzione attiva, durante l'esecuzione la diapositiva non sarà riprodotta, ma comunque resterà sempre a disposizione nello stesso

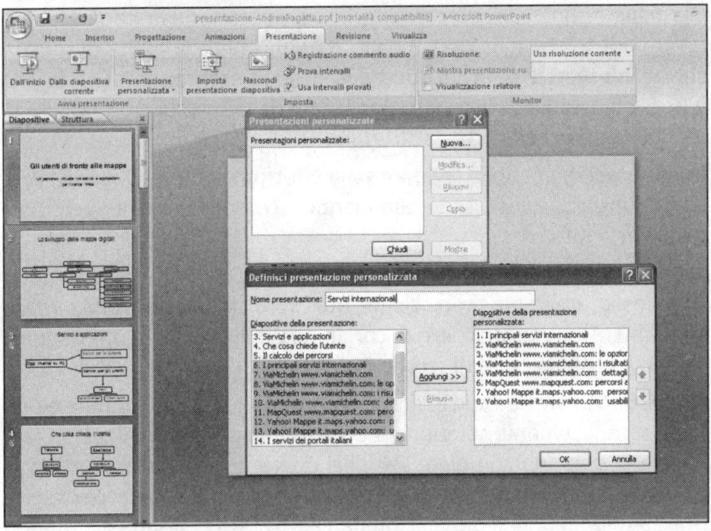

Figura 2.8 Le finestre di dialogo per la creazione di una presentazione personalizzata.

file: la scelta può rivelarsi particolarmente utile per creare diapositive di dettaglio o di spiegazione più approfondita su argomenti già trattati in precedenti slide. Durante la presentazione, queste diapositive resteranno nascoste, ma saranno sempre pronte all'uso nel caso sia necessario ricorrere a un'ulteriore spiegazione per il pubblico.

Per essere richiamata durante la riproduzione, che avviene in modalità *Presentazione* del gruppo *Visualizzazione presentazione*, basta fare clic con il pulsante destro del mouse in un punto qualsiasi della diapositiva in esecuzione: dal menu contestuale si potrà scegliere la voce *Vai a diapositiva* e quindi selezionare la diapositiva nascosta (il cui numero progressivo appare tra parentesi).

Infine, l'opzione di diapositiva nascosta può essere disattivata in qualsiasi momento ripetendo le stesse operazioni compiute per attivarla e scegliendo la stessa voce di menu *Nascondi diapositiva*.

Lavorare con la struttura

Il valore implicito nello strutturare i contenuti della presentazione è riconosciuto anche dal software, che permette di vedere, verificare, modificare e lavorare con lo schema strutturale che si è composto.

Già nella *Visualizzazione normale*, in cui la diapositiva appare come un'area di lavoro sulla destra dello schermo, nella colonna di sinistra si può intervenire sulla struttura dell'intera presentazione. Qui, infatti, è possibile scegliere tra la visualizzazione della scheda *Diapositive* e la visualizzazione della scheda *Struttura*.

In entrambe è possibile lavorare sulla struttura complessiva della presentazione, spostando slide, eliminandole o semplicemente verificandone il contenuto.

Nella prima modalità di scheda, quella delle *Diapositive*, appaiono le slide realizzate finora rimpicciolite, quattro o cinque per volta in base alle dimensioni dello schermo, con la possibilità di far scorrere verso l'alto o il basso la barra di scorrimento.

Si possono trascinare con il mouse spostandone l'ordine oppure eliminarle semplicemente selezionandole e quindi premendo il tasto Canc. Inoltre, si possono compiere semplici operazioni sia sulla struttura in generale, aggiungendo nuove diapositive o duplicandole, per esempio, sia sulla singola slide selezionata, cambiando lo sfondo o attuando una revisione delle modifiche.

Tutte le funzioni disponibili in questa modalità sono richiamabili dal menu contestuale che appare facendo clic con il pulsante destro del mouse (Figura 2.9).

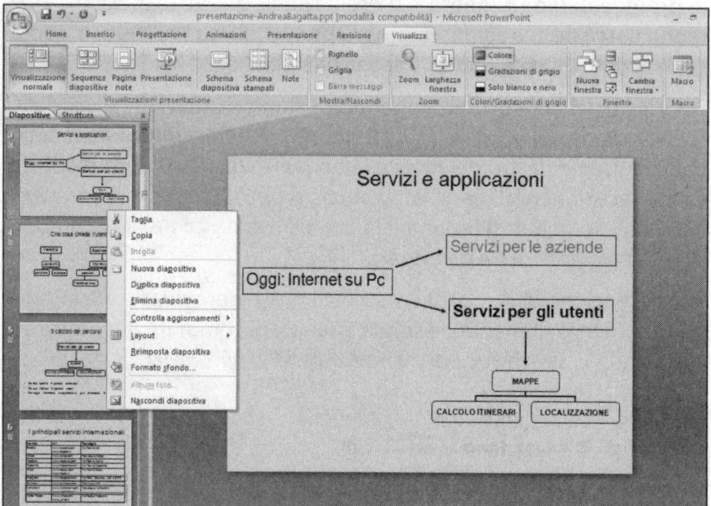

Figura 2.9 La scheda Diapositive con le funzioni disponibili grazie al menu contestuale che appare facendo clic con il pulsante destro del mouse.

Nella modalità *Struttura*, invece, si può lavorare in profondità sullo schema complessivo della presentazione, con una visione d'insieme rispetto al contenuto delle diapositive: infatti, di ciascuna slide è visibile il testo principale, in particolare il titolo, nella parte sinistra del riquadro, preceduto dal numero di slide corrispondente, e il testo principale della diapositiva, appena rientrato sotto il titolo. Questo permette, con un solo colpo d'occhio, di verificare non solo l'andamento complessivo della presentazione, ma anche il contenuto, almeno quello generale, di ogni singola diapositiva.

Facendo clic con il pulsante destro del mouse otteniamo, questa volta, ben due menu contestuali, uno riferito alla formattazione dei testi della scheda *Struttura* (Figura 2.10), uno per le funzioni disponibili al fine di intervenire sulla composizione complessiva della presentazione, tagliando, copiando, spostando di livello, espandendo o comprimendo il contenuto.

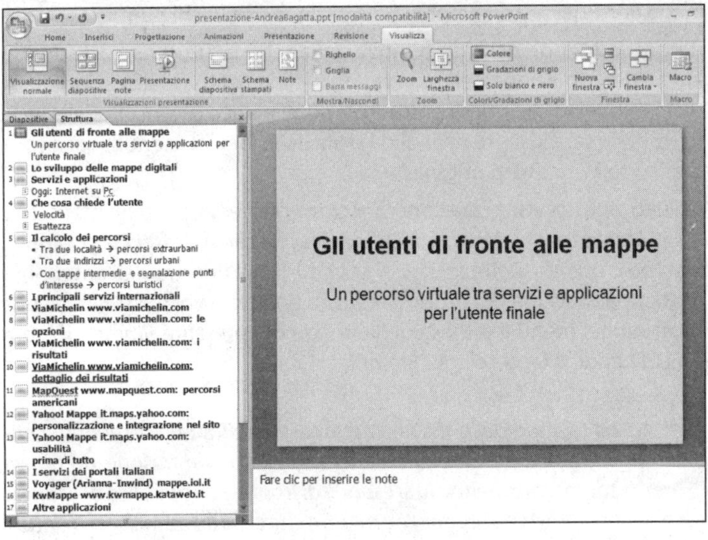

Figura 2.10 A sinistra si può apprezzare la visualizzazione della scheda Struttura.

Inoltre, ciascuna diapositiva con il relativo testo è trasferibile di posizione semplicemente facendo clic sull'icona relativa e quindi trascinandola con il mouse là dove la si vuole.

Di primo acchito le differenze tra le due schede sembrerebbero ridotte, ma in realtà la visualizzazione *Struttura* permette di lavorare sul contenuto, mentre la modalità *Diapositive* permette di lavorare sulla forma della presentazione.

La modalità *Struttura*, per esempio, può essere utilizzata come primo approccio per ordinare il contenuto della presentazione in generale. Partendo cioè da una presentazione vuota, invece di lavorare su ogni singola slide preoccupandosi subito dell'aspetto della diapositiva, ci si può concentrare sul contenuto lavorando direttamente in questa modalità inserendo i titoli e l'altro testo principale: ogni a capo dato premendo il tasto Invio crea una nuova diapositiva e automaticamente il testo digitato assume la posizione di titolo. Con il comando *Alza di livello* o *Abbassa di livello* del menu contestuale è possibile poi trasformare il testo digitato rispettivamente come titolo o come sottotitolo. Analogamente, selezionando l'icona di una diapositiva e trascinandola con il mouse sotto un'altra si trasforma automaticamente il testo dal livello di titolo a quello di sottotitolo. Inoltre, agendo sul menu contestuale per la formattazione oppure aprendo la scheda *Home* si può operare su qualsiasi tipo di formattazione del testo, compresa la creazione di elenchi puntati.

A ogni variazione nelle diapositive della scheda *Struttura* corrisponde anche una variazione nel riquadro della slide della visualizzazione *Normale*. In questo caso, titoli, sottotitoli, punti elenco e ogni altro elemento testuale sarà inserito nella slide nella posizione consentita dal layout grafico selezionato in origine.

Questo tipo di visualizzazione *Struttura* può essere anche stampata: dal pulsante logo di Microsoft Office si faccia clic sulla freccia accanto a *Stampa* e quindi su *Anteprima di stampa*. Nella finestra dell'anteprima di stampa, si scelga dal gruppo *Imposta pagina* la voce *Visualizzazione struttura* nel menu a discesa della freccia del pulsante *Stampa* (Figura 2.11). Quindi, si faccia clic su *Stampa*.

La stampa della Visualizzazione struttura *può essere utile anche come promemoria generale della presentazione, da tenere sott'occhio mentre la si espone di fronte a un pubblico per sapere sempre a che punto si è arrivati e che cosa dovremo commentare subito dopo.*

Un'ultima opportunità di lavorare sulla struttura complessiva della presentazione è data dalla modalità di visualizzazione *Sequenza diapositive* (Figura 2.12). Con questa funzione compaiono le miniature delle slide come nella visualizzazione della scheda *Diapositive* vista in precedenza, ma, a differenza di quella, appaiono disposte in un'unica schermata con uno sviluppo orizzontale, riga dopo riga.

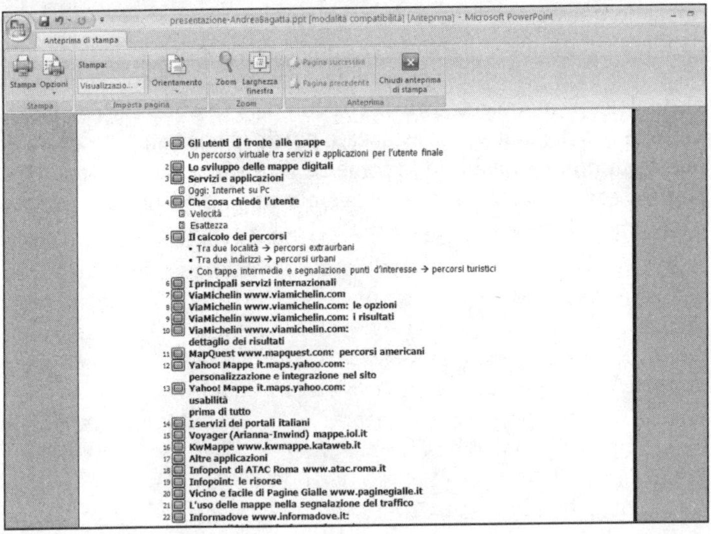

Figura 2.11 L'anteprima di stampa della Visualizzazione struttura.

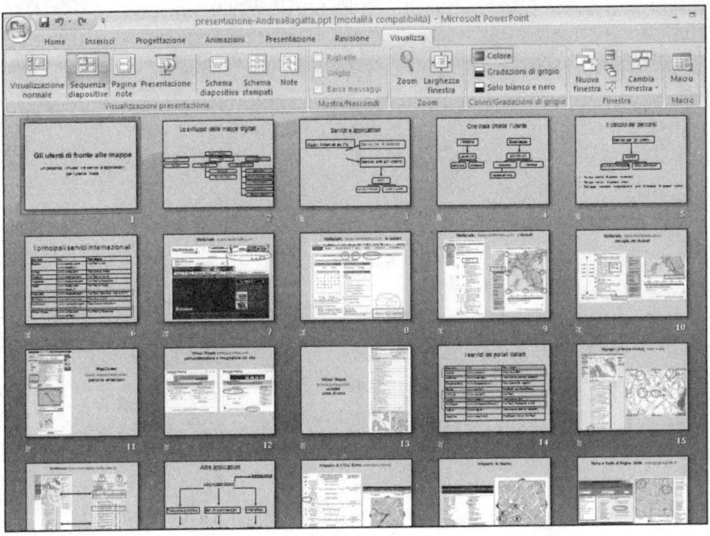

Figura 2.12 La visualizzazione Sequenza diapositive.

Anche in questo caso, si può operare sulla struttura complessiva andando a spostare con il mouse le singole diapositive, selezionandole e trascinandole nella posizione voluta, oppure agendo con le funzioni disponibili nel menu contestuale che compare facendo clic con il pulsante destro del mouse. In sostanza, è possibile agire sulla struttura in questo tipo di visualizzazione come se si operasse sulla scheda *Diapositive*, con il vantaggio però di avere a colpo d'occhio una visione d'insieme sull'intera presentazione.

Capitolo 3

Potere alla parola

Qualsiasi considerazione si faccia, poco importa, il risultato è sempre lo stesso: nelle presentazioni le parole scritte sono un elemento centrale, decisivo nel processo di comunicazione.

Infatti, mentre rispetto al parlato l'attenzione alle singole parole dura al massimo pochi secondi, una parola scritta e stampata sulla diapositiva rimane in bella vista uno, due o tre minuti, tutto il tempo insomma che l'oratore si prenderà per commentare quella diapositiva. E l'occhio dello spettatore la coglierà sempre, come elemento centrale o di sfondo o con la vista periferica.

Sia pur con diversi livelli di attenzione, una parola scritta si imprime nella mente del lettore in maniera indelebile... almeno per quei pochi minuti in cui rimane sullo schermo. Anche le immagini hanno una forza comunicativa notevole, ma in modo diverso, meno diretto.

Alla parola, ai testi, allora, bisognerà prestare la massima attenzione in fase di realizzazione della presentazione, in modo da sfruttarne appieno le potenzialità. Potenzialità che non prescindono, ma anzi si incrementano rispettando tre regole d'oro valide per qualsiasi forma di scrittura.

1. La prima regola da tenere in conto è sicuramente quella di scrivere bene: correttamente soprattutto, e se possibile in modo elegante. La brevità, pur dovuta, non sia mai una scusa per abbandonarsi al linguaggio degli SMS dei giovani!

2. In secondo luogo, chiarezza e semplicità sono due chiavi per aprire le porte dell'attenzione di qualsiasi lettore. Se il potenziale pubblico non capisce che cosa c'è scritto, si annoia, si stufa o si deprime: in tutti i casi, la sua attenzione prende il volo.

3. Per finire, si consideri sempre a chi si sta parlando: ciò che scriviamo deve essere comprensibile da parte di tutti, ma ai docenti universitari ci rivolgeremo in modo diverso da come lo faremmo con gli studenti delle scuole medie. Chiarezza per entrambi i gruppi, ma in modi diversi.

Le presentazioni, rispetto ad altre forme di comunicazione scritta, hanno anche il grande vantaggio di potersi avvalere in tempo reale dell'ausilio dei commenti a voce. In qualsiasi momento si può spiegare di più, commentare, dare una sfumatura a ciò che c'è scritto.

Tuttavia, l'esposizione orale dovrebbe essere un complemento e un approfondimento al tempo stesso di quanto rappresentato nella slide: se si spreca del tempo per spiegare ciò che è scritto, forse non si è stati abbastanza chiari.

L'intestazione della presentazione

Dai 15-20 ai 40-50 caratteri, in grado di illustrare in modo semplice e diretto il contenuto intero: questo dovrebbe essere il titolo della presentazione.

In poche parole, da due a cinque come massimo, esclusi gli articoli, dobbiamo essere in grado di riassumere tutto quello che andremo a dire successivamente.

Quando pensate al titolo della presentazione, mettetevi nei panni del potenziale spettatore e chiedetevi se, vedendolo rappresentato su un cartellone, andreste ad assistere all'incontro. La risposta, onesta, può essere un primo buon indicatore sull'efficacia del titolo che avete scelto: se neppure voi ne siete convinti, infatti, ci sono poche speranze di convincere gli altri.

Sono quindi da evitare i titoli insulsi, inutilmente evocativi e invece fuorvianti, oppure eccessivamente fantasiosi o misteriosi, tanto da indurre nel pubblico un certo disorientamento.

In poche parole, gli attributi essenziali per un titolo possono essere riassunti in questi termini:

- coerente con il contenuto generale che presenta;
- specifico quanto basta per non trarre in inganno il pubblico;
- descrittivo o riassuntivo della tesi o dell'argomentazione che si intende dimostrare o descrivere;
- sintetico e incisivo per cogliere al volo l'attenzione del pubblico.

Dal punto di vista formale, la soluzione migliore per un titolo di presentazione consiste in una frase semplice, preferibilmente di tipo nominale, cioè senza predicati. Un titolo nominale, a differenza di uno verbale, ha più forza intrinseca, è più semplice e incisivo (Figura 3.1).

Figura 3.1 Un buon titolo per una presentazione è semplice, chiaro e diretto.

Comunque, si cerchi di essere il più esaustivi possibile, già nel titolo: da bandire quindi tutte le formule troppo generiche o le parole comuni. Un titolo come "Ospedali del Lodigiano" non dice nulla sulla presentazione dei risultati di un'analisi della percezione che gli utenti hanno della qualità del servizio degli ospedali in questione. Meglio individuare almeno le parole chiave della nostra esposizione fin dal titolo: "Criticità e punti di forza degli ospedali del Lodigiano".

D'altra parte, attenti a non esagerare. Se si dovesse presentare il progetto di un nuovo notiziario cartaceo per un'amministrazione pubblica, potremmo intitolare la presentazione "L'aspetto e i contenuti del nuovo notiziario comunale con i tempi e le operazioni necessarie alla sua uscita". L'accoglienza, però, potrebbe essere un po' fredda, anche da parte degli austeri amministratori del nostro comune. Per scaldare loro il cuore potremmo cambiarlo in "Nuovo notiziario comunale: progetto e realizzazione".

Analogamente, "Come gli utenti usano i siti web di mappe e percorsi digitali: carrellata degli operatori, situazione attuale e prospettive future" può diventare "Gli utenti di fronte alle mappe", eventualmente con un sottotitolo del tipo "Un percorso virtuale tra servizi e applicazioni per l'utente finale".

Inserendo un sottotitolo, anche la nostra presentazione iniziale sugli ospedali potrebbe affiancare al titolo "Qualità ospedaliera: criticità e punti di forza" una seconda frase che circoscriva il lavoro: "L'offerta pubblica nel Lodigiano vista dalla parte degli utenti".

Infatti, è da considerare parte integrante del titolo, o almeno dell'intestazione della presentazione anche un sottotitolo, un *teaser* che possa specificare meglio il contenuto della frase principale attraverso un altro slogan più articolato e compiuto. Il sottotitolo può anche aiutare a spiegare eventuali ambiguità o espressioni volutamente misteriose dei titoli che, in questo caso, puntano tutto sulla loro capacità d'attrazione.

Nell'intestazione, infine, dovrebbero apparire anche il nome dell'autore, l'occasione, il luogo e la data in cui la presentazione verrà esposta al pubblico, più ogni altro elemento distintivo come, eventualmente, il nome della società che si rappresenta.

A tutti questi elementi è riservata la prima slide della presentazione, ma poi dovrebbero comparire anche in ogni altra diapositiva come elementi di contesto utili per aiutare il pubblico a rendersi sempre conto del punto della trattazione in cui si è arrivati.

In caso di presentazioni pubbliche, la slide dell'intestazione non deve servire soltanto per l'apertura dell'esposizione ma anche come immagine fissa d'intervallo mentre gli spettatori affluiscono in sala o mentre l'oratore prepara gli ultimi dettagli prima di iniziare.

La disposizione nella slide d'apertura

Uno dei dubbi più assillanti riguarda spesso come distribuire gli elementi della titolazione all'interno della diapositiva: il titolo va centrato oppure a sinistra? In alto o in centro verticalmente? E gli altri elementi come gli si dispongono intorno?

Una regola fissa non c'è, ma alcune linee guida ormai comunemente accettate esistono, a partire da quelle più semplici e intuitive, per esempio che un sottotitolo non può stare sopra il titolo oppure che l'andamento della lettura è da sinistra a destra, e quindi non si allineerà mai il testo del titolo a destra se non per una ragione molto particolare e valida.

In una disposizione classica, la posizione del titolo è di solito perfettamente centrata o, meglio, leggermente spostata verso sinistra rispetto al centro orizzontale della diapositiva e poco sopra la metà rispetto al centro verticale. L'allineamento consigliabile per il testo è quello centrato.

Il sottotitolo va posizionato esattamente sotto, con un allineamento parimenti centrato e una disposizione armonica rispetto a esso, per esempio interamente compreso sotto le linee immaginarie che passano per gli estremi del titolo.

Gli altri elementi si dispongono in sequenza sotto il titolo e il sottotitolo, tenendo presente magari le posizioni che assumeranno come elementi di contesto nelle altre diapositive.

Per verificare molto semplicemente e in maniera rigorosa la posizione dei testi della titolazione si può ricorrere alla visualizzazione della griglia sulla diapositiva.

Nella modalità di visualizzazione *Normale*, dalla scheda *Visualizza* si deve scegliere nel gruppo *Mostra/Nascondi* la voce *Griglia*, spuntandola. Sulla diapositiva comparirà una griglia che permette di verificare con precisione la posizione di testo, forme, immagini e qualsiasi altro elemento della presentazione (Figura 3.2). Facendo clic con il pulsante destro del mouse, inoltre, dal menu contestuale che appare è possibile scegliere la voce *Griglia e guide* per agire sulle opzioni relative.

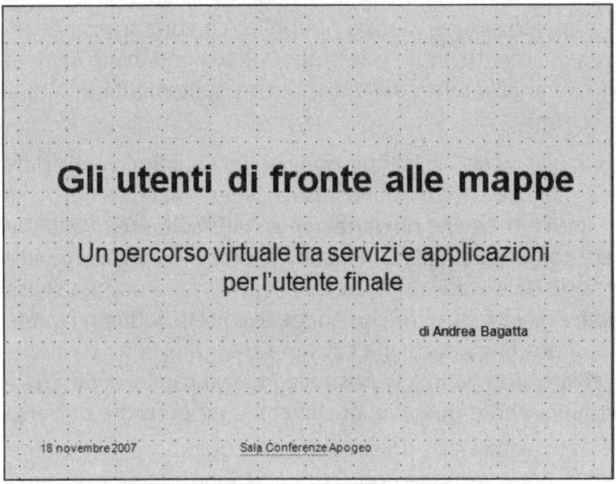

Figura 3.2 La disposizione classica degli elementi dell'intestazione nella modalità di visualizzazione della griglia.

Naturalmente, questo tipo di disposizione che abbiamo definito classica può essere variata in molti altri modi, soprattutto considerando le potenzialità dell'inserimento di elementi grafici più forti, logotipi aziendali, fotografie dell'autore o immagini d'apertura, proprio come per la copertina di un libro.

Ciascuno si deve regolare come crede, in base al proprio gusto, agli obiettivi che si prefigge e all'impostazione generale che intende dare alla presentazione.

Sicuramente, però, è bene non esagerare nell'intestazione con gli elementi iconografici, che magari sono illustrativi e belli, ma che poco o nulla hanno a che fare con il fine proprio del titolo e della prima diapositiva, che dovrebbe essere quello d'introdurre al ragionamento complessivo in modo chiaro, sintetico e incisivo.

Titoli delle slide e gerarchia dei testi

In una presentazione, però, non ci si può limitare a un titolo per l'intera sequenza di slide. Ogni diapositiva, dal punto di vista contenutistico e testuale, è finita in sé e quindi richiede la presenza di un titolo ed eventualmente di un sottotitolo valido soltanto per quella porzione di contenuto.

Per maggiore coerenza e per aiutare il pubblico con una scansione regolare del ragionamento, titolo e sottotitolo dovranno avere sempre la stessa posizione all'interno della diapositiva, solitamente in alto, a sinistra o in centro.

Inoltre, come e più ancora della titolazione generale, il titolo della slide deve avere un carattere informativo chiaro rispetto al contenuto che va a presentare: il lettore che distrattamente colga soltanto quello dovrebbe essere comunque nella condizione di capire il significato della diapositiva. Sono da evitare, dunque, titoli equivoci o a doppio senso o criptici, e pure giochi di parole che, anche se corretti, attirano l'attenzione più sul gioco linguistico che sul suo significato. Sono da usarsi espressioni chiare, sintetiche e se possibile incisive, capaci di descrivere il più compiutamente possibile quello che si rappresenta nell'area sottostante.

Se possibile, meglio evitare l'eccesso di varietà: la coerenza semantica della presentazione è data anche dalla costanza con cui si riproducono certi meccanismi. Una volta scelto un modello per i titoli delle diapositive, si cerchi di rispettarlo il più possibile evitando di passare da frasi nominali asciutte a frasi verbali a effetto a singoli termini o a espressioni lunghe e composite.

Inoltre, bisogna considerare che, anche all'interno della diapositiva, si può avere una gerarchia dei testi ben chiara: titolo, sottotitolo e corpo del testo, a sua volta, all'occorrenza, distinto a livelli con l'introduzione per esempio di *caption*, ovvero parole o brevissime frasi degne di sottolineatura, oppure di elenchi puntati.

Tutti gli elementi di livello intermedio tra il titolo vero e proprio e il corpo del testo possono e devono aiutare a specificare meglio il concetto chiave, fornendo anche al pubblico la possibilità di avere diversi livelli di lettura.

Infine, bisogna considerare una categoria che si stacca dalla titolazione generale della presentazione e dai titoli delle singole diapositive, collocandosi in mezzo tra le due: sono i titoli dei capitoli o di quelle parti ampie di ragionamento in cui abbiamo diviso per maggiore chiarezza la presentazione intera. In questi casi, proprio per evitare ogni possibile confusione, l'elemento titolo (ed eventualmente sottotitolo) deve riprendere più la forma della prima intestazione dell'intera presentazione che non quella di ogni singola slide.

Il testo delle diapositive

L'autonomia e la completezza delle diapositive di cui tanto abbiamo parlato non riguardano lo spazio chiuso del testo ma abbracciano il binomio scritto/orale che è tipico delle presentazioni.

Va da sé, quindi, che il testo di una diapositiva non può né deve essere esaustivo e completo perché deve integrarsi, possibilmente in modo armonico, con l'esposizione orale dell'oratore.

Chiarito questo concetto di base, risulta molto più semplice comprendere come costruire il corpo del testo della diapositiva rimanendo entro i limiti dello strumento e del buon senso.

Il testo della slide, infatti, non deve essere letto come la pagina di un libro, ma deve essere colto in modo veloce e immediato dal pubblico: più che un testo raffinato bisogna scrivere frasi semplici ed efficaci, slogan chiari, precisi e puntuali.

Se ogni diapositiva è dedicata a un'idea (mai protrarre un'idea su due o più slide, meglio spezzarla), al suo interno ogni frase dovrebbe essere un tassello fondamentale del puzzle-idea. Per questo è molto apprezzabile l'uso degli elenchi puntati, poco eleganti ma efficaci per sintesi, chiarezza e semplicità.

Il testo deve accompagnare interamente il commento dell'oratore e viceversa: la slide deve restare quindi ben visibile fino a quando non si passa alla diapositiva successiva. Continuare a commentare una slide che è già stata superata sullo schermo può soltanto ingenerare confusione nel pubblico.

La lunghezza

In generale, poi, bisogna assolutamente tenere sotto controllo la lunghezza del testo che si propone, sia nel numero delle righe presenti sia nel numero dei caratteri utilizzati.

In generale, oltre al titolo, al sottotitolo e agli elementi di contesto, non si dovrebbero scrivere più di cinque o sei righe di testo, indipendentemente dalla grandezza del carattere e comunque per un numero di battute non superiore alle 400-500 circa: infatti, al di là della possibilità fisica di inserire testo nella slide, bisogna considerare la capacità degli spettatori di seguirlo.

Ancora più opportuno è ragionare non tanto in termini di lunghezza complessiva del testo quanto in termini di blocchi logici e visuali o unità informative. Il pubblico ha già a che fare con il titolo, il sottotitolo ed eventualmente gli altri elementi di contesto.

Diamo per scontato che dopo le prime diapositive l'occhio e la mente degli spettatori si siano abituati agli elementi di contesto, che tra l'altro dovrebbero avere una posizione, anche fisica, marginale dentro la diapositiva: vuol dire che non li guarderanno più, se non quando necessario, ovvero tipicamente quando si saranno distratti un momento e avranno bisogno di conferme e rassicurazioni sullo svolgimento della presentazione.

Rimangono quindi il titolo e il sottotitolo come blocchi logici visuali sui quali lo spettatore concentra la sua attenzione: oltre a questi due, quanti altri elementi informativi possiamo ragionevolmente offrire al pubblico senza creare confusione o allontanarlo a causa di una sovraesposizione alle informazioni? Quattro o cinque, magari sei. Oltre, le informazioni cominciano a diventare troppe.

Il limite al quale si deve prestare attenzione, quindi, non è tanto nella lunghezza complessiva del testo della diapositiva, quanto nel numero di blocchi informativi che si propongono, ben organizzati e magari distinti anche graficamente in modo netto. Dare cinque informazioni, più il titolo, più il sottotitolo, più eventualmente gli elementi di contesto richiede al pubblico già un grande sforzo d'attenzione.

Sul numero assoluto di battute, invece, in casi eccezionali si può pensare anche che ogni blocco informativo possa valere fino a 120 o 150 battute, il che porta a un conteggio complessivo massimo di 750 caratteri, un'enormità per una slide.

Tuttavia, se l'organizzazione del contenuto è ben fatta, l'impatto non è così devastante come ci si aspetterebbe.

Nella Figura 3.3, per esempio, abbiamo un testo che in tutto misura 692 caratteri (spazi inclusi), senza tenere conto del titolo e del sottotitolo: siamo già ampiamente oltre le dimensioni normalmente accettabili di un testo per slide (400-500 battute).

Figura 3.3 Una diapositiva di 692 caratteri di testo, esclusi titolo e sottotitolo.

Tuttavia l'organizzazione della diapositiva mitiga l'impatto del testo, anche perché il contenuto è diviso in quattro unità informative, tre blocchi di testo di pari livello a loro volta con una gerarchia chiara all'interno e un blocco finale conclusivo staccato dagli altri.

Una soluzione del genere, pur non meritando un plauso, rimane ancora accettabile da parte del pubblico che, opportunamente guidato dalla voce del relatore può seguire senza affanni il ragionamento.

La forma

Da tutto quello che si è detto finora la forma del discorso non è mai apparsa come essenziale: non è importante scrivere bene e in modo elegante. Purtroppo, nel caso delle diapositive, è proprio così, anche se non bisogna esagerare in questo senso.

Il fatto che sia inutile cercare raffinatezze linguistiche o fare un uso eccessivo di figure retoriche o creare periodi sintatticamente armoniosi non deve trarre in inganno: è possibile scrivere bene anche in modo estremamente sintetico, più logico che discorsivo, con una marcata attenzione al ragionamento e all'esposizione che ne deriva.

E a proposito: se scrivere bene è possibile, scrivere correttamente è doveroso.

Come fare allora per cercare sintesi e chiarezza senza sembrare degli zoticoni incapaci di mettere insieme frasi di più di tre parole? Con tre semplici passaggi.

1. Intanto, togliere tutti gli orpelli decorativi come le interiezioni o gli avverbi e gli aggettivi non strettamente necessari.
2. Quindi, togliere le congiunzioni correlative o subordinative trasformando il periodo da complesso (con proposizioni subordinate) a semplice (con preposizioni coordinate o meglio ancora separando in tanti periodi).
3. Infine, quando possibile e se coerente, trasformare i verbi o gli indicatori di relazione tra due oggetti in simboli grafici: "diventare" o "produrre" si prestano a essere resi con una freccia, "maggiore", "minore", "uguale" e altre espressioni simili hanno simboli propri mutuati in gran parte dalla matematica (Figura 3.4).

Ciò che rimane deve essere ancora ripulito, cioè ripassato alla ricerca di tutti gli elementi non necessari: se ne trovate, toglieteli. Scrivere è spesso un lavoro di eliminazione progressiva, qui accentuata dal fatto che i commenti e l'esposizione orale aiuteranno a chiarire ogni sfumatura qualitativa riferita al testo.

Parimenti, si deve eliminare tutta la punteggiatura non strettamente necessaria. In un elenco puntato, sulla carta è discutibile concludere

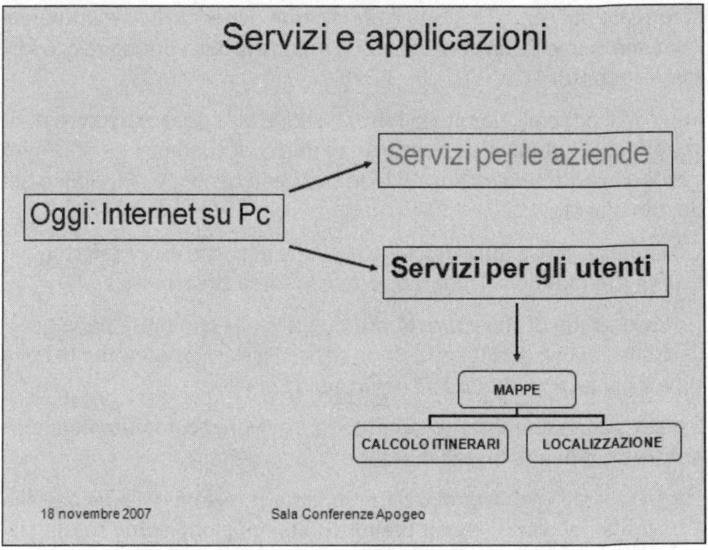

Figura 3.4 Rappresentazioni grafiche e simboli aiutano a contenere i testi e a renderli più chiari e intuitivamente più comprensibili.

ogni volta con un punto o, peggio, con un punto e virgola: nelle slide è inopportuno e chiaramente inutile. Così, un elenco introdotto da un'espressione non ha necessariamente bisogno dei due punti iniziali se quella può essere interpretata come una sorta di titolo relativo proprio all'elenco.

Assolutamente da evitare, infine, i punti esclamativi, che non hanno alcuna ragione d'essere nel testo di una diapositiva: a dare la corretta intonazione deve essere la voce del relatore.

La trasformazione delle azioni o delle relazioni in simboli è uno dei primi passi verso quella che è definita normalmente infografica *e che, nella realizzazione delle presentazioni, merita di essere trattata a parte, tale è la sua importanza.*

La formattazione

Finora abbiamo visto le scelte più opportune dal punto di vista contenutistico, ma una presentazione deve essere inappuntabile anche dal punto di vista formale. Tutte le caratteristiche che fanno riferimento al formato del testo rientrano nella dicitura generica di *formattazione*, l'insieme di quelle funzioni utili per attribuire al testo uno specifico formato appunto.

In termini generali, tramite la formattazione ci si deve assicurare di rispondere alla duplice esigenza, una interna di coerenza e uniformità del documento, una esterna di leggibilità e in generale di fruibilità del documento stesso.

Ciò significa che la formattazione riguarda in particolare i caratteri del testo e il paragrafo, e il loro rapporto con l'area circostante.

Tuttavia, prima di analizzare questi due singoli elementi, è bene ricordare che in PowerPoint il testo non si inserisce automaticamente nella slide bianca come si può fare nella pagina di Word.

Il testo può essere inserito soltanto in un segnaposto automatico, in una forma o in una casella di testo.

I segnaposto si trovano di default in certe posizioni della diapositiva a seconda dei diversi layout preimpostati. Appaiono come caselle dal bordo tratteggiato e basta fare clic al loro interno per poter cominciare a scrivere il testo. Se il testo supera le dimensioni del segnaposto, il programma riduce automaticamente la dimensione del carattere e l'interlinea, secondo un criterio incrementale, per adattare il testo già durante la digitazione.

Se invece si vuole posizionare del testo fuori dai segnaposto in una posizione libera nella slide, è possibile farlo creando una *casella di testo*, dal gruppo *Testo* della scheda *Inserisci*, oppure una forma come un quadrato, un fumetto o una freccia, scegliendola dalla voce *Forme* del gruppo *Illustrazioni* nella scheda *Inserisci*: una volta posizionate nella slide la casella o la forma, basta semplicemente cominciare a digitare il testo.

Il testo digitato all'interno di una forma ne diventa parte integrante e si sposta direttamente con essa. Se si vuole inserire del testo in una forma mantenendolo indipendente da essa, si crei una casella di testo e la si sovrapponga alla forma stessa, quindi vi si digiti dentro il contenuto desiderato.

La scelta dei font

Molto spesso la scelta dei font è lasciata al gusto personale, all'abitudine o addirittura al caso. Quando la decisione è più matura, al font si attribuisce esclusivamente un'importanza funzionale, per cui se ne cerca uno che garantisca leggibilità.

Invece i font sono fondamentali per l'impatto che la slide avrà sull'utente: rappresentano infatti il primo contatto di tipo emotivo con il lettore, antecedente anche alla comprensione del contenuto.

Inoltre, contribuiscono in maniera determinante a formare l'aspetto visivo complessivo della pagina, trasferendo al lettore vari input legati alle emozioni e alle sensazioni che si vogliono trasmettere.

Propriamente lo stile del carattere svolge una funzione centrale in ogni pagina scritta: determina infatti la leggibilità delle parole. La lettura su schermo è in media più difficoltosa rispetto al cartaceo; si stima, per esempio, che una lettura a video sia rallentata di circa un quarto rispetto alla velocità sulla carta.

Per tutti questi motivi bisogna scegliere con attenzione il carattere da utilizzare, e addirittura alcuni font, come il Verdana e il Georgia, sono stati espressamente pensati e progettati dai designer per un uso non cartaceo (propriamente, per la lettura al computer).

La scelta del font, quindi, deve essere un giusto mix tra il proprio gusto, le esigenze di comunicazione e, soprattutto, la ricerca della chiarezza e della leggibilità della pagina. Alcune società impongono delle linee guida grafiche molto rigorose, compresi i tipi di carattere ammessi in ogni comunicazione ufficiale.

In linea di principio, in una presentazione non dovrebbero trovarsi troppi tipi di font e anzi sarebbe opportuno limitarsi a soli due o tre tipi.

A livello di lettura, il cambio di uno stile di carattere viene percepito come un salto, una frattura nell'armonia compositiva della slide e dell'intera sequenza. Per questo motivo font diversi possono essere usati magari in combinazione con i passaggi logici già presenti nella slide, per esempio a ogni cambio di livello: titolo, sottotitolo, corpo del testo, didascalie delle immagini e così via.

Si tenga comunque presente che un eccesso di varietà crea un effetto disorientante e di rottura e, in fondo, ciò che viene realizzato con tre tipi diversi di font non potrebbe forse essere fatto sempre usando lo stesso carattere?

Tipi, leggibilità, emozioni

La grande e più immediata distinzione tipografica dei font avviene per tipologia e rappresenta i set di caratteri in due famiglie o gruppi: quelli con grazie e quelli senza grazie. Le *grazie* (o *serif*) sono le piccole appendici grafiche delle linee superiori e inferiori che accompagnano la lettera verso quella successiva.

I caratteri con grazie sono ritenuti normalmente più eleganti e in qualche modo ricordano la continuità della scrittura a mano. Sono di più facile lettura nei testi lunghi e con una dimensione ridotta. Per questo sono spesso usati, soprattutto su carta, per il corpo degli articoli.

Al contrario i font *senza grazie* (o *sans serif*), detti anche *bastoni*, sono privi di appendici, finiscono in maniera netta, e per questo si prestano molto bene a testi brevi e secchi, per esempio i titoli, e in generale sono preferibili in tutti i casi in cui ci sia difficoltà di lettura, slide comprese, quindi.

Nonostante i molti studi ed esperimenti condotti sulla leggibilità dei font, non si è mai arrivati a risultati univoci. In generale, però, si riconosce ormai ampiamente che Arial, Courier, Verdana e Thaoma siano tra i caratteri più leggibili, e Times New Roman e Georgia tra quelli più attraenti (Figura 3.5).

Arial	Juice ITC
Bodoni MT	Informal Roman
Calibri	Matura MT Script
Century	Capitals
Century Gothic	Old English Text
Comic Sans MS	Papyrus
Courier New	Script MT Bold
Franklin Gothic Demi	Tahoma
Garamond	Times New Roman
Georgia	Verdana
Gill Sans MT	Vivaldi

Figura 3.5 Alcuni tra i font più usati o più particolari richiamabili in PowerPoint.

I font, infatti, non si limitano a dare leggibilità al testo: il carattere ha un impatto sul lettore dal punto di vista funzionale, ma anche da quello emotivo, trasmettendo sensazioni diverse. Ogni set ha una sua specificità, e a livello professionale si trovano addirittura dei font in vendita, su Internet, per usi e occasioni speciali.

Alcuni font sono lineari, puliti ed eleganti. È il caso di molti caratteri sans serif: il lettore ha subito la percezione di uno stile professionale e serio. Altri font riproducono la scrittura a mano, proprio come suggeriscono anche i caratteri con grazie, e in questo caso il tono confidenziale e personale è un richiamo mentale obbligato.

Ma esistono anche caratteri simpatici ed esuberanti, che fanno riferimento al mondo dei cartoni animati, con un tocco di spensieratezza e allegria. Quelli dall'aria *retrò*, dal gusto antico per non dire antiquato, trasmettono l'idea di cose d'altri tempi.

Si potrebbe proseguire a lungo: praticamente ogni set ha una caratteristica propria esaltata dalla forma e dallo stile del carattere.

La maggior attrazione per caratteri come il Times New Roman è probabilmente dettata dall'abitudine alla lettura su carta, in cui sono utilizzati quasi sempre i caratteri con grazie, e spesso proprio il Times New Roman. Allo stesso modo il Courier richiama la scrittura della macchina da scrivere, e può catturare una parte di lettori per questa caratteristica.

Nella realizzazione di una presentazione si dovrà tener conto del suo contenuto e del messaggio che si vuole trasmettere, tenendo sempre come priorità la fruibilità delle slide da parte degli utenti e il messaggio che si desidera comunicare.

Per questo motivo, se in generale sono preferibili font tradizionali e professionali, non possono essere esclusi a priori caratteri confidenziali o ironici. A volte il font può essere anche una cifra stilistica per indicare o ricordare nel pubblico chi si trova di fronte: se presentiamo con slide un'azienda che produce biglietti d'amore, allora l'uso di stili confidenziali e personali potrà evocare sempre l'ambito nel quale si opera. E una casa di produzione di cartoni animati potrà volere font più simpatici ed esuberanti.

Tutti i testi sono digitati da tastiera, anche in PowerPoint, ma come comportarsi con quei simboli che mancano tra i tasti, per esempio le virgolette caporali (« »), le frazioni (½, ¼) o le lettere dell'alfabeto greco (μ, ε)? Dalla scheda Inserisci, *nel gruppo* Testo *è sufficiente scegliere la voce* Simbolo, *che è attiva se si è posizionati con il mouse in un punto dove effettivamente può essere inserito. A quel punto, dalla finestra che si apre si può scegliere il simbolo che si vuole inserire, facendo attenzione a essere nel sottoinsieme desiderato.*

Le dimensioni

Una volta deciso quale font utilizzare, altri dubbi riguardanti la formattazione possono affacciarsi in fase di composizione.

Tenendo sempre come punti fermi delle proprie decisioni la coerenza interna, l'uniformità e il buon senso, le scelte particolari che si andranno a fare possono essere motivate da diversi fattori.

Tutte le funzioni relative al font si trovano nel gruppo *Carattere* della scheda *Home*. In esso si può variare il tipo e la dimensione, e applicare al testo selezionato vari effetti, dal grassetto al sottolineato, o il colore desiderato.

Partendo dalla dimensione del carattere, la scelta deve essere ragionata con accuratezza. Sicuramente è consigliabile utilizzare la dimensione per dare una gerarchia immediatamente visibile alle varie parti di testo: il titolo più grande, il sottotitolo più piccolo, il corpo del testo ancora più piccolo e via di seguito.

Detto questo, la dimensione massima da attribuire a un testo, e in particolare a un titolo, può variare da 20 a 36 punti. A scendere, un sottotitolo deve avere una dimensione più piccola e rapportata al titolo, da 16 a 28 punti, e il corpo del testo ancora di più, da 12 a 18 punti.

Si cerchi di fare in modo che i vari elementi stiano in un rapporto armonico tra di loro: una misura di 36 punti per il titolo e di 12 per il corpo del testo crea un distacco eccessivo l'uno dall'altro.

In generale, sono più apprezzabili le dimensioni contenute, che danno un'idea di eleganza e sobrietà sconosciute ai grandi numeri. Tuttavia, se possibile, si valuti in anticipo anche a chi viene proposta la presentazione e su quale supporto: schermo o maxischermo, platea di un teatro o aula di una scuola.

Se si vuole avere un'idea più precisa delle dimensioni che si stanno scegliendo, si ricorra allo strumento *Zoom* nell'omonimo gruppo della scheda *Visualizzazione* per impostare un valore di 100%.

In alternativa e con un risultato migliore si scelga nella scheda *Progettazione* il comando *Imposta pagina* dal gruppo con lo stesso nome (Figura 3.6). Qui, oltre a variare l'orientamento della pagina e a scegliere il formato delle diapositive, si possono vedere la larghezza e l'altezza della diapositiva espresse in centimetri, e quindi verificare la dimensione reale alla quale appaiono i testi. La stessa operazione si può fare portando selezionando il comando *Righello* dal gruppo *Mostra/Nascondi* della scheda *Visualizza*.

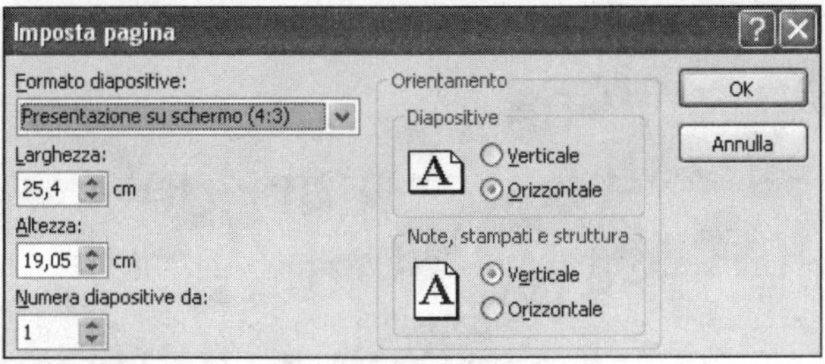

Figura 3.6 La finestra di dialogo Imposta pagina.

Effetti e WordArt

Ancora più opportuno per la verifica delle dimensioni e per molti altri comandi si rivela il gruppo *Formato* della scheda *Strumenti di disegno* che appare automaticamente nella barra multifunzione di PowerPoint 2007 quando un testo viene selezionato. Qui nel gruppo *Dimensioni* appaiono i valori reali dell'area selezionata.

Questa scheda, però, si rivela molto utile per inserire varie caratteristiche più tipiche della grafica e del disegno che non del testo: per esempio, qui si possono scegliere le forme da inserire con i relativi stili, contorni e riempimenti.

Per quanto riguarda il testo, qui troviamo il gruppo *Stili WordArt* che merita qualche osservazione. Proposta da Microsoft in tutti i software che compongono la suite di Office, WordArt è una raccolta di stili di testo che possono essere aggiunti ai documenti per creare effetti decorativi, per esempio testo ombreggiato o speculare, in rilievo o curvo (Figura 3.7).

Le possibilità sono veramente molteplici, basta selezionare il testo che si vuole modificare e quindi applicarvi lo stile WordArt prescelto tra i numerosi effetti presenti e visibili in anteprima nelle finestre che possono essere aperte nel gruppo.

Quello che bisogna effettivamente chiedersi, tuttavia, è quale scopo abbiano tali effetti. Probabilmente, la risposta è che colpiscono il pubblico. Tutto vero, salvo che la nostra presentazione non si deve trasformare in un incontro di boxe, e quindi colpire il pubblico non ha alcun valore.

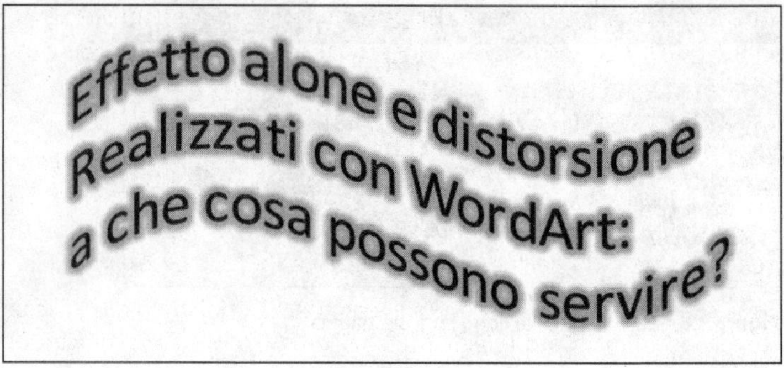

Figura 3.7 Effetti alone e distorsione realizzati in PowerPoint con WordArt.

Tutti questi effetti non aggiungono niente alla sostanza della presentazione, ma in compenso riducono di molto la fruibilità complessiva delle slide e la loro leggibilità. Inoltre, danno sempre un senso di inadeguatezza e scarsa professionalità, come di chi non sapendo bene cosa dire punta su un effetto esageratamente appariscente.

Per questi motivi sono da evitare a ogni costo, a meno che non vogliate semplicemente fare un esercizio di stile nel quale mostrare le infinite possibilità dello strumento.

Il paragrafo

L'altro grande elemento di riferimento nella formattazione dei testi è il paragrafo. Analogamente al carattere, tutte le funzioni e le caratteristiche si possono raggiungere dalla sezione *Paragrafo* disponibile nella scheda *Home*.

In particolare, qui si possono definire gli allineamenti, l'orientamento del testo, orizzontale o verticale, gli elenchi puntati o numerati, l'interlinea e via di seguito.

Molto particolare è la possibilità offerta dal comando *Converti in elemento grafico SmartArt*, caratteristica che fa riferimento ai processi di infografica di cui parleremo in seguito.

Al di là delle possibilità tecniche, piuttosto semplici e intuitive, legate alla formattazione del paragrafo, è utile specificare che in linea di massima il testo di una slide non dovrebbe essere trattato poi così diversamente da qualsiasi altro testo: per questo motivo è bene essere molto cauti nell'utilizzo, per esempio, di un orientamento verticale.

Anche l'allineamento a destra è piuttosto inusuale per le nostre abitudini, e può essere giustificato soltanto dalla necessità di introdurre alla destra del testo un oggetto che in qualche modo funzioni da confine grafico del paragrafo stesso.

Ciò che più importa, però, è ancora una volta l'uniformità complessiva delle singole slide e anche dell'intera presentazione: è scorretto e fuorviante allineare i paragrafi una volta a sinistra e una volta al centro soltanto sulla base dell'umore o di presunte sottigliezze grafiche.

Se la scelta di fondo è quella di allineare i testi a sinistra o di applicare loro lo stile giustificato, la si mantenga il più possibile e la si cambi soltanto per un valido motivo (normalmente, il posizionamento del testo nei confronti di altri elementi grafici che lo definiscono meglio).

Le formattazioni scelte da questo gruppo di comandi fanno riferimento sempre al testo selezionato, e in particolar modo a quello compreso nella casella di testo.

La lettura a vista: le caption

Un libro o un articolo di giornale tendono a favorire un approccio piano alla lettura, con una sequenza di frasi per cui fondamentalmente si lascia al lettore di coglierne la maggiore o minore importanza. Si interviene tutt'al più con elementi di stacco e sottolineatura come i titoli di capitolo o di paragrafo o le didascalie delle immagini.

Abbiamo già detto come, anche nelle slide, i titoli delle singole diapositive rivestano un ruolo prioritario nel definire l'importanza dei concetti. Tuttavia, il tipo di comunicazione veicolata dalle presentazioni si presta anche all'uso di nuovi elementi per definire meglio la gerarchia delle informazioni.

Infatti, quando si richiede una lettura veloce al pubblico, bisogna aiutare in ogni modo l'occhio a cogliere i passaggi fondamentali, senza perdersi in un andamento piano e regolare, ma anche monotono e che mette tutto sullo stesso livello. Così, leggere soltanto le frasi più importanti di un testo è diventata una consuetudine ormai ampiamente accettata, in parte anche dalla carta stampata.

Questi elementi di stacco visivo sono genericamente definiti come *caption*: possono essere utilizzate per evidenziare in colore o in negativo una certa parte del discorso, per spezzare l'andamento piano e la monotonia del testo.

Possono anche funzionare in maniera a se stante per raccogliere e mettere in risalto messaggi fondamentali o elementi separati dal resto del paragrafo, per esempio le note.

Nelle presentazioni, l'uso delle caption è ancora più difficile che con altri mezzi d'espressione, perché i testi sono già ridotti al minimo e tutti i paragrafi contengono informazioni importanti, in qualche modo da sottolineare. Le caption allora possono servire per far risaltare, se ci sono e se è necessario, soltanto quelle parole chiave essenziali al fine del ragionamento.

Non è semplice definire quale sia la parola che merita la centralità del ragionamento, perché tutte o almeno molte di quelle usate sembrano di primo acchito fondamentali per spiegare il nostro pensiero. Probabilmente lo sono, altrimenti se ne sarebbero usate altre, ma lo sforzo di chi realizza la presentazione è proprio quello di mettere a fuoco il solo elemento-chiave, quello attorno a cui si sviluppa tutto il ragionamento e senza il quale verrebbe a cadere, a prescindere dall'importanza relativa di tutti gli altri termini.

In una slide, queste parole chiave non possono essere più di quattro o cinque nel complesso, una per ciascuna unità informativa, tornando al concetto già espresso in precedenza sull'organizzazione e la lunghezza dei testi delle slide.

E ancora, poiché indicano un salto di livello nella gerarchia delle informazioni, le caption devono avere le stesse caratteristiche: se si usa il grassetto per una sottolineatura, non sarà possibile poi renderne una seconda colorando il testo di rosso. Non si possono avere diversi livelli di caption nella stessa presentazione, perché il pubblico non riuscirebbe più a districarsi e a capirne il significato.

Le parole evidenziate devono essere poche, coerenti per colore, dimensione e formato: allora l'occhio dello spettatore le coglierà al volo e le riconoscerà all'interno della slide per quelle sottolineature che sono.

Capitolo 4

Messaggi visivi: grafica e immagini

Se nella realizzazione di una presentazione la parte testuale gioca un ruolo di primo piano, non bisogna commettere l'errore di pensare che la componente grafica sia da meno: nella comunicazione, è l'insieme delle parti che costituiscono il messaggio a determinare il pieno successo dell'operazione.

In questo senso, la grafica e le immagini sono essenziali per trasmettere messaggi visivi autonomi e per completare il messaggio del testo.

Uno degli errori più comuni nella realizzazione della grafica delle proprie pagine è quello di affidarsi al solo gusto estetico.

Calata nel contesto progettuale più ampio della presentazione, la grafica dovrebbe sempre e comunque assolvere alcune funzioni di base.

- Garantire la continuità dell'immagine. La grafica non deve essere a se stante ma riferirsi a un progetto di comunicazione integrata chiaramente identificabile. Questo è particolarmente vero per le presentazioni professionali nate in ambito aziendale, per le quali si dovrebbe parlare di immagine coordinata. Senza entrare così nello specifico, tuttavia, ogni presentazione, anche di carattere amatoriale, dovrebbe far passare un concetto di chiara riconoscibilità.
- Essere parte integrante del contenuto. Per quanto possibile, le scelte grafiche non dovrebbero essere puramente descrittive, ma avere un'importanza funzionale e contenutistica nello svolgimento della comunicazione. Gli elementi decorativi sono i meno importanti nella creazione di una presentazione, sia perché non aggiungono nulla alla sostanza del messaggio sia perché, basati su criteri estetici, possono sempre non essere condivisi.
- Rendere più fruibile la slide e la presentazione tutta da parte del pubblico. La grafica non deve essere un elemento di disturbo, ma un elemento di semplificazione e facilitazione nella lettura delle slide, nella comprensione dei messaggi e nell'approccio alla presentazione nel suo complesso.

La coerenza informativa

La più importante funzione della grafica, comunque, rimane quella della coerenza informativa, che riprende e abbraccia le tre funzioni-obiettivo descritte appena sopra.

Questa coerenza può essere esaminata su vari livelli o, per rendere meglio l'idea, per centri concentrici, grosso modo corrispondenti ai tre obiettivi precedenti. Il cerchio più ampio è proprio quello dell'immagine coordinata. La grafica deve essere sviluppata nel rispetto delle scelte compiute per la comunicazione con altri media o per altre presentazioni, sia a livello aziendale sia a quello personale, come cifra stilistica della propria professionalità.

Il cerchio di mezzo è quello del rapporto con il contenuto della comunicazione e con i messaggi che si vogliono trasmettere. Le presentazioni aziendali richiedono testo e grafica professionali, le presentazioni scolastiche cercheranno di essere più interessanti e accattivanti, le presentazioni scientifiche saranno asciutte ed essenziali e via di seguito.

Infine, nel cerchio più interno sta la grafica come elemento a se stante: le scelte devono andare tutte nella stessa direzione e offrire una visione unitaria almeno della comunicazione visiva.

Unità della funzione espressiva

Che cosa significa offrire una visione unitaria della comunicazione grafica? Operare a tutti i livelli d'impostazione con scelte che vanno nella stessa direzione.

Uso dei colori, elementi di interfaccia e contesto (eventuali icone, forme e loro bordi, font e dimensione), immagini e fotografie devono abbinarsi secondo caratteristiche di linearità e cercare di rispondere alle aspettative del pubblico a cui ci si rivolge.

Tutti i messaggi di tipo visivo devono parlare uno stesso linguaggio, senza per questo perseguire un appiattimento del registro comunicativo. Al contrario: in una presentazione in cui tutte le immagini concorrono nella stessa direzione, una figura diversa assumerà ancora maggiore rilevanza. La stonatura rispetto al registro prescelto potrà sottolineare ulteriormente un passaggio di particolare rilevanza.

Se offriamo un'impostazione unitaria, il pubblico si sentirà a proprio agio e pronto a seguire in modo lineare l'esposizione, e al tempo stesso coglierà eventuali stacchi in maniera puntuale.

Per verificare a colpo d'occhio l'unità grafica complessiva della presentazione, oltre allo scorrimento di ogni singola diapositiva, è sempre utile dare uno sguardo d'insieme alle slide con la visualizzazione di tipo *Sequenza Diapositive* del gruppo *Visualizzazioni presentazione* nella scheda *Visualizza*.

Le diapositive sono rappresentate sullo schermo del PC tutte insieme: in questo modo si possono cogliere immediatamente le impostazioni generali e le slide che eventualmente si discostano dalla linea comune (Figura 4.1).

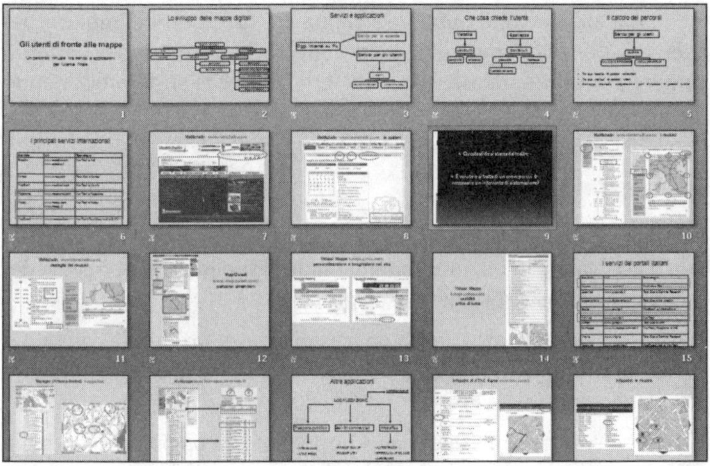

Figura 4.1 Dalla visualizzazione Sequenza diapositive lo sfondo diverso della diapositiva numero 9 balza subito all'occhio: si tratta di uno stacco voluto oppure di un errore d'impostazione?

I criteri di analisi dell'uniformità dei messaggi visivi sono diversi, ma su almeno tre di essi è bene fermare la propria attenzione: tipo, direzionalità e dimensione.

Tipo

Senza scomodare gli studi semiologi di alto livello, è chiaro che non tutte le immagini hanno la stessa rilevanza comunicativa.

Una prima distinzione, generica ma fondamentale, è quella tra le immagini di ripresa e le immagini generate. Le prime sono le fotografie e i filmati, le seconde i disegni, i grafici e gli schemi.

Tra le due categorie, ci sono poi molti gradi intermedi: filmati, fotografie, fotoritocchi, fotomontaggi, clipart, disegni a mano, stilizzazioni e grafici e schemi generati a computer o disegnati a mano. Le varietà possono essere notevoli.

Teoricamente, la comunicazione più diretta è quella della rappresentazione 3D, del filmato e della fotografia. La comunicazione meno diretta è quella degli schemi e, annullando la grafica, quella del testo puro.

In una presentazione, la rappresentazione 3D, più che essere ricercata sulla diapositiva, può essere esposta realmente, portando materialmente l'oggetto in questione davanti al pubblico: non sempre è possibile, ma alcune volte può rivelarsi una scelta di grande impatto, per esempio per mantenere alta o ridestare l'attenzione degli spettatori oppure per offrire un esempio concreto di ciò che si sta proponendo sulle slide.

Direzionalità

Lo sviluppo delle slide di una presentazione può essere di tipo orizzontale o verticale, e inoltre ogni singola slide al suo interno può prevedere una lettura visiva orizzontale o verticale.

Nella stragrande maggioranza dei casi di presentazioni, lo sviluppo è di tipo orizzontale, non fosse altro perché gli schermi e l'orientamento standard proposto da PowerPoint è di questo tipo.

Per variarlo, si deve accedere al gruppo *Imposta pagina* della scheda *Progettazione* nel quale si può agire direttamente sul comando *Orientamento diapositiva* scegliendo lo sviluppo preferito facendo clic sulla freccia in basso a destra dell'icona, oppure aprendo la finestra di dialogo *Imposta pagina*. La differenza tra i due comandi è che con il primo si agisce soltanto sulla diapositiva selezionata, mentre con il secondo si cambia l'impostazione di tutte le slide della presentazione.

Tra orizzontale e verticale, sembra più opportuno il primo, più accettabile anche da parte del pubblico perché più simile all'impostazione degli schermi a cui sicuramente gli spettatori sono abituati (quello del computer o quello televisivo o lo schermo da conferenza). Indipendentemente dall'orientamento scelto, tuttavia, ciò che è più importante è mantenerlo costante per tutta la presentazione.

Oltre a considerare l'orientamento della diapositiva intesa come struttura, infine, bisogna valutare anche l'orientamento grafico interno alla diapositiva. Tre piccole fotografie o tre icone poste l'una sopra all'altra concorrono a uno sviluppo verticale, se sono affiancate a uno sviluppo orizzontale.

Analoga considerazione è valida per gli schemi, per la disposizione delle forme e di qualsiasi altro elemento con un valore grafico, come un semplice filetto decorativo: se orizzontale divide la slide in sopra e sotto, suggerendo quindi un andamento verticale, se disposto verticale, al contrario rompe la pagina in destra e sinistra suggerendo un andamento orizzontale.

Si tenga presente che l'andamento della lettura, per abitudine consolidata, nel mondo occidentale avviene da sinistra verso destra e dall'alto verso il basso. Spesso l'occhio dello spettatore è portato a seguire automaticamente la stessa direzione suggerita dall'orientamento strutturale della slide: se la diapositiva è verticale, cercherà le informazioni dall'alto al basso, se la diapositiva è orizzontale, da destra a sinistra (Figura 4.2).

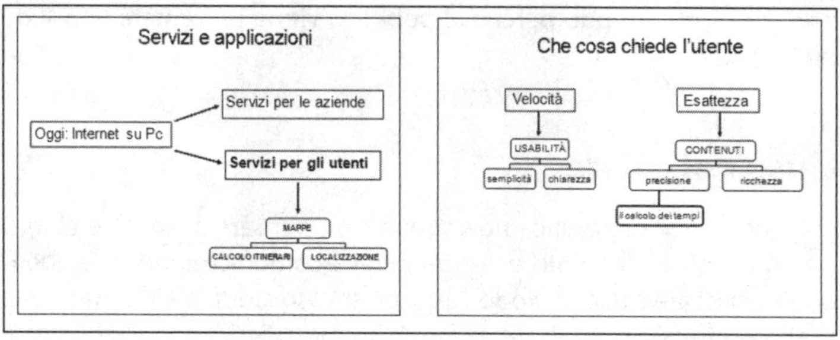

Figura 4.2 Due diapositive affiancate:
a sinistra un andamento orizzontale, a destra uno verticale.

Questa tuttavia non è una regola precisa e si possono anche utilizzare entrambi gli orientamenti sinistra-destra e alto-basso combinati insieme sulla stessa diapositiva: molto dipende anche dalla disposizione complessiva degli elementi e dalla loro forza relativa. Inoltre, il tipo di lettura da compiere può essere anche suggerito, oltre che con la voce dell'oratore che guida il pubblico, magari anche con l'introduzione dei singoli elementi sullo schermo uno a uno, grazie a delle animazioni.

Sinistra-destra e alto-basso sono le direzioni su cui si può decidere di agire; gli andamenti da destra a sinistra e dal basso all'alto, invece, sono del tutto estranei alla nostra cultura e sarebbe disorientante proporli al pubblico.

Dimensione

Le immagini possono essere inserite nella slide con le dimensioni più varie, ma l'utente che se le troverà di fronte proverà un forte senso di smarrimento.

Normalmente, la dimensione maggiore va data all'informazione di maggior importanza, e anche i messaggi di tipo visivo non sfuggono a questa regola.

Tuttavia, proprio come nel caso del testo, anche per le immagini e la grafica non è possibile graduare tutte le informazioni, proponendo 10 grandezze diverse. Bisogna stabilire alcuni livelli d'importanza, due o tre al massimo, e su questi dimensionare le immagini.

Si crea così una gerarchia dell'informazione visiva, esattamente nello stesso modo in cui si era creata una gerarchia per i testi. Tuttavia, l'occhio dello spettatore sarà molto più pronto a cogliere eventuali sfasature all'interno della stessa diapositiva piuttosto che nell'intera presentazione, proprio perché al pubblico viene presentata una slide per volta.

L'uso del colore

Quando si parla di grafica non si può non pensare ai colori e al loro uso. Il colore è elemento essenziale della comunicazione e decidere quale utilizzare e in che modo è troppo spesso affidato all'istinto e alla propria sensibilità.

Il gusto personale sicuramente gioca un ruolo importante nella scelta dei colori, ma anche la loro funzione comunicativa dovrebbe essere tenuta ben presente.

Abbiamo già detto molto riguardo la coerenza interna delle singole slide e la coerenza complessiva della presentazione: anche l'uso del colore non si sottrae a quelle considerazioni.

Detto questo, e lasciato da parte il gusto personale, bisogna come al solito risalire alle domande chiave della comunicazione: a chi si parla, in quale modo e per quale scopo?

Le risposte possono darci una prima, preziosa indicazione sull'utilizzo dei colori: se prepariamo una presentazione professionale, cercheremo di usare tonalità cromatiche in armonia tra loro, magari neutrali o comunque tenui, non *shock*; se ci rivolgiamo a un pubblico giovane, opereremo scelte più radicali, con colori vivaci in grado di catturare di più l'attenzione; se parliamo per conto di un'azienda richiameremo, esplicitamente o implicitamente, i colori sociali o quelli del marchio e via di seguito.

Fatte queste considerazioni, tuttavia, rimangono ancora diverse valutazioni da fare per ottenere il massimo dai colori, o forse, quantomeno, per non commettere errori banali.

Accostamenti cromatici

Il colore può essere un grande strumento per aumentare la forza attrattiva di una diapositiva o per mettere in risalto una certa frase o anche una singola parola.

Prima di tutto, però, deve essere garantita la leggibilità dell'intero documento. In generale, testi scuri (tipicamente neri) su sfondi chiari (tipicamente bianchi) funzionano alla perfezione, tant'è vero che dopo secoli sono ancora utilizzati nella stampa. Sicuramente è da evitare l'uso di testo colorato su uno sfondo colorato, a meno che il contrasto non sia molto elevato.

Inoltre, si tenga presente che alcune combinazioni di colori affaticano molto la lettura nonostante il loro accostamento possa sembrare accattivante di primo acchito.

Per esempio, il testo rosso su sfondo nero è difficilmente visibile, e peggio ancora si comporta il rosso sull'arancione o viceversa. Pure l'accostamento di colori complementari non è consigliabile per l'effetto vibrazione sgradevole che creano alla vista.

Rispetto a singole parti da mettere in rilievo, il colore funziona molto bene perché è un elemento di stacco che attrae immediatamente l'occhio dello spettatore.

Tuttavia, oltre alle considerazioni precedenti relative alla leggibilità, bisogna tenere conto anche che un'eccessiva varietà di colori può disturbare il pubblico, disorientandolo. Per questo è opportuno limitare i colori da usare nella presentazione e fare in modo che ogni colore utilizzato sia legato a una specifica informazione: il fondo sempre bianco, il testo sempre nero, le caption in rosso, i box con fondo blu e testo bianco e via di seguito.

In generale è opportuno limitarsi con i colori, e non usarne più di cinque o sei nel corso della stessa presentazione. Se poi le slide sono ricche di grafica o immagini, allora sarebbe bene limitarne ulteriormente il numero, perché già altri elementi contribuiscono ad aumentare la gamma cromatica.

Infine, un'attenzione più particolare e di un livello d'approfondimento maggiore potrà essere posta al valore emotivo dei colori. Ogni persona tende infatti ad associare, consapevolmente o inconsapevolmente, un colore a un particolare sentimento o sensazione.

Tradizionalmente, per esempio, il rosso indica allarme, l'arancione avvertimento, il giallo attenzione, il marrone solidità, il blu serenità, il verde sicurezza.

Il significato dei colori è del resto molto soggettivo, e ogni generalizzazione può essere fuorviante. Tuttavia, nella tabella qui sotto presentiamo alcune macrocategorie, in modo da mostrare come i colori possano essere associati alle emozioni.

Tipologia	**Aspetto**	**Colori**	**Che cosa trasmettono**
Caldi e luminosi	Amichevole e confidenziale	Rosa chiaro, giallo brillante, rosso brillante, arancione	Gioia, energia, entusiasmo, calore, ottimismo
Caldi e scuri	Classico ed elegante	Rosso scuro, mattone, terracotta, ocra	Ricchezza, calore, maturità, tradizione, solidità
Freddi e luminosi	Fresco e gradevole	Azzurro, lavanda, giallo limone	Pulizia, serenità, quiete, purezza, freschezza, professionalità
Freddi e scuri	Calmo e stabile	Blu, viola, verde oliva	Spiritualità, sicurezza, rispetto, calma
Neutri	Professionale e neutrale	Grigio, beige, marrone	Semplicità, stabilità, quiete

Immagini per comunicare

Per molti questa che viviamo è la civiltà delle immagini. La diffusione di carta stampata, TV e Web ci hanno portato a considerare le immagini come parte integrante del patrimonio culturale e fondamento della comunicazione moderna.

D'altra parte, la pubblicità ce lo ha insegnato: un'immagine vale più di mille parole. Questione di tempo (un'immagine è più immediata di un testo), di memoria (tanto che un particolare modo di ricordare per immagini è definito "memoria fotografica"), ma anche di estetica (l'immagine può essere bella o brutta, e comunque colpisce emotivamente molto più di una parola) e di praticità (una fotografia è sempre più visibile di un testo).

Se il valore delle immagini è indiscutibile, è bene ricordare che non si deve esagerare nel loro uso ma piuttosto cercare un giusto punto d'equilibrio con i testi presentati.

Come è sconsigliato in linea di massima presentare del testo senza immagini, allo stesso modo è da evitare l'inserimento di immagini che non siano accompagnate da testo: anche se in una presentazione si può ricorrere sempre al commento vocale, è opportuno che ogni figura abbia un proprio testo di riferimento o una didascalia, in modo che il pubblico non si trovi spaesato di fronte a essa.

D'altra parte è perfettamente inutile inserire didascalie di tipo genericamente descrittivo, per esempio quelle che indicano soltanto l'oggetto ritratto nell'immagine: se la figura è stata scelta con attenzione e in modo appropriato, sicuramente nella nostra esposizione avremo già avuto modo di citarla e quindi una didascalia descrittiva non aggiungerebbe nulla in termini di contenuto.

Infine, per quanto riguarda le dimensioni da utilizzare, al di là di scopi particolari che possono prevedere quindi decisioni particolari, valgono i ragionamenti già fatti sulla gerarchia delle informazioni, per cui bisogna attenersi all'impostazione generale prescelta.

Delle immagini con una funzione evocativa possono essere utilizzate anche come apertura dell'intera presentazione, una sorta di copertina programmatica del contenuto, soprattutto nel caso di diapositive a carattere istituzionale (Figura 4.3).

Le funzioni comunicative

Le immagini svolgono diverse funzioni nell'ambito della comunicazione, e spesso più di una contemporaneamente. Volendo riassumere quelle principali, potremmo arrivare a definire questi gruppi, che ben si adattano tra l'altro all'importanza delle immagini nelle presentazioni.

- Valore esemplificativo. Le immagini servono come esempio diretto o indiretto rispetto a ciò che si sta dicendo. In questo caso la maggiore forza di un'immagine rispetto alle parole è indiscutibile. Descrivere un oggetto a parole non ha niente a che vedere con il poterlo mostrare in immagine. Tuttavia, le parole sono importanti perché possono permettere di cogliere sfumature che un'immagi-

Figura 4.3 Una serie di immagini utilizzate nella copertina di una presentazione istituzionale.

ne fissa non può rendere o eventuali variazioni rispetto all'oggetto ritratto, che è invece unico e assoluto nella rappresentazione per immagine.

- Valore decorativo o illustrativo. Sono le immagini meno importanti dal punto di vista della comunicazione perché non portano un messaggio in sé, ma si limitano ad alleggerire l'esposizione offrendo al pubblico la possibilità di vedere qualcosa di bello, rilassante o rasserenante. Il rapporto con il testo, in questo caso, può essere anche molto distante perché basta un pretesto per introdurle.
- Funzione evocativa. Si trova a metà strada tra le due precedenti funzioni: un'immagine evocativa ha la capacità di alleggerire l'esposizione e al tempo stesso richiamare alla mente dello spettatore il concetto che gli si vuole far arrivare. A differenza della funzione esemplificativa, non rappresenta puntualmente un oggetto, ma cerca più che altro di suggerire, a volte anche per associazione di idee, un certo concetto.

Tipi di immagine

Finora abbiamo parlato genericamente di immagini, senza addentrarci nei dettagli. In realtà, ciascun tipo di immagini ha peculiarità proprie che lo rendono più o meno adatto a un certo tipo di presentazione.

Infatti, con PowerPoint possiamo utilizzare almeno tre modelli diversi di immagini, ognuno con caratteristiche proprie e più o meno adatto al tipo di presentazione che stiamo preparando.

Le fotografie rappresentano l'elemento figurativo più professionale a nostra disposizione, e sono in grado di soddisfare qualsiasi esigenza comunicativa. In generale, sono ottime per tutti gli scopi e non esistono controindicazioni di sorta, se non per questioni tecniche o stilistiche.

Al contrario, le *clipart*, cioè le collezioni di oggetti grafici già preparate dal programma e pronte all'uso, hanno un aspetto molto poco professionale perché tendono al disegno elementare, simpatico e fresco ma per niente serio. Sono da evitare il più possibile e si devono utilizzare soltanto se si vuole intenzionalmente creare un effetto umoristico o ironico dato dal contrasto tra l'esposizione orale e l'immagine presentata. L'unica eccezione al loro uso nel corso di un'esposizione normale può essere data in base al pubblico al quale ci si rivolge: per le loro caratteristiche di disegno, le clipart sono assimilabili in qualche modo ai *cartoon* e quindi possono rivelarsi una buona scelta per piccoli spettatori.

Infine, all'interno delle slide si possono usare le forme e i disegni geometrici: la loro peculiarità è di non influire emotivamente sul pubblico in alcun modo ma al contrario di essere neutrali e per questo strettamente legate all'esposizione.

Lavorare con le fotografie

Nelle slide di PowerPoint possono essere inserite immagini praticamente di ogni tipo scegliendo sempre il comando *Immagine* della scheda *Inserisci*. Nella finestra di dialogo che si apre si deve individuare il percorso per raggiungere il file prescelto (che appare come anteprima se è di un formato per le immagini riconosciuto da Office), quindi selezionare l'immagine e infine fare clic sul pulsante *Inserisci*, in basso a destra (Figura 4.4).

Quando si ricorre a delle immagini per le proprie presentazioni, si ricordi che è vietata la diffusione di immagini protette da copyright. Nel dubbio, quindi, si eviti di utilizzarle.

Un altro modo per immettere le immagini nelle slide di una presentazione è quello di utilizzare la coppia di comandi *Copia* e *Incolla* (o *Taglia e Incolla*) prendendo l'immagine (o anche solo la parte di essa che

Figura 4.4 La finestra di dialogo del comando Inserisci immagine.

eventualmente interessa) da un software di visualizzazione immagini o da un programma per l'elaborazione grafica (come Adobe Photoshop) e quindi incollandola nella diapositiva di destinazione (con il pulsante destro del mouse o con il comando *Incolla* del gruppo *Appunti* nella scheda *Home*). Anche con il tasto Stamp è possibile acquisire un'immagine dello schermo che può poi essere normalmente incollata in una slide.

In PowerPoint possono essere riconosciute e importate immagini di decine e decine di tipi differenti. In pratica, rischiano di non essere compatibili soltanto formati di file proprietari di terze parti (marche di telefoni cellulari o fotocamere tra le meno diffuse).

Nel momento in cui si inserisce un'immagine in una presentazione con il comando *Inserisci immagine* si può scegliere il *Tipo file* dall'elenco a discesa attivabile facendo clic sulla freccia del relativo comando. Di default, il comando permette di scegliere tra *Tutte le immagini*, ma si possono selezionare anche singolarmente i formati ricercati.

Nella scelta di un'opzione o un'altra può nascondersi la causa della mancata visualizzazione di alcuni file dalle cartelle che si stano esplorando: per questo motivo, se non si è certi dell'estensione di un certo file, si scelga l'opzione Tutti i file.

Posizione delle immagini: origine

Per impostazione di base, la finestra di dialogo si apre sempre sulla cartella *Immagini* creata da Office all'interno di *Documenti*. Da lì, si può poi navigare all'interno del PC con qualsiasi percorso fino a individuare cartella e file desiderati.

Una volta portata nelle slide una certa immagine da una determinata posizione, il comando *Inserisci immagine* la volta successiva si aprirà non più nella cartella *Immagini* preimpostata ma nella stessa cartella dell'ultima figura inserita. Anche per questo motivo è utile raccogliere tutte le immagini che si sa verranno utilizzate nella presentazione in un'unica cartella, a sua volta inserita nella cartella contenente la presentazione stessa.

Più che utile è copiare le immagini nella stessa cartella della presentazione se invece di inserirle nelle slide per incorporarle si sceglie di collegarle. Con la medesima procedura d'inserimento, una volta selezionata l'immagine prescelta, invece di fare clic sul pulsante *Inserisci* in basso a destra nella finestra di dialogo, si può fare clic sulla freccia di fianco a esso in modo da far apparire un piccolo menu a comparsa: qui si potrà nuovamente scegliere la voce *Inserisci* che porterà l'immagine nella slide, oppure *Collega,* che si limiterà a creare un collegamento con la figura nella sua posizione originale, oppure ancora *Inserisci e collega* che effettuerà entrambe le operazioni.

Se invece di essere inserita un'immagine è solo collegata, di fatto rimane nella sua posizione originaria e può essere visualizzata soltanto se questo collegamento non viene modificato in alcun modo: se la presentazione viene eseguita su un altro PC oppure, nel caso di un supporto rimovibile, se il computer dovesse assegnare a essa una nuova lettera o ancora se l'immagine fosse rimossa dalla sua posizione originaria, allora non sarebbe più possibile vederla riprodotta all'interno della presentazione.

Infine, si ricordi che nella versione 2007 di PowerPoint non è possibile inserire direttamente nella presentazione un'immagine da una fotocamera o da uno scanner. In altre parole, la figura deve sempre essere residente sul computer. Le riprese da scanner o fotocamera devono essere normalmente copiate in una cartella del computer e quindi da lì inserite nelle slide.

Posizione delle immagini: destinazione

In una diapositiva vuota, l'inserimento di un'immagine avviene al suo esatto centro. Al contrario, se nel layout della diapositiva è previsto un segnaposto, l'immagine si posiziona in modo da riempirlo completamente. Se i segnaposto sono più di uno, viene occupato il primo, quindi il secondo e così via, per tante volte si utilizza il comando *Inserisci immagine*.

Inoltre, ogni qualvolta si ha un segnaposto nella diapositiva, è possibile immettere l'immagine direttamente scegliendo il comando dal gruppo di icone che compaiono automaticamente insieme al segnaposto.

Una volta inserita nella diapositiva, l'immagine può essere trascinata con il mouse in qualsiasi posizione oppure può essere spostata in alto e in basso o a destra e sinistra con i tasti freccia dopo averla selezionata.

Una volta inserita l'immagine, o le immagini, ogni spostamento può essere effettuato a mano libera, ma per un maggior controllo sulla posizione assoluta all'interno della diapositiva e su quella relativa rispetto ad altri elementi è sicuramente più consigliabile utilizzare i tasti freccia, che spostano le figure di 0,20 centimetri per clic.

Ancora più accurati sono gli strumenti appositi ai quali si può accedere facendo clic sull'immagine e selezionandola: appare infatti la scheda *Formato* nella quale si trova anche il gruppo *Dimensioni*. In esso si possono vedere le dimensioni delle immagini precise al millimetro, utilissime se bisogna dare uguale dimensione a più figure. Inoltre facendo clic sulla freccia del gruppo, dalla finestra che si apre si ottengono la scheda *Dimensioni* che, oltre a determinare le misure, permette anche di stabilire se mantenere o meno le proporzioni e di regolare l'angolo di eventuale inclinazione, e la scheda *Posizioni*, che definisce la distanza dell'immagine selezionata rispetto all'angolo inferiore o superiore sinistro oppure rispetto al centro.

Questi valori possono essere modificati al millimetro per mettere l'immagine esattamente nella posizione desiderata. Se inoltre nella scheda *Visualizza* venissero selezionate anche le voci *Righello* e *Griglia* del gruppo *Mostra/Nascondi*, si vedrebbero direttamente nella *Visualizzazione normale* tutti gli strumenti utili a posizionare le immagini nel punto esatto all'interno della diapositiva (Figura 4.5).

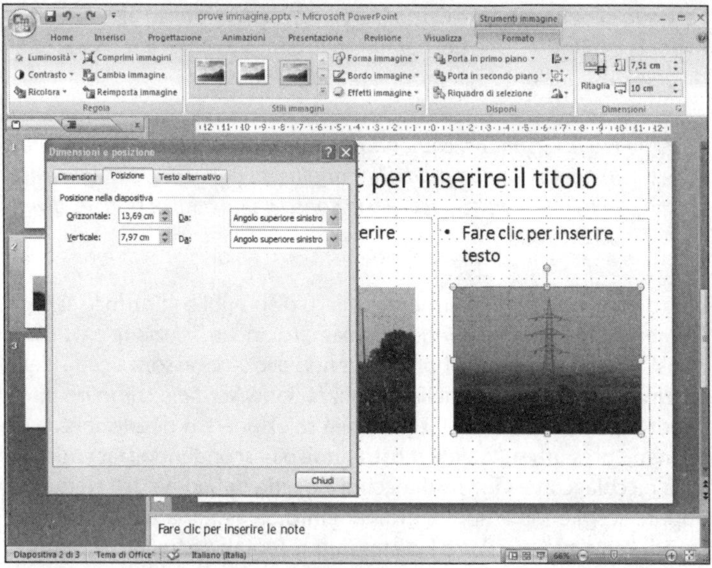

Figura 4.5 Due immagini posizionate parallele nella Visualizzazione normale con griglia e righello visibili e la finestra Dimensioni e posizione attiva.

Modificare le fotografie

Tutti i comandi principali per lavorare con le fotografie si trovano proprio nella scheda *Formato* degli *Strumenti Immagine,* che compare solo quando si fa clic su un'immagine per selezionarla.

Da questa scheda è possibile modificare le regolazioni dell'immagine, gli stili, la disposizione o le dimensioni secondo le caratteristiche tipiche degli oggetti.

Vale la pena soffermarsi soltanto su due comandi che si possono rivelare particolarmente utili.

Il primo è il comando *Comprimi immagine* del gruppo *Regola*: questa voce permette di accedere all'utility già presente nelle precedenti versioni per comprimere le immagini e far risparmiare megabyte sul peso complessivo del file.

Per lavorare al meglio con questa opzione, vale la pena sfruttarla alla fine del processo di creazione della nostra presentazione. Quando tutte le immagini sono già disposte all'interno delle slide, si scelga questa voce senza spuntare *Applica solo alle immagini selezionate* nella finestra che si è aperta.

Facendo clic sul pulsante *Opzioni* si può accedere poi ad alcune opzioni per la configurazione dei parametri di compressione a seconda delle diverse destinazioni della propria presentazione.

Pur utilizzando il comando Comprimi *non si dovrebbe andare a influire sulla qualità dell'immagine. In ogni caso, è meglio attenersi alle indicazioni delle opzioni per una miglior resa nei diversi usi previsti.*

L'altro comando particolarmente utile, e disponibile in tutte le schede *Formato*, è *Riquadro di selezione*, chiamato anche *Selezione e visibilità*, che si trova nel gruppo *Disponi*. Facendo clic su di esso, a destra dello spazio per la diapositiva nella visualizzazione *Normale* compare un riquadro di lavoro dal quale è possibile selezionare o deselezionare gli elementi presenti sulla slide mostrandoli o nascondendoli facendo clic sulla piccola icona a forma di occhio a destra del nome dell'elemento, oppure scegliendo il tipo di ordinamento da assegnare loro con i comandi *Porta avanti* e *Porta indietro* rappresentati da frecce nel gruppo *Riordina* in basso nel riquadro.

Tutte le funzioni presenti in quest'area sono particolarmente utili e importanti per definire il layout finale di una didascalia mantenendo tutti gli elementi nella posizione scelta all'interno della slide e al tempo stesso effettuando delle prove con alcuni cambiamenti: se per esempio si è indecisi se utilizzare un'immagine o una casella di testo con una frase di spiegazione, si possono adottare entrambe le soluzioni e, senza cancellare una delle due o senza realizzare altre diapositive di prova, si possono far coesistere nella stessa slide. Quindi utilizzando i comandi del riquadro di selezione si può far sparire l'una o l'altra o si può portarne in primo piano una per coprire l'altra o viceversa (Figura 4.6).

Album di foto

Le presentazioni di PowerPoint si prestano anche a diventare degli album fotografici digitali, a carattere personale o anche professionale. Le immagini possono essere inserite in sequenza, prevedendo per esse l'aggiunta di tutti gli effetti di transizione o di stile o formato utilizzabili per le diapositive normali.

La creazione di un album di foto è particolarmente semplice e veloce, perché partendo da un file vuoto è sufficiente scegliere dalla scheda *Inserisci*, gruppo *Illustrazioni*, la voce *Album foto* e quindi *Nuovo album foto*.

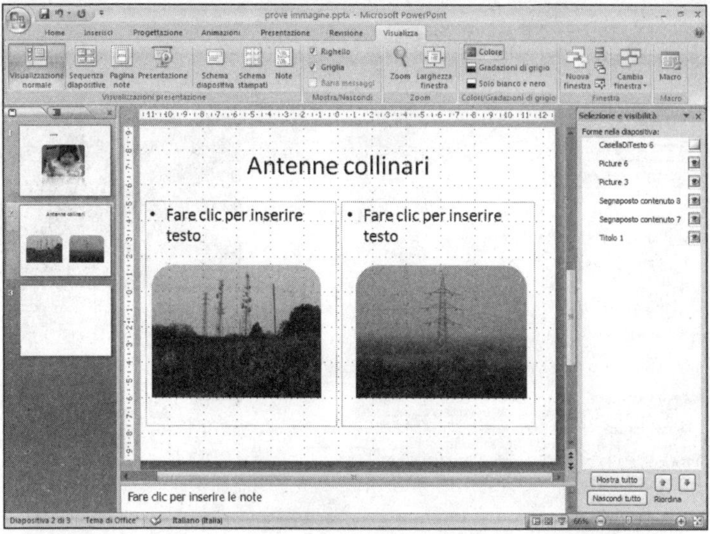

Figura 4.6 Sotto la figura di destra della diapositiva c'è una casella di testo che non è visibile perché deselezionata nel riquadro di selezione.

Nella finestra di dialogo che si apre bisogna indicare prima di tutto la posizione da cui scegliere la foto da immettere, selezionando l'apposito pulsante e quindi indicando il percorso corretto (Figura 4.7). Man mano che si scelgono le fotografie da aggiungere, compare il loro nome nella casella *Immagini nell'album* e selezionandone una si può vedere a destra la sua anteprima. Ancora è possibile rimuoverla o cambiarne la posizione, ma anche intervenire su luminosità, orientamento e varie altre opzioni.

Inoltre si può decidere se renderle tutte in bianco e nero e se inserire una didascalia (se si spunta questa opzione nella, slide compare in automatico il nome della fotografia, che può essere modificato come si vuole agendo normalmente sul testo), e ancora si può scegliere il layout della diapositiva, prevedendo per esempio quante immagini disporre per slide, da una a quattro, e se inserire un titolo per ciascuna di esse, eventualmente selezionando anche il tema per lo sfondo di tutte le diapositive.

Quando si è arrivati a una costruzione soddisfacente del proprio album, allora è possibile fare clic sul pulsante *Crea*: in pochi secondi, il nostro album comparirà, già completo secondo tutte le scelte fatte nella finestra di dialogo, nella visualizzazione *Normale*, in quella *Struttura* e

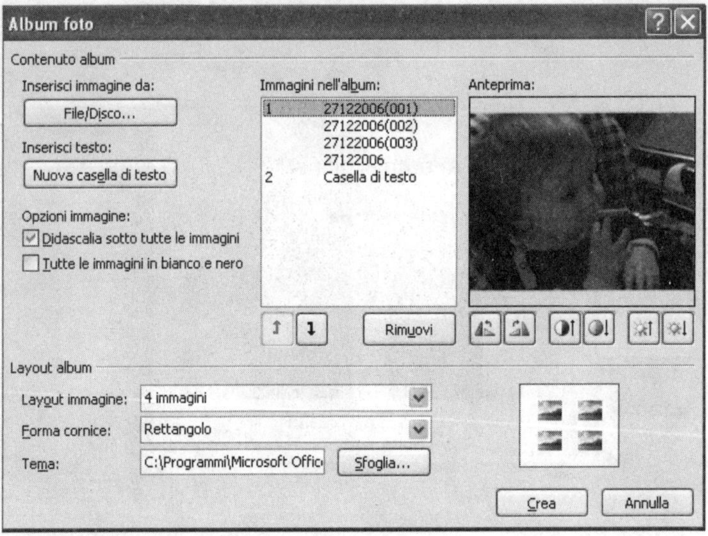

Figura 4.7 La finestra di dialogo Album foto da cui creare un album fotografico.

in quella *Presentazione*.

Una volta creato l'album fotografico come si vuole, si può tornare sullo stesso comando *Album foto* del gruppo *Illustrazioni* della scheda *Inserisci*, e quindi scegliere *Modifica album foto* per apportare tutte le modifiche del caso: si può agire su ciascuna voce di quelle già viste in precedenza e attivate per la creazione del nuovo album fotografico.

Inoltre, esattamente come per una normale presentazione, è possibile portare variazioni alla struttura o alle diapositive agendo direttamente su ciascuno degli omonimi riquadri sulla sinistra dello schermo nella visualizzazione *Normale* (Figura 4.8). Infine, è possibile lavorare su ciascuna singola slide, modificandola in tutto e per tutto, dall'immagine alle eventuali caselle di testo, dai titoli alle dimensioni al posizionamento.

La differenza tra il lavoro sulle singole diapositive e quello sul comando *Modifica album foto* deriva dal fatto che con quest'ultima opzione si agisce su tutto l'impianto dell'album e le variazioni inserite in quella voce hanno effetto su tutte le diapositive, mentre le operazioni condotte sulle singole slide sono valide soltanto per quella su cui si è intervenuti.

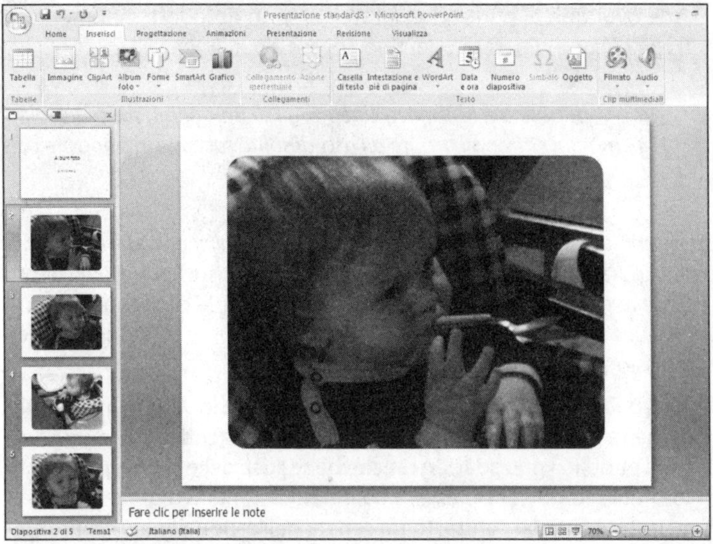

Figura 4.8 Un album di fotografie nella visualizzazione Normale.

La prima slide di un album fotografico viene creata automaticamente dal programma con due sole caselle di testo (apposte in posizioni diverse in base al tema prescelto) recanti le scritte "Album foto" e, a capo, "di nome autore*" dove* nome autore *è quello usato per la registrazione di Office. Questi titoli dell'album fotografico possono essere modificati come qualsiasi altra slide intervenendo sui testi, ma anche inserendo altre immagini o forme o effetti.*

Lavorare con le clipart

Sono una caratteristica peculiare di Microsoft Office e per certi versi hanno fatto anche la storia dell'immagine e della grafica digitale: chi non ricorda i primi siti web amatoriali della seconda metà degli anni Novanta, strapieni di clipart di Office?

Da allora i tempi sono cambiati, ma il colosso di Redmond insiste nel propinarci le clipart in tutte le salse, sebbene con alcune migliorie di gestione e di organizzazione complessiva delle figure e con indubitabili passi in avanti in termini di realizzazione grafica (al pari con i tempi). E d'altra parte la spiegazione è presto data: gli utenti si ostinano a usarle ovunque, al punto che sul Web si sono riprodotti innumerevoli siti che offrono clipart di ogni tipo, spesso a pagamento.

Propriamente, le clipart, *cioè ritagli di immagini, sono delle immagini vettoriali pronte all'uso, di solito raccolte in apposite collezioni, e già inserite nelle applicazioni.*

Sebbene alcune clipart professionali realizzate a mano siano dei piccoli capolavori di grafica, quasi sempre fine a se stessa, tuttavia il loro uso deve essere molto contenuto e cauto. Infatti, le clipart, per quanto simpatiche e accattivanti, sono quanto di più lontano da una grafica professionale ci si possa aspettare.

Allora, quando utilizzare le clipart? Premesso che lo stile di una presentazione va valutato sulla base di diversi componenti, e che a un certo tipo di pubblico può adattarsi anche bene l'uso delle clipart, per il resto il loro utilizzo dovrebbe essere confinato al tentativo di realizzare effetti ironici, dati dal contrasto tra serietà dell'esposizione e rappresentazione grafica a mo' di *cartoon*, alla volontà di rappresentare schematicamente idee complesse, per esempio le reti di computer, o ancora alla creazione di effetti da biglietto d'auguri o da cartolina virtuale, in cui le immagini vettoriali possono essere apprezzate e hanno una loro ragion d'essere.

Naturalmente, il gusto personale non può essere criticato a cuor leggero, e chiunque è libero di utilizzare anche le clipart come elementi grafici di piena dignità. Tuttavia, ciò è vero per le presentazioni a carattere strettamente privato: se la presentazione è invece ufficiale e rientra nell'ambito professionale, allora il loro uso è difficilmente giustificabile.

Raccolta multimediale

Se lavorare con le clipart deve essere confinato a pochi casi limitati, quello che diventa utilissimo è lavorare con la raccolta multimediale, cioè la collezione nella quale le clipart di Office sono contenute.

Quando si decide di inserire una clipart in una diapositiva, si deve scegliere la voce *ClipArt* dal gruppo *Illustrazioni* della scheda *Inserisci* oppure fare clic sulla relativa icona che appare al centro dell'eventuale segnaposto nella slide.

Con questa operazione si apre sulla destra il riquadro *ClipArt* che dà accesso alla raccolta multimediale di Microsoft (Figura 4.9).

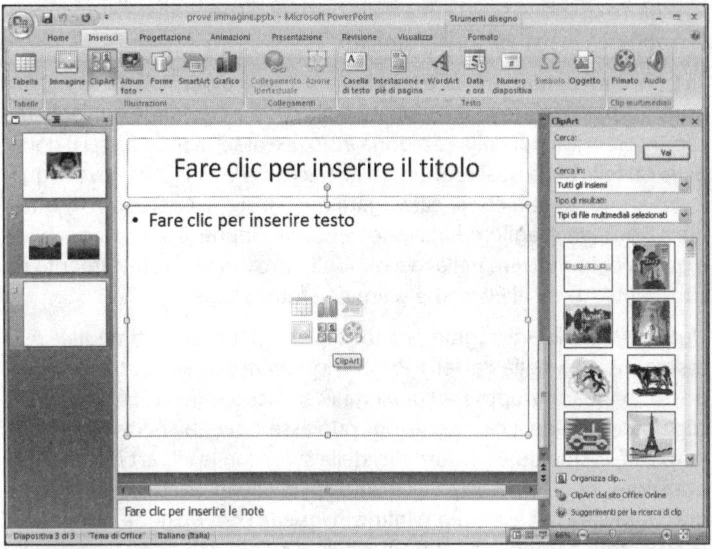

Figura 4.9 Il riquadro che dà accesso alla raccolta multimediale di Microsoft.

La raccolta multimediale è una collezione disponibile in Office e pertanto può essere aperta indipendentemente dalle applicazioni della suite. Per accedervi, bisogna fare clic sul pulsante Start *di Windows, scegliere* Tutti i programmi, Microsoft Office, Strumenti di Office *e quindi fare clic su* Raccolta multimediale Microsoft. *In questa modalità, alcune funzioni potrebbero non essere disponibili.*

La raccolta multimediale permette di raccogliere e conservare, oltre alle clipart del sistema, le proprie fotografie, animazioni, filmati, suoni e tutti i file multimediali, senza spostarli dalla loro posizione originale nel PC. Infatti, la raccolta multimediale non esegue mai operazioni di copia o spostamento dei file: questi rimangono nella loro posizione originale, ma vengono creati dei collegamenti a essi nelle cartelle degli insiemi della raccolta. Questi collegamenti permettono così di visualizzare in anteprima, di aprire e di inserire i file nelle applicazioni, senza che siano spostati dal loro percorso di installazione.

Una volta aperta la raccolta multimediale in modalità autonoma o con il comando *Organizza clip*, prima delle tre voci in basso del riquadro *Clipart* in PowerPoint, dal menu *File* si scelga la voce *Aggiungi clip alla Raccolta* e quindi si scelga una delle opzioni disponibili tra *Automatico*, *Personale* e *Da scanner o fotocamera*.

La prima voce permette di esplorare automaticamente l'intero PC, oppure solo tra le cartelle selezionate dalla casella *Opzioni*, e raccogliere i clip, inserendoli poi nella categoria *Insiemi* e assegnando a essi il nome della cartella nella quale sono stati rintracciati. Per scegliere invece quali clip aggiungere e come catalogarli negli insiemi esistenti o in quelli nuovi, si deve scegliere l'opzione *Personale*. Infine, l'ultima possibilità è quella di immettere nella raccolta i clip provenienti direttamente da strumenti esterni al PC, come scanner e fotocamere.

Quando si decide di aggiungere un clip alla raccolta multimediale può essere inserito nella cartella *Preferiti* o *Clip non classificati*, oppure si possono creare gruppi personali da *File, Nuovo insieme*. La ricerca dei clip da inserire nei documenti, poi, può essere svolta anche negli *Insiemi di Office*, cioè quelli automatici della suite con le clipart Microsoft in dotazione, negli *Insiemi condivisi*, gruppi di clipart condivise con colleghi o familiari, per esempio, o infine in *Insiemi Web*, opzione disponibile con un collegamento a Internet attivo e che porta direttamente alle pagine delle clipart e degli elementi multimediali di Microsoft Office Online.

A ciascun clip inserito può essere assegnata una didascalia, che sarà visualizzata in raccolta multimediale quando si punterà l'oggetto con il mouse, o una o più parole chiave specifiche. Per aggiungere una parola chiave, una volta selezionato il clip nella raccolta multimediale, dal menu *Modifica* si deve scegliere la voce *Parole chiave* e quindi nella finestra di dialogo che si apre agire sulla casella *Parola chiave* digitandone una nuova e aggiungendola all'elenco, oppure selezionando una di quelle riconosciute automaticamente dal sistema e cancellandola o modificandola. Nella stessa finestra, si può cambiare la didascalia attribuita automaticamente dal sistema digitando quella desiderata nella casella *Didascalia* (Figura 4.10).

L'importanza di questi elementi aggiuntivi è giustificata dalla funzione *Cerca* del riquadro delle clipart di PowerPoint, con la quale si rintraccia il clip desiderato nella raccolta multimediale, eventualmente limitando la ricerca stessa soltanto ad alcuni insiemi oppure ad alcuni formati di clip spuntando le relative caselle tra le opzioni presentate.

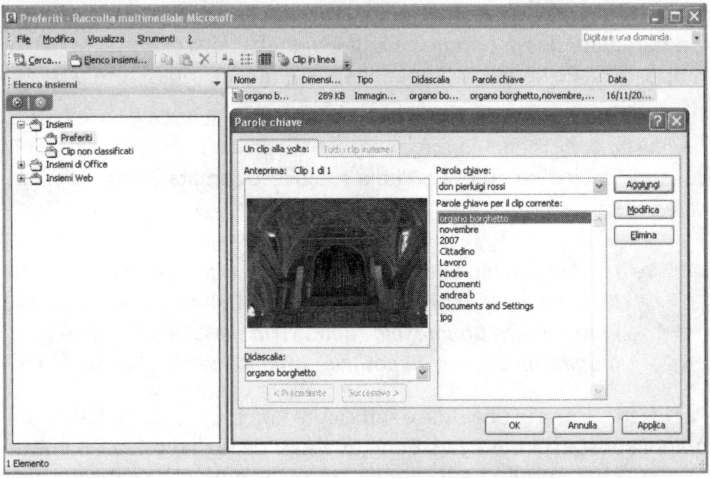

Figura 4.10 Aggiunta o modifica di parole chiave e didascalie a un clip aggiunto alla raccolta multimediale.

Alla luce di queste considerazioni appare evidente che la raccolta multimediale, indipendentemente dall'essere il percorso obbligato per l'inserimento delle clipart, acquisisce un grande valore per l'organizzazione, la gestione e l'inserimento di tutti i clip all'interno di presentazioni. Dalle immagini ai filmati la raccolta multimediale è il centro di smistamento e di rintracciamento di tutti i file utili per la comunicazione visiva e multimediale.

Lavorare con forme e disegni

Le presentazioni si prestano in modo particolare a un tipo di comunicazione asciutta, diretta e al tempo stesso visiva: i testi non sono e non devono essere esaustivi, perché la voce del relatore è un complemento essenziale e opportuno.

Così, le slide diventano particolarmente efficaci quando abbinano la capacità di far passare un messaggio in modo diretto, attraverso rappresentazioni grafiche, e al tempo stesso in modo asciutto, che può essere arricchito dai testi di complemento o dalle spiegazioni a voce del relatore. Una parte rilevante delle soluzioni grafiche adatte a questo scopo è costituita dalle forme e dai disegni.

Forme geometriche, d'equazione o d'azione, linee, stelle, decorazioni e diagrammi di flusso oppure callout e vignette: le scelte preimpostate proposte da PowerPoint sono molteplici e utili per quasi tutti gli usi.

Tutte le possibilità possono essere valutate dalla scheda *Inserisci*, gruppo *Illustrazioni*, menu *Forme*, nel quale si aprono i vari sottogruppi in cui sono divise, compresa un'utile raccolta chiamata *Forme utilizzate di recente*.

Lo stesso menu Forme, *con tutte le caratteristiche, è disponibile anche nella scheda* Home, *gruppo* Disegno, *e nella scheda* Formato *(che appare solo quando si fa clic su una forma o un'immagine presente in diapositiva), gruppo* Inserisci forme.

Per inserirne una in una slide è sufficiente fare clic su quella desiderata, quindi spostarsi in una posizione qualsiasi della diapositiva. Il puntatore avrà assunto l'aspetto di una croce: facendo clic si introduce la forma, con le sue dimensioni standard, esattamente in quella posizione mentre se si trascina il mouse e quindi lo si rilascia, si introduce una forma con le dimensioni tracciate dal puntatore.

Per creare una forma dall'aspetto perfetto ma con dimensioni personalizzate, invece, si può trascinare il mouse tenendo premuto il tasto Maiusc. Trascinando orizzontalmente una forma dallo sviluppo verticale, il risultato sarà deformato perché si agisce solo sulla base della forma. Se invece si farà la stessa operazione tenendo premuto Maiusc, le proporzioni resteranno sempre uguali e il trascinamento orizzontale definirà base e, conseguentemente, altezza della forma (Figura 4.11).

Se quando si sceglie la forma da immettere si fa clic con il pulsante destro del mouse invece che con quello tradizionale sinistro, è possibile selezionare la voce *Modalità ripetizione disegno* dal menu contestuale che appare.

Con questa opzione, si possono introdurre nella diapositiva più forme uguali a quella selezionata inizialmente senza dover tornare ogni volta ad aprire il menu *Forme*. Una volta inserite le forme desiderate, per uscire da questa modalità è sufficiente selezionare un altro oggetto o un'altra forma oppure premere il tasto Esc.

L'opzione Modalità ripetizione disegno *è più utile della semplice funzione di copia e incolla sempre disponibile su ogni oggetto, perché non si limita a duplicare la forma ma permette di inserirne una nuova dello stesso tipo, eventualmente trascinandola per personalizzarne le dimensioni.*

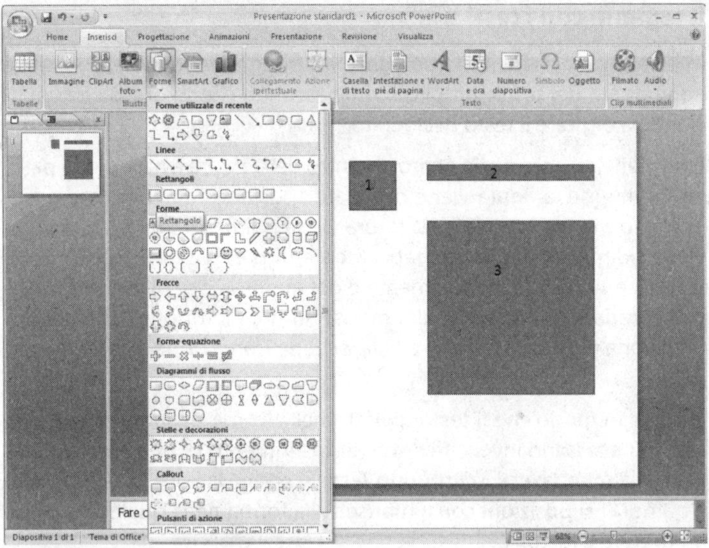

Figura 4.11 Il rettangolo numero 1 della slide è stato inserito con un clic, il numero 2 con trascinamento orizzontale e il numero 3 con uguale trascinamento orizzontale ma con il tasto Maiusc premuto.

In ogni caso, qualsiasi forma è ridimensionabile in ogni momento utilizzando il trascinamento dei quadratini di ridimensionamento che appaiono quando la si seleziona all'interno della diapositiva.

I quadratini di ridimensionamento *sono quei piccoli quadrati (a volte cerchi) che compaiono in corrispondenza degli angoli e dei lati degli oggetti selezionati e che possono essere trascinati per dare nuove dimensioni all'oggetto.*

Alle forme può essere applicato qualsiasi tipo di effetto voluto: possono essere cambiate le dimensioni immettendo con precisione al millimetro quelle volute, e ancora alcune possono essere portate in primo piano e altre in secondo, oppure momentaneamente nascoste. Tutte queste funzioni sono accessibili dal menu *Strumenti disegno, Formato* che appare quando si fa clic su una forma.

Le stesse funzioni sono in gran parte accessibili dal menu contestuale che appare facendo clic con il pulsante destro del mouse sulla forma.

Il legame con i testi

In ciascuna forma che si vuole inserire in una diapositiva è possibile aggiungere del testo semplicemente facendo clic su di essa e cominciando a digitare il testo desiderato.

Esso viene sempre posizionato al centro della figura e ne diventa parte integrante: se la figura viene ruotata o spostata, il testo la segue nello stesso modo. Tuttavia, se la figura viene ridimensionata, il testo non viene ridimensionato automaticamente di pari passo, ma occorre intervenire su di esso manualmente o dal menu veloce di formattazione che compare al passaggio del mouse su di esso oppure attraverso il tradizionale gruppo *Carattere* della scheda *Home* dopo averlo selezionato.

Per fare in modo che il testo digitato nella forma sia indipendente da essa, è necessario invece ricorrere all'inserimento di una casella di testo: dalla scheda *Inserisci*, gruppo *Testo*, si scelga la voce *Casella di testo* e quindi ci si posizioni con il mouse sulla forma nella quale si intende immettere il testo.

Se si vuole poi legare la casella di testo alla forma in modo da spostarle insieme, è sufficiente effettuare una selezione multipla di forma e casella di testo (selezionandole con il mouse tenendo premuto il tasto Ctrl) e quindi dalla scheda *Home*, gruppo *Disegno*, scegliere la voce *Raggruppa* nel menu *Disponi*: testo e forma si comporteranno come un unico oggetto e ruotando o spostando la forma anche il testo si sposterà di conseguenza. Nello stesso menu, la voce *Separa* ci permetterà però in qualsiasi momento di tornare all'indipendenza di forma e testo.

Linee e forme a mano libera

Un tipo particolare di forma è costituito dalle linee. Esse possono servire per qualsiasi scopo di delimitazione, per indicare e separare aree della slide oppure per collegare due o più forme.

In quest'ultimo caso si parla di *connettori*, e in PowerPoint hanno funzioni e scopi peculiari.

Per disegnare una linea qualsiasi non connessa a una forma è sufficiente selezionarla dal solito menu *Forme* e quindi fare clic in un punto qualsiasi della diapositiva per inserirne la prima estremità. A questo punto si può trascinare il mouse per disegnare come si vuole, fino al punto in cui si desidera la seconda estremità: lì rilasceremo il puntatore.

Se invece si vuole inserire una linea che unisca due forme, dopo aver selezionato il tipo di connettore prescelto, bisogna posizionare il puntatore sulla prima forma nel punto in cui collegare il connettore, e quindi fare clic su quel punto. Dopodiché si posizionerà il puntatore sulla seconda forma e si farà clic sul secondo punto di connessione. I punti di connessione sono segnalati con dei cerchi rossi quando il puntatore passa sulla forma.

Una volta tracciato il connettore, le due forme vengono unite per mezzo di quella linea e la connessione rimarrà in vigore anche se si decidesse di spostare una delle due forme.

Connessioni di questo tipo possono essere molto utili nel caso di schemi complessi o di organigrammi, nei quali può essere necessario spostare una forma pur desiderando mantenere la connessione originaria impostata.

Quando si tracciano delle linee, tenendo premuto il tasto Maiusc mentre con il mouse si agisce su una delle estremità della linea, questa si può allungare o accorciare ma viene tenuta ferma nella sua posizione originaria. Se invece si preme il tasto Ctrl mentre si agisce con il mouse, si può duplicare la linea con un solo clic oppure effettuare selezioni multiple (tasto Ctrl+clic del mouse) e quindi spostare le linee selezionate tutte insieme, come un'unica forma.

Tra le linee, rivestono grande importanza le ultime tre della serie, chiamate rispettivamente *Curva*, *Figura a mano libera* e *Disegno a mano libera,* che hanno caratteristiche molto simili l'un l'altra.

Selezionando la linea curva, per esempio, si può tracciare all'interno della slide una linea a mano libera: una volta posizionatisi nella diapositiva con il puntatore, è sufficiente trascinarlo e fare clic per ogni curva che si intende creare alla nostra linea. Quando si è terminato di tracciarla, si può fare doppio clic.

Se con la seconda estremità che si definisce si tocca la prima estremità, chiudendo di fatto la linea, si dà vita a una vera e propria forma, per la quale si può definire un riempimento o un testo o un qualsiasi altro effetto con le caratteristiche proprie della forma.

In pratica, si utilizza la linea *Curva* nello stesso modo della *Forma a mano libera*, al punto che le due funzioni possono essere considerate simili in tutto e per tutto. *Disegno a mano libera*, infine, permette di tracciare un disegno nello stesso modo che abbiamo visto per *Curva* e per *Forma a mano libera*, utilizzando però uno strumento simile a una matita virtuale, con più libertà di disegno.

Il risultato finale, anche in questo caso, però, è del tutto simile ai precedenti.

Tutte le linee tracciate, come le forme, di qualsiasi tipo esse siano, possono poi essere modificate nello stile, nel formato o nelle dimensioni dal solito menu *Strumenti disegno, Formato*.

Da segnalare che una forma a mano libera può essere ricavata in qualsiasi momento da una forma geometrica preimpostata. Infatti nel gruppo *Inserisci forme* della stessa scheda *Formato* si può accedere al comando *Modifica forma,* nel quale sono disponibili alcune funzioni particolari.

Una forma può essere cambiata in un'altra qualsiasi pur mantenendo le dimensioni personalizzate grazie al comando *Cambia forma*. Inoltre, una forma geometrica può essere trasformata grazie al comando *Converti in figura a mano libera*. Una volta adottata questa trasformazione, il comando *Modifica punti* visualizza sulla figura selezionata alcuni punti di trascinamento, quadratini neri su cui è possibile agire con il puntatore per spostarli, e con essi tutta la forma di conseguenza.

Infine, nello stesso gruppo di comandi, è possibile anche reindirizzare i connettori, cioè spostare i punti di connessione mantenendo fisse le forme stesse che connettono.

Capitolo 5

Tempo di multimedia

Video, musica, suoni e animazioni servono o no durante una presentazione? È difficile dare una risposta univoca a questa domanda, perché molto dipende dalla situazione e dal relatore, come per ogni altra scelta.

Tuttavia, un consiglio da dare senza tentennamenti è quello di limitare gli effetti multimediali a un uso moderato: tali effetti, infatti, hanno la caratteristica di attirare con forza l'attenzione dello spettatore o, meglio, di deviarla verso di sé.

L'uso intenso ed eccessivo di elementi multimediali rischia di portare a perdere il filo conduttore della presentazione e distrarre il pubblico dall'esposizione, sia nella sua parte orale sia in quella testuale.

D'altra parte, per le stesse caratteristiche che li rendono pericolosamente fuorvianti, gli effetti multimediali hanno la potenzialità di attirare o mantenere l'attenzione del pubblico proprio sulla presentazione. Inoltre, il pubblico è abituato ormai a ricevere messaggi multimediali dai media più abituali, televisione e Internet, e anzi è il non riceverne a costituire un'eccezione.

In taluni casi, quindi, un messaggio veicolato da un video può arrivare con maggiore prontezza ed efficacia di quanto accadrebbe se arrivasse per mezzo delle parole del relatore o dei testi delle slide.

Trovare il punto d'equilibrio tra l'eccesso fuorviante e il divieto totale di utilizzo degli elementi multimediali è la sfida attorno alla quale si gioca la possibilità di aggiungere ricchezza alla presentazione.

In generale, si tenga presente che tutti gli elementi multimediali aiutano a costruire una presentazione a effetto, che non significa efficace, e anzi per molti versi è il suo opposto.

Se infatti si ricorre al sensazionalismo cercando di stupire i propri interlocutori con effetti brillanti, in modalità video o audio, probabilmente l'approccio non sarà dei migliori: da una presentazione non ci si aspetta che piaccia, non deve ottenere buone recensioni, non è un'opera d'arte. Si tratta di uno strumento professionale che deve aiutare a raggiungere determinati obiettivi di comunicazione nel modo più semplice, diretto ed efficace possibile. Bando allo stupore, si deve puntare alla massima facilità di comprensione.

Se invece ragioniamo di PowerPoint per un uso strettamente personale e familiare, il risultato finale deve essere pratico e semplice, altrimenti esistono strumenti decisamente migliori sia per realizzare filmati sia per creare riproduzioni automatiche in grado di piacere e stupire.

Quando usarli e quando no

Al di là delle scelte di impostazione e della ricerca di tale equilibrio, però, esistono casi concreti in cui l'uso di video è necessario a un più corretto svolgimento della presentazione, perché migliora l'esposizione di una singola slide.

Per esempio, se si deve riportare il pensiero di una terza persona attraverso una citazione, introdurla con un video può essere molto efficace. Parimenti, il saluto di un dirigente, o comunque di qualcuno che avrebbe dovuto essere presente ma non ha potuto farlo, è sicuramente di maggior impatto se avviene attraverso un filmato. Infine, il ricorso al video è sempre molto utile qualora si debba mostrare qualcosa a titolo esemplificativo e non si possa farlo con un'immagine fissa (Figura 5.1).

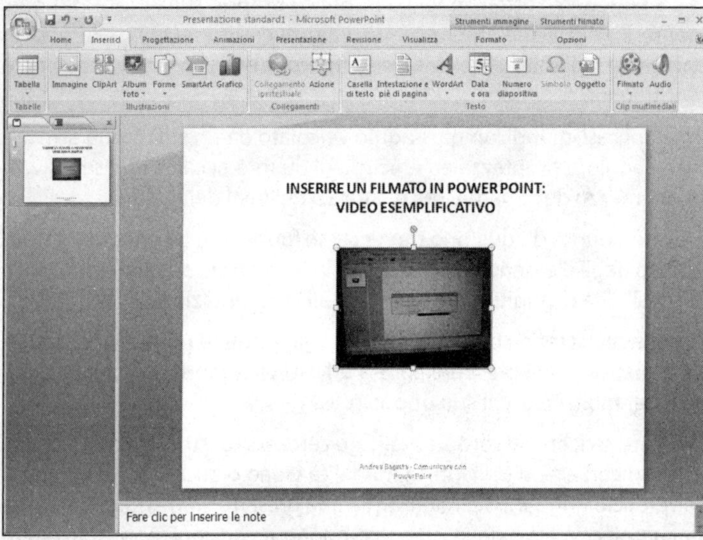

Figura 5.1 Un filmato in PowerPoint per una presentazione che spiega… come usare PowerPoint.

Meno opportuni sono, in ogni caso, gli effetti multimediali legati ai suoni e alla musica: se infatti un certo brano di sottofondo può far risaltare un tipo di atmosfera piuttosto che un altro, tuttavia la musica può facilmente depistare il proprio pubblico, perché le sensazioni trasmesse rimangono comunque strettamente personali e non oggettive; il rischio è quindi di far passare un messaggio poco pertinente, se non addirittura sbagliato.

Soltanto i professionisti e chi ha sviluppato una grande esperienza e sensibilità in questo tipo di comunicazione può permettersi di andare a colpo sicuro nelle sensazioni create da un certo brano musicale. Ciononostante, nessuno vieta di tentare degli abbinamenti affidati ai propri gusti e, magari, almeno a una preventiva ricerca su Internet dei commenti degli utenti al brano musicale che vogliamo inserire. Se le indicazioni ottenute spingono tutte in una stessa direzione, allora potremo ritenere fondata l'ipotesi di utilizzare della musica per trasmettere determinate emozioni.

In generale, comunque, la musica tende a distrarre gli interlocutori dal parlato, con una conseguente minore incisività dell'esposizione orale da parte del relatore, e per questo bisogna ben valutare il suo utilizzo.

La variabile pubblico

L'altra variabile su cui si deve basare il giudizio a proposito dell'uso di effetti multimediali è il pubblico al quale ci si rivolge e le motivazioni reciproche, dell'oratore e degli spettatori. Se si porta una presentazione in una scuola, per una lezione obbligatoria per gli studenti, l'inserimento di filmati e musica potrà essere bene accolto da un pubblico di adolescenti, altrimenti restii a dare retta a un'ora di soliloquio di chicchessia, per giunta costretti a farlo!

Al contrario, già in ambito universitario è inutile ricorrere a questi mezzi se non necessari, perché il pubblico è, o dovrebbe essere, motivato da sé a seguire la presentazione. Tuttavia, proprio nell'ambito dell'insegnamento, l'uso di filmati può rivelarsi una chiave d'approccio vincente, soprattutto in quelle discipline che avrebbero bisogno di molta pratica, da sempre tallone d'Achille delle nostre scuole di ogni ordine e grado.

Grazie a un video inserito in una presentazione di PowerPoint si può mantenere quel giusto mix di rigorosa e didattica spiegazione teorica e di esempio concreto. Addirittura, un filmato in una presentazione può rivelarsi più utile della semplice trasmissione di un video a se stante, perché permette di imbrigliare l'uso di elementi multimediali in una gabbia (quella della presentazione, appunto) rigorosa e "scolastica"; al contrario, la trasmissione di un video indipendente rischierebbe di essere percepita come un momento di svago, sminuendo in tal modo il valore didattico del filmato stesso.

In generale, bisogna cercare di adattare il proprio registro comunicativo a quello del pubblico potenziale che si ha di fronte: un progetto di volontariato o i risultati di bilancio di un'azienda non si addicono a troppe intromissioni multimediali, anzi vanno nella direzione opposta. Un gruppo di venditori che deve essere motivato a un nuovo prodotto può trovare utile e poco impegnativo apprendere degli esempi di tecniche di vendita da un filmato.

Le possibilità sono moltissime: ciascuna deve essere analizzata in maniera appropriata, lontano da facili entusiasmi creativi che possono rivelarsi fallaci: obiettivo della presentazione, pubblico potenziale, tempo a disposizione devono indicarci quando fare uso o meno degli elementi multimediali.

Inserire un video

L'inserimento di un video in una qualsiasi slide avviene per mezzo del comando *Filmato* del gruppo *Clip multimediali* nella scheda *Inserisci*. Subito si può decidere se inserire un filmato da file oppure se rivolgersi alla Raccolta Multimediale Microsoft per scegliere tra i tanti clip disponibili.

Di default il video viene inserito al centro della slide, ma ciò ha poca importanza, sia perché può essere facilmente spostato trascinandolo con il mouse, sia perché dalle opzioni è possibile stabilire diverse modalità di visualizzazione che rendono in qualche modo superflua la sua posizione iniziale.

Nonostante si parli di inserimento dei filmati, in realtà questi vengono sempre collegati e non incorporati. Come abbiamo già visto, infatti, si crea un collegamento tra la slide e il filmato nella sua posizione corrente. Spostando in seguito il filmato, il file non potrà essere individuato al momento della riproduzione e quindi non sarà visibile. Per ovviare a tale inconveniente, ancora una volta, si rende necessario raggruppare in un'unica cartella la presentazione e tutti i file che si riferiscono a essa: in questo modo, spostando la cartella nella sua interezza, i collegamenti saranno sempre salvi e non si avranno rischi di mancata visualizzazione.

Se si opta per un filmato inserito *Da file* (o comunque per un file video, anche se inserito dalla Raccolta multimediale), non appena questo viene inserito nella slide si apre sopra di esso una finestra di dialogo che chiede di impostare la scelta fondamentale per l'avvio del filmato all'interno della presentazione, cioè se riprodurlo *Automaticamente* oppure *Manualmente*. Se si chiude la finestra senza scegliere una delle due voci, l'impostazione di default sarà per un avvio manuale. (Figura 5.2).

Nella stessa finestra, per sciogliere ogni dubbio è disponibile anche il comando *Visualizza Guida*, che fa comparire un breve testo di spiegazione essenziale sul funzionamento degli elementi multimediali.

In modalità automatica, il filmato è riprodotto quando viene visualizzata la diapositiva. Se nella diapositiva sono presenti altri effetti multimediali, per esempio un'animazione, il video viene riprodotto dopo l'effetto. Selezionando invece *Manualmente*, il filmato parte soltanto al clic del mouse sull'elemento: per riprodurlo è necessario fare clic sull'elemento specifico, e non è sufficiente farlo in un punto qualsiasi della diapositiva.

Come vedremo più avanti, inoltre, le stesse opzioni sono disponibili anche per gli effetti audio.

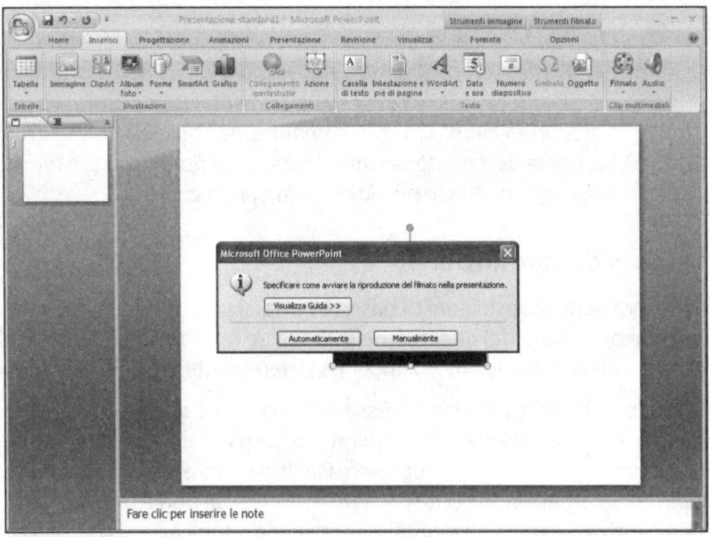

Figura 5.2 La finestra di dialogo per la scelta delle impostazioni di base del filmato.

Scegliendo una delle due modalità di avvio, automatica o manuale, al filmato viene in ogni caso aggiunto di default l'effetto di interruzione. Questo consente, facendo clic con il mouse sul filmato, di interromperne la riproduzione e quindi di farla riprendere al successivo clic. L'effettiva presenza di tale effetto può essere verificata dal riquadro dell'animazione personalizzata, richiamabile tramite clic su *Animazione personalizzata* del gruppo e della scheda *Animazione*. A destra della diapositiva nella visualizzazione *Normale* appare il riquadro delle animazioni che mostra quali sono attive.

Se si è scelto l'avvio automatico appaiono tre comandi: l'effetto di avvio automatico (simboleggiato con una freccia simile a quella dei videoregistratori o dei DVD player), il *trigger* (ovvero la funzione per cui il clic del mouse ha effetto soltanto se effettuato sul video e non in un punto qualsiasi della slide) e l'effetto d'interruzione (simboleggiato da due linee verticali appaiate, come nella pausa dei videoregistratori o DVD player). Se si è scelto l'avvio manuale, non compare il primo degli effetti visti, quello per la partenza automatica.

Se l'effetto di interruzione non fosse inserito, allora, al secondo clic, la visione del filmato riprenderebbe da capo e non dal punto in cui era stata interrotta.

Quando si inserisce un filmato, viene aggiunto un effetto trigger di interruzione. Questa impostazione viene definita trigger *perché è necessario fare clic su un elemento della diapositiva per riprodurre il filmato. In una presentazione è possibile fare clic sulla cornice del filmato per interromperne la riproduzione e fare di nuovo clic su di essa per riavviare la riproduzione.*

Opzioni di riproduzione

Oltre a queste impostazioni di base, tuttavia, si possono scegliere altre opzioni per l'avvio del filmato, che può essere riprodotto più volte oppure tra diverse diapositive o ancora a schermo intero.

Quando si inserisce un video, esso occupa una porzione della slide mentre viene riprodotto e può quindi accompagnarsi a testo e immagini come qualsiasi altro elemento. Per intervenire sulla posizione e sulle dimensioni è sufficiente puntare il mouse sull'oggetto e spostarlo nella posizione voluta, eventualmente agendo sugli angoli o in mezzo ai suoi lati per ridimensionare l'oggetto come si preferisce, secondo le normali tecniche.

Tuttavia, si può anche decidere di riprodurre il filmato a schermo intero: per farlo è sufficiente spuntare l'opzione *Riproduci a schermo intero* del gruppo *Opzioni Filmato* nella scheda *Opzioni* degli *Strumenti filmato*, comando che appare a menu soltanto quando si fa clic sul filmato stesso.

Si tenga presente che tale opzione, per quanto sia un buon effetto e diversivo per il pubblico perché proietta un video staccandolo dalla presentazione, ha anche diverse controindicazioni. La prima è di carattere espositivo proprio perché lo stacco dalla presentazione deve essere valutato con attenzione: può rivelarsi infatti un'arma a doppio taglio in termini di concentrazione e attenzione del pubblico. La seconda controindicazione è di carattere tecnico perché, in base alla risoluzione del file originale, un filmato ingrandito può risultare distorto alla visione.

Per ovviare a tale inconveniente è sufficiente verificare in anteprima l'effetto complessivo e quindi decidere se mantenere la proiezione a schermo intero oppure ridurla a dimensioni più opportune: nella scheda *Opzioni* degli *Strumenti filmato* è disponibile il gruppo *Riproduci con il comando Anteprima*, che permette di visualizzare un'anteprima senza dover cambiare visualizzazione dall'apposito menu.

Un diverso metodo di riproduzione è quello per cui il filmato accompagna l'intera presentazione o una sua parte, come un lungo trailer dell'esposizione. In questo caso, si faccia innanzitutto attenzione alla posizione del video all'interno della slide quando lo si inserisce: questa sarà infatti la posizione in cui sarà riprodotto slide dopo slide, andando a coprire eventuali altri elementi presenti sulla diapositiva nella stessa posizione. Una volta inserito il video, nel gruppo *Opzioni filmato* della scheda *Opzioni* degli *Strumenti filmato* in corrispondenza dell'opzione *Riproduci filmato*, si scelga dal menu a discesa la voce *Riproduci tra diapositive*.

Così si inserisce un effetto di riproduzione sulle opzioni del quale si potrà agire per programmare la riproduzione su più diapositive. Dalla scheda *Animazioni* si scelga la voce *Animazione personalizzata* per far apparire il riquadro delle animazioni a destra della diapositiva nella visualizzazione *Normale*. A questo punto, facendo clic sulla freccia a destra dell'effetto di riproduzione (il primo in alto degli effetti di animazione) si attiva il menu a comparsa dal quale sceglieremo la voce *Opzioni effetto*.

Nella finestra *Riproduci Filmato* che si è aperta dovremo segnalare il numero di diapositive dopo le quali il video deve fermarsi immettendo un numero da 1 a 999 nell'apposita casella *Dopo* nel gruppo *Termina riproduzione* (Figura 5.3).

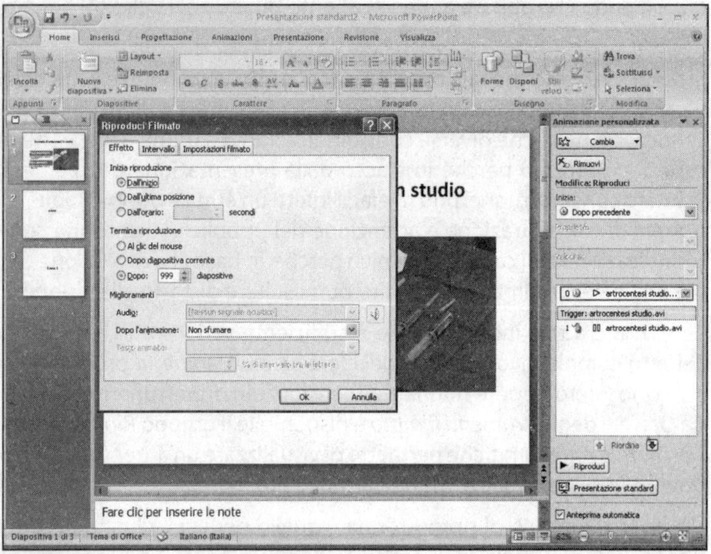

Figura 5.3 La finestra Riproduci Filmato da cui gestire le opzioni di riproduzione del filmato e impostare la sua durata.

Per riprodurre il filmato per l'intera presentazione, ammesso che sia lungo a sufficienza, è sufficiente impostare il valore a 999 (il massimo consentito), in modo da non doverlo più modificare anche se si aggiungono o tolgono slide dalla presentazione.

In ogni caso, il filmato sarà riprodotto una sola volta per tutta la durata che avremo indicato, a patto che sia lungo a sufficienza e un eventuale clic su di esso agirà come effetto di interruzione e quello successivo come effetto di riproduzione dal punto in cui era stato fermato. Se si ritiene che il filmato sia troppo breve ma vogliamo ugualmente che accompagni una parte della presentazione o tutta quanta, allora dalla solita scheda *Opzioni* di *Strumenti filmato* nel gruppo *Opzioni filmato* bisognerà spuntare la casella del comando *Riavvolgi dopo la riproduzione*.

Con tale opzione, in pratica, si esegue un filmato a ciclo continuo, e non sarà interrotto fino a quando non si farà clic su di esso.

Altre opzioni

In realtà, la riproduzione di un filmato in modalità automatica permette anche di impostare un'opzione per la partenza ritardata del video, particolarmente utile se, prima della sua riproduzione, è necessaria una breve introduzione orale che altrimenti rischierebbe di andare persa insieme al filmato.

Per impostare tale ritardo è necessario ancora una volta aprire la finestra, vista appena sopra, *Riproduci Filmato* con il comando *Opzioni effetto* del menu a discesa dell'effetto riproduzione nel riquadro delle animazioni. Nel gruppo *Inizia riproduzione* del gruppo *Effetto* bisogna fare clic sulla voce *Da orario* e quindi scrivere il numero di secondi di ritardo desiderati.

Proprio grazie al comando *Opzioni effetto* si possono gestire numerosi altri particolari dell'effetto al quale si riferiscono, sia esso quello di riproduzione oppure quello di interruzione (Figura 5.4). Basti qui dire che la maggior parte delle impostazioni viene inserita correttamente in maniera automatica, e si tratta piuttosto di attivare tale finestra per andare a modificare parametri standard, come il ritardo di riproduzione, il volume, gli effetti di sfumatura e le relative segnalazioni acustiche.

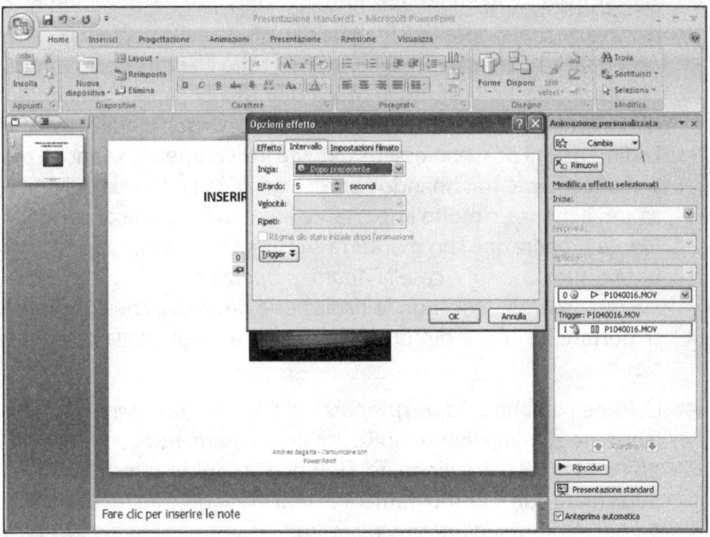

Figura 5.4 Le opzioni dell'effetto di riproduzione del filmato: nel dettaglio, l'intervallo di secondi di ritardo.

Più importanti delle opzioni del singolo effetto, però, sono le opzioni relative all'intero video, disponibili facendo clic sul video stesso e quindi accedendo alle *Opzioni* della voce di menu *Strumenti filmato*.

Da questa scheda si può agire sul video apportando tutte le modifiche sia per gli effetti già visti, sia per i dettagli tecnici della riproduzione (come l'anteprima o il controllo del volume), sia per disposizione, posizione e dimensione del filmato stesso all'interno della diapositiva.

Tra le opzioni più interessanti, vale la pena segnalarne alcune nel dettaglio.

- Nel gruppo *Opzioni filmato*, la casella *Nascondi durante presentazione*, se spuntata, permette appunto di nascondere il fermo immagine dell'inizio del filmato dalla visualizzazione della presentazione. Facendo clic nel punto dove si trova, però, il filmato compare subito.
- Facendo clic sulla freccia nell'angolo in basso del gruppo *Opzioni filmato* si apre una finestra di dialogo dalla quale si possono impostare le stesse opzioni già disponibili nella barra del menu e si possono conoscere alcune informazioni importanti relative al filmato, come la sua durata o il percorso dove si trova il file.
- Dal gruppo *Dimensioni*, facendo clic sulla freccia nell'angolo in basso a destra, si apre una finestra di dialogo dalla quale si può accedere alla scheda *Dimensioni*. In essa, oltre alle misure, all'effetto di rotazione e agli eventuali ritagli dell'area occupata dal filmato, di particolare utilità si rivela il gruppo *Proporzioni*. Infatti, mentre le dimensioni possono essere stabilite in centimetri ma anche più semplicemente trascinando i bordi e gli angoli dell'area del filmato con il mouse, è molto importante agire sulla casella di controllo *Blocca proporzioni*, che manterrà sempre costante il rapporto tra base e altezza, e sulla casella *Adatta proporzioni alla presentazione*, eventualmente indicando la risoluzione prescelta, che consentirà di portare il video a dimensioni adattate a quelle della presentazione.
- L'ultimo comando, *Adatta proporzioni alla presentazione*, è particolarmente significativo se utilizzato in abbinamento con il comando *Porta in secondo piano* del gruppo *Disponi*: in questo modo si può creare con il fermo immagine dell'inizio del filmato uno sfondo per la propria diapositiva, pronto a trasformarsi in filmato vero e proprio che copre i testi al semplice clic del mouse.

- Nella stessa finestra *Dimensioni*, la scheda *Testo alternativo*, invece, è da tenere in considerazione soprattutto per le presentazioni destinate al Web: si tratta del classico comando per visualizzare un testo sul Web. In attesa del caricamento del filmato nel browser o in alternativa al video stesso.

Problemi con i filmati

I problemi di visualizzazione dei filmati all'interno delle diapositive non sono infrequenti. Tra i più comuni in assoluto ci sono gli spostamenti dei file dalla loro posizione originaria (essendo i file collegati e non incorporati alla presentazione, devono sempre trovarsi nella loro posizione d'origine) e problemi di gestione di alcuni formati video che non sono supportati o decodificati correttamente.

Per i problemi di primi tipo, che sorgono per esempio in tutti i casi di spostamento del file della presentazione su altro computer (magari spedita via e-mail o trasferita sul server), la soluzione è sempre quella di copiare i filmati nella stessa cartella della presentazione e quindi agire sulla cartella intera, in modo da avere la certezza che il collegamento al filmato non subisca variazioni di percorso che lo renderebbero irrintracciabile.

Risolvere i problemi di supporto

Per i problemi di secondo tipo, invece, è bene ricordare che tra i formato supportati da PowerPoint 2007 ci sono quelli più comuni e utilizzati, per esempio quelli con estensione Avi, Mpg e Wmv. L'unico dei formati molto diffusi che non è supportato è quello con estensione Mov, ovvero i filmati di Apple QuickTime.

Se possibile, è bene dare la precedenza a filmati che si trovano in formati supportati dal programma, ma a volte potrebbe rivelarsi utile o indispensabile riuscire a mostrare un filmato durante una presentazione anche se esso rientra tra i formati non supportati da PowerPoint 2007.

Senza dover ricorrere a stregonerie tecniche da maghi del video-editing, esistono soluzioni pratiche abbastanza affidabili e alla portata di tutti.

Intanto, qualora un filmato non sia riprodotto nella presentazione, si deve tentare di riprodurlo fuori da PowerPoint 2007 utilizzando Windows Media Player, che è parte integrante di Windows. Per avviare il filmato desiderato con questa applicazione è sufficiente utilizzare il menu *File* (se non è visibile si agisca sulle modalità di visualizzazione del display), comando *Apri*, e quindi individuare il percorso per aprire il proprio filmato.

Se il video non viene riprodotto nemmeno in Windows Media Player, vengono visualizzati messaggi di errore molto dettagliati, con collegamenti alla guida per la loro risoluzione.

Se invece il filmato viene riprodotto normalmente in Windows Media Player, allora è possibile tornare a PowerPoint e inserirlo nella presentazione come clip multimediale. Nel gruppo *Testo* della scheda *Inserisci* si deve fare clic su *Oggetto*. Immettendo nella presentazione un certo contenuto sotto forma di oggetto è possibile attivarlo utilizzando l'applicazione di origine, superando ogni eventuale problema di compatibilità o supporto.

Nell'elenco *Tipo oggetto* si scelga la voce *Crea da file*, quindi si scriva il nome del file oppure si rintracci il percorso facendo clic sul pulsante *Sfoglia*. Il filmato viene introdotto nella slide come se fosse un oggetto ed è raffigurato con l'icona e il nome del file (Figura 5.5).

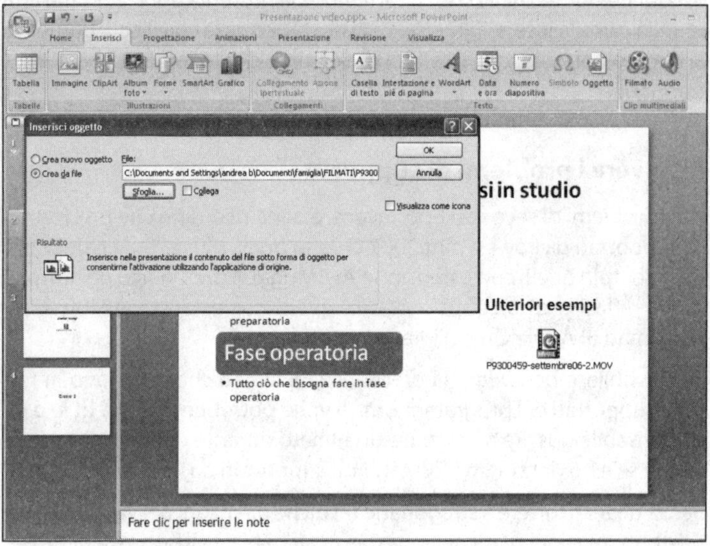

Figura 5.5 L'inserimento di un filmato nella presentazione sotto forma di oggetto.

In un filmato riprodotto in Office PowerPoint 2007 utilizzando Windows Media Player non è possibile utilizzare impostazioni di animazione né assegnare intervalli speciali. Per riprodurlo, è necessario utilizzare i pulsanti di Windows Media Player perché il file continua a tutti gli effetti a essere eseguito e gestito da quel software e non da PowerPoint 2007, che propriamente non lo supporta.

Proprio per questo motivo, non è possibile utilizzare con tali video impostazioni di animazione né assegnare intervalli speciali.

Tuttavia, può darsi che neppure Windows Media Player sia in grado di aprire e visualizzare un certo filmato. Anche in questi casi, comunque, non si deve disperare: se infatti sul computer è presente un programma con cui quel determinato video è riproducibile, si può in qualche modo legarlo alla presentazione.

Si faccia attenzione alle presentazioni che, create su un computer, vengono poi riprodotta in pubblico su un altro: oltre ai soliti problemi di collegamento a file esterni nella loro posizione originale, nel caso appena visto di video non supportati da PowerPoint, ci si dovrà sincerare in anticipo se sul computer che sarà effettivamente utilizzato siano presenti e funzionanti software in grado di aprire tale formato di video. In caso contrario, non sarà possibile riprodurlo né all'interno della presentazione né come collegamento ipertestuale.

È sufficiente lasciare nella sua posizione il filmato, senza cercare di inserirlo nella presentazione, ma creando un collegamento ipertestuale a esso su un qualsiasi oggetto interno alla diapositiva, testo, immagine o pulsante (scheda *Inserisci*, gruppo *Collegamenti*, voce *Collegamento ipertestuale*).

Per ottenere un effetto migliore nella presentazione, si può pensare di catturare dal video non supportato un'immagine, e quindi inserirla nella diapositiva come oggetto sul quale attivare il collegamento al filmato stesso. In questo modo, si manterrà un buon impatto grafico per la slide.

Altre complicazioni

Un altro problema piuttosto comune è rappresentato dall'apertura di una finestra completamente bianca o nera al posto della riproduzione del filmato. Se la finestra è bianca, il problema dipende banalmente dal nome del file, che ha un numero di caratteri superiore a 128. Per risolverlo, sarà sufficiente reinserire il video con un nuovo nome adatto nella stessa posizione in cui si trovava il precedente.

Se invece la finestra è completamente nera, la questione può essere risolta intervenendo sull'accelerazione hardware: dal *Pannello di controllo* bisogna scegliere *Schermo* nella scheda *Aspetto e temi*. Scegliendo la scheda *Impostazioni*, e quindi facendo clic sul pulsante *Avanzate*, si accede appunto alle *Proprietà avanzate*.

Nella scheda *Risoluzione problemi* si può intervenire manualmente per controllare la velocità dell'hardware. Si tenga presente che per risolvere il problema di visualizzazione del video non è sufficiente intervenire per abbassare di una tacca l'accelerazione, ma è necessario apportare una drastica variazione regalando la velocità sul livello più basso (Figura 5.6).

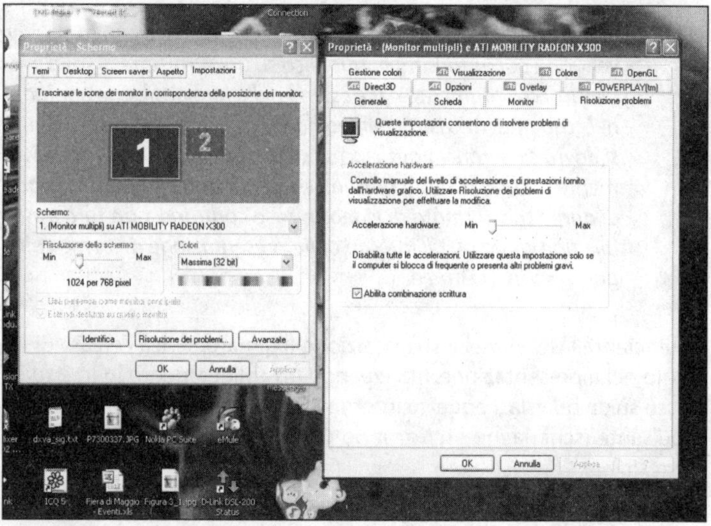

Figura 5.6 La variazione della velocità hardware tra le impostazioni avanzate delle proprietà dello schermo.

Animazioni GIF

A metà strada tra le immagini e i filmati si collocano le animazioni GIF, ovvero le sequenze di immagini in formato GIF, il cui intervallo di visualizzazione è personalizzabile e l'effetto è di un'immagine animata.

GIF (Graphics Interchange Format) è un formato per immagini di tipo bitmap, introdotto da CompuServe nel 1987 e molto diffuso anche grazie alle sue caratteristiche innovative per l'epoca.

È possibile aggiungere alle diapositive immagini GIF animate proprio come i filmati, estraendole da file su computer (o naturalmente da una rete) oppure dalla Raccolta multimediale Microsoft, servendosi della scheda *Inserisci* e quindi scegliendo la voce opportuna a seconda dell'origine dell'animazione da inserire.

Se si opta per l'introduzione dalla Raccolta multimediale Microsoft, si limiti la ricerca soltanto a ciò che interessa perché altrimenti la scelta potrebbe rivelarsi lunga e inutilmente laboriosa: nella casella Tipo di risultati *si spunti la categoria* Filmati *oppure la sottocategoria desiderata* Immagine GIF animata.

Si tenga presente che un'animazione GIF rimane a buon diritto un'immagine, e il software la tratta come tale: facendo clic su di essa, per esempio, non compare la scheda *Strumenti filmato* ma soltanto *Strumenti immagine*.

Per le GIF animate non si tratta di una grande differenza, perché il loro scopo è assai diverso da quello di un video: la loro animazione è predeterminata, e per esempio serve a creare l'effetto di una fiamma che ondeggia su una torta di compleanno, di un cane scodinzolante, di un uomo che cammina o altri piccoli movimenti, in genere ripetitivi.

Il maggior difetto che deriva dall'accomunare le GIF animate alle semplici immagini è l'assenza dal menu di un'anteprima immediata che mostri subito l'animazione senza dover cambiare la modalità di visualizzazione della presentazione.

Nella visualizzazione *Normale*, infatti, si presentano come immagini ferme. Per vedere un'anteprima bisogna agire sulla GIF animata direttamente nella Raccolta multimediale Microsoft. Quando si passa con il mouse sopra un'immagine della Raccolta, alla sua destra appare una freccia che dà accesso a un menu a comparsa. In esso si trovano vari comandi, tra cui quello per l'inserimento nella diapositiva o per copiare l'immagine. Quello più utile di tutti, però, è il menu *Anteprima/Proprietà* (Figura 5.7).

In esso, oltre a trovare tutte le informazioni relative alla GIF animata, si può visualizzare nell'area di sinistra l'anteprima animata dell'immagine, mentre sotto di essa appaiono due frecce di direzione in corrispondenza della casella *Aggiorna*. Con esse si può passare all'immagine precedente o a quella seguente nella stessa modalità, per cui è di fatto possibile scorrerle tutte vedendole in anteprima sotto forma di GIF animate.

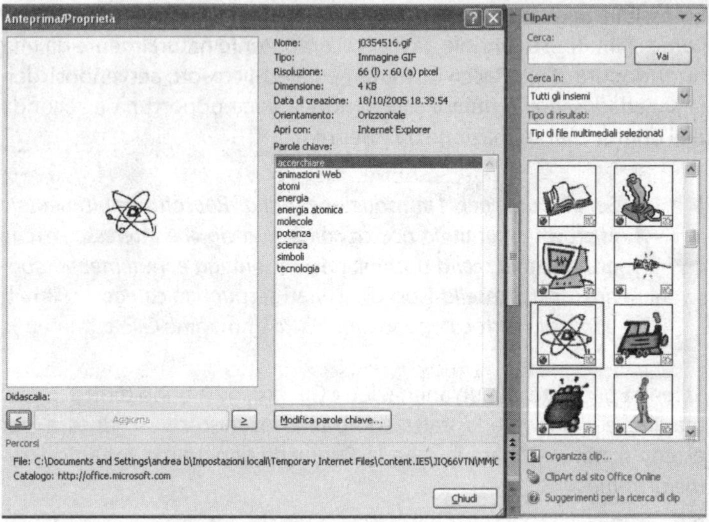

Figura 5.7 La finestra di dialogo Anteprima/Proprietà delle clip della Raccolta multimediale.

Quando usare le GIF animate

L'affermarsi di Internet come mezzo d'espressione ha portato alle GIF, anche a quelle animate, un grande successo perché, per via delle sue caratteristiche tecniche dimensione e interlacciamento per prime, il formato era ed è sicuramente adatto alla grafica sul Web.

Per questo, le GIF hanno contribuito a riscrivere in parte l'abitudine e i gusti medi del pubblico in termini di grafica, abituandolo a uno standard francamente mediocre. Abitudine, però, non significa necessariamente condivisione: le GIF animate sono l'estensione in movimento delle clipart, con tutti i pregi e i difetti che un impiego massiccio di tali forme presenta.

Prima di tutto, bisogna rilevare come, al di là dei giudizi estetici e di gusto personali, rimane indubbio che in generale le GIF animate trasmettano una sensazione di non professionalità, di pressapochismo o di impegno amatoriale. Che questa sia un'opinione ormai diffusa e consolidata nel mondo dei grafici professionisti, e sempre più spesso, fortunatamente, anche dei loro clienti, è testimoniato ancora una volta dal Web, dove si possono trovare sempre meno GIF animate, e in generale clipart, nei siti a carattere professionale.

Per le presentazioni, vale, almeno in parte, lo stesso ragionamento: una presentazione che utilizzi GIF animate trasmette un senso di fai da te, di hobby, che probabilmente non è quello che si vuol far passare.

Tuttavia, in alcuni casi non è da trascurare la possibilità di ricorrere alle GIF animate per introdurre alcuni effetti ironici, di grande semplicità e simpatici all'occhio del pubblico. Proprio il pubblico deve essere il primo elemento da tenere in considerazione: di fronte a una platea di professionisti, le GIF animate non sarebbero una buona scelta, ma con un pubblico generico o di studenti potrebbero strappare un sorriso e sottolineare una certa azione.

Proprio questo è l'uso ideale. Con le GIF animate si può dare enfasi, in maniera simpatica oppure spiritosa e umoristica a una certa azione che accompagna il contenuto della slide: per esempio, una lampadina che si accende è il classico segnale che accompagna la soluzione di un problema, una torta di compleanno vale un anniversario, ma anche un candelotto di dinamite può sottolineare ironicamente una situazione esplosiva (ma non seria!) o una tazzina di caffè fumante indicare che è giunto il momento del *coffee-break*.

Il problema vero è che il registro ironico è molto difficile da mantenere durante un'esposizione, e se non ha successo si può innescare un pericoloso corto circuito mediatico per cui lo spettatore non capisce, non sorride e anzi trova poco professionali le slide, quindi diminuisce la stima nei confronti dell'oratore e di conseguenza presta meno attenzione alla presentazione: un disastro, insomma.

Per ovviare, almeno in parte a tale rischio, si cerchi di limitare l'uso di GIF animate, di utilizzarle solo di fronte a un pubblico adeguato e, possibilmente, di impiegare immagini realizzate in modo professionale, quindi anche belle esteticamente, elaborate, ricercate. Quanto meno, non sembreranno mai approssimative o messe lì per caso, come banali riempitivi dell'ultima ora.

Filmati in salsa Macromedia

Che siano create con Flash o con Director, le applicazioni multimediali targate software Macromedia sono tra le più diffuse e apprezzate dai grafici di tutto il mondo.

Gestire delle animazioni di questo tipo nelle presentazioni di PowerPoint 2007 è possibile con qualche accorgimento tecnico.

Intanto, le animazioni devono essere salvate come file Shockwave Flash o Director, rispettivamente con estensione Swf o Dcr, e quindi riprodotte nelle slide per mezzo degli appropriati controlli ActiveX.

ActiveX *è il nome della tecnologia Microsoft Active eXtension destinata agli sviluppatori per estendere, come dice il nome stesso, funzioni e potenzialità di altre applicazioni. I controlli ActiveX sono file al cui interno sono raggruppati comandi e funzioni che vengono importati nelle altre applicazioni da "estendere".*

Prima di tutto bisogna attivare nella barra multifunzione di PowerPoint 2007 la scheda *Sviluppo*, nella quale si trovano i comandi utili per inserire i controlli ActiveX e normalmente non visibile tra le altre schede visualizzate. Dalla diapositiva in cui bisogna riprodurre l'animazione bisogna fare clic sul logo di Microsoft Office per accedere al menu principale, e da qui scegliere il pulsante *Opzioni di PowerPoint*.

Una volta fatto clic su di esso e aperta la finestra delle opzioni, bisogna scegliere *Impostazioni generali* e quindi tra le *Opzioni principali per l'utilizzo di PowerPoint* bisogna selezionare la casella di controllo *Mostra scheda Sviluppo sulla barra multifunzione*. Infine, si può fare clic su *OK*.

A questo punto compare tra le schede anche la scheda *Sviluppo*. Nel gruppo *Controlli*, si faccia clic sulla voce *Altri controlli* raffigurata con l'icona di una chiave inglese e un martello incrociati.

Nell'elenco dei controlli si deve ora selezionare quello riguardante l'oggetto prescelto, ovvero *Oggetto Shockwave Flash (Shockwave Flash Object)* per le animazioni Flash o *Controllo ActiveX Shockwave (Shockwave ActiveX Control)* per i filmati Director.

Nella diapositiva compare l'oggetto che riproduce il controllo, sul quale si può agire normalmente per riposizionarlo o per variarne le dimensioni sfruttando i soliti quadratini di ridimensionamento.

Facendo clic su di esso con il pulsante destro del mouse, compare un menu dal quale bisogna scegliere la voce *Proprietà*, che dà accesso alla relativa finestra di dialogo. Qui si deve scegliere la scheda *Per nome* o *Alfabetico* e in essa rintracciare la proprietà *Filmato (Movie)* per le animazioni Flash o la proprietà *SRC* per le animazioni Director. Nella colonna dei valori della proprietà selezionata (il campo vuoto che si trova di fianco) bisogna inserire il percorso completo dell'unità compreso il nome del file da riprodurre oppure l'URL esatto (l'indirizzo web) dove si trova il file da riprodurre.

Nella stessa scheda si può agire su altre proprietà opportune con i comandi *True* o *False* in modo da scegliere le opzioni desiderate, per esempio per la riproduzione dell'animazione (riprodurlo automaticamente quando si visualizza la diapositiva oppure a ciclo continuo su tutte le slide).

Per poter riprodurre i file Flash o Director in una presentazione, è necessario registrare i rispettivi controlli nel computer con il quale si esegue la presentazione stessa. Per verificare se sono registrati è sufficiente riscontrare la loro presenza nell'elenco Altri controlli *del gruppo* Controlli *nella scheda* Sviluppo. *Se non ci sono, bisogna scaricare sul PC la versione più recente dei rispettivi player dal sito web di Macromedia (Figura 5.8).*

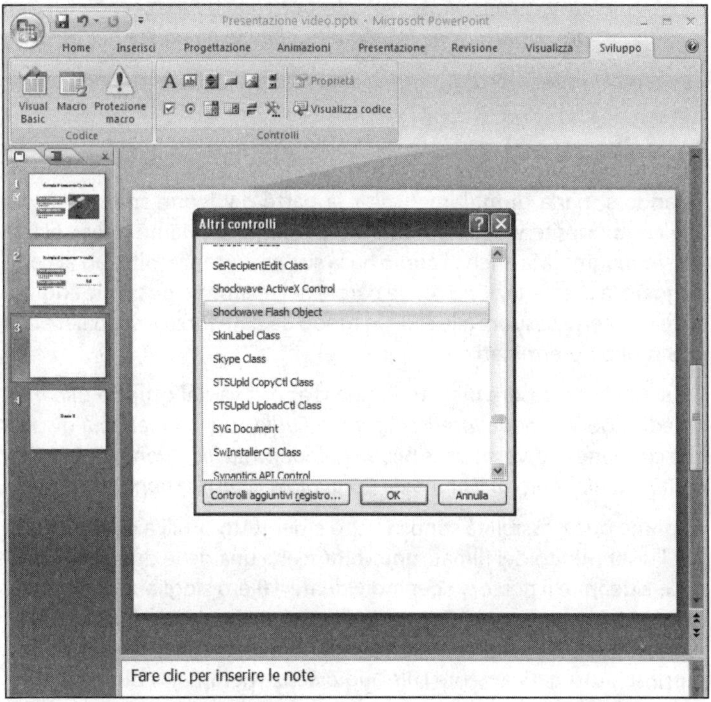

Figura 5.8 L'elenco dei controlli in Altri controlli, comando disponibile nella scheda Sviluppo, visibile aperta in alto.

I controlli ActiveX sono tra quelle applicazioni (estensioni di applicazioni, in questo caso) soggette di default ad alcune precauzioni da parte di Microsoft. Andando di fatto a introdurre nuove azioni in programmi e applicazioni già in uso, potrebbero infatti essere il veicolo anche di codice maligno e virus. Quindi Office 2007 mette in atto alcune impostazioni restrittive relative a privacy e protezione, verificabili nel Centro protezione. Per verificarle ed eventualmente modificarle (tenendo presente che si riflettono in tutto Office e non solo nel programma nel quale sono state eseguite) bisogna accedere al menu principale tramite il logo di Office, e quindi scegliere Opzioni di PowerPoint. *Dalla finestra che si apre si scelga nel menu a sinistra la voce* Centro protezione *e quindi si faccia clic sul pulsante* Impostazioni *del* Centro protezione. *Da qui si possono modificare le impostazioni relative ai controlli ActiveX, che potrebbero essere regolate su un valore di protezione troppo alto, che ne impedisce per esempio l'attivazione.*

Inserire suoni

Quando si parla di multimedialità, la parte del leone spetta sempre alla componente video, se non altro perché ci troviamo nella società dell'immagine. Ma anche l'audio ha la sua importanza: oltre ad accompagnare la presentazione con le parole del relatore, è possibile aggiungere una serie di suoni alle slide in modo da dare forza e segnalare con precisione determinati passaggi.

Un suono può essere inserito in una diapositiva dal gruppo *Clip multimediali* della scheda *Inserisci*. La voce *Audio apre* un elenco a discesa che contiene le diverse possibili scelte: *Suono da file*, *Suono da Raccolta multimediale*, *Riproduci brano da CD audio* e *Registra suono*.

Le prime due possibilità sono in tutto e per tutto simili a quelle offerte per l'inserimento dei filmati: una volta scelta una delle due voci si procede a definire il percorso per individuare il file, o sfogliando le cartelle nel metodo classico per *Suono da file* oppure cercando il clip desiderato nella solita Raccolta multimediale: in quest'ultimo caso, vengono proposti automaticamente i file audio, senza nemmeno bisogno di selezionare i file per *Tipo di risultati*, che rimane già impostato su *Suoni*.

Con l'opzione *Registra suono*, invece, si attiva il registratore incorporato che permette di personalizzare il suono da inserire nella diapositiva: è possibile registrare la propria voce, a mo' di commento, o un qualsiasi suono esterno, basta che nella propria dotazione hardware sia compreso anche un microfono.

In tutti i casi, quando si preme *OK* per l'inserimento, analogamente a quanto accade con i filmati, il software chiede se riprodurre i suoni automaticamente, cioè quando si arriva a quella diapositiva, oppure manualmente, ovvero facendo clic sulla relativa icona del suono che compare nella slide.

Poiché i commenti audio e i segnali acustici registrati hanno la priorità sugli altri, se nella presentazione sono stati inseriti altri suoni da riprodurre automaticamente, questi vengono sostituiti dai commenti audio e non vengono riprodotti. Se però i suoni sono stati impostati per essere riprodotti manualmente al clic del mouse, allora saranno riprodotti normalmente quando si fa clic su di essi.

Musica da CD

Tra i vari metodi di inserimento di suoni in una presentazione, merita una citazione particolare *Riproduci brano da CD audio,* che permette di accompagnare la presentazione o una parte di essa con la propria musica preferita.

Scegliendo tale voce, si apre una finestra di dialogo nella quale compaiono le principali opzioni che si possono modificare per impostare la riproduzione di un CD musicale o una parte di esso durante la presentazione (Figura 5.9).

Figura 5.9 La finestra di dialogo Inserisci CD audio.

In *Selezione clip*, le voci *Inizia dalla traccia* e *Termina alla traccia* permettono di inserire i numeri corrispondenti alle tracce dalle quali si vuole iniziare e concludere la riproduzione del CD audio. Se si vuole riprodurre una sola traccia, è sufficiente mettere lo stesso numero nelle due caselle. Oltre a segnalare quali tracce utilizzare, di fianco a esse si può definire anche il tempo d'inizio e di conclusione, preciso al secondo.

Per impostazione predefinita, tutti i valori inseriti automaticamente sono quelli del CD audio in uso in quel momento sul computer, e corrispondono sempre a 1 per la prima traccia e a 00.00 per il tempo d'inizio, mentre per il termine sono, ovviamente, variabili.

Nella stessa finestra si possono indicare altre opzioni di riproduzione, come *Esegui ciclo continuo fino a interruzione,* che permette di ripetere la riproduzione dell'intervallo di brani selezionato, oppure *Nascondi icona audio durante la presentazione,* per fare in modo che non sia visibile nella slide la relativa immagine.

Come per gli altri metodi di inserimento, al momento della conferma, il software chiede se avviare la riproduzione in maniera automatica oppure in modalità manuale.

Opzioni e formati

Tutte le opzioni che si possono scegliere compaiono nella voce di menu *Strumenti audio, Opzioni* analoga a quella per i filmati: non visibile per impostazione predefinita tra le voci di menu, compare quando si fa clic sull'icona del suono, che appare sempre in *Visualizzazione normale* della slide quando si inserisce un suono.

Tra le scelte possibili, uguali in pratica a quelle già viste per i filmati comprese le riproduzioni a ciclo continuo o l'inserimento di comandi per riproduzione e interruzione, meritano un cenno la voce *Nascondi durante la presentazione,* che permette di non mostrare, in *Visualizzazione Presentazione* l'icona del suono: sicuramente un'opzione da utilizzare per evitare di mostrare sulla slide un elemento grafico di dubbio stile.

Tuttavia, questa opzione non presenta alcun problema se si è deciso di avviare la riproduzione del suono in modalità automatica, ma al contrario in modalità manuale è da valutare con attenzione. Infatti, se l'avvio avviene manualmente, è necessario fare clic sull'icona per far partire la riproduzione. La questione può essere risolta quindi con l'inserimento di un altro tipo di controllo per l'avvio del suono, un'immagine, una forma o un pulsante, un paragrafo o una casella di testo. Naturalmente, si possono utilizzare anche elementi che già sono presenti nella slide.

Sul controllo che si è deciso di usare per nascondere l'icona basta semplicemente attivare un'animazione e aggiungere a essa un effetto audio.

Si tenga presente che le eventuali difficoltà a riprodurre un suono possono derivare, proprio come per gli altri elementi multimediali, dal fatto che l'audio non è incorporato ma collegato, e quindi ogni variazione rispetto alla posizione in cui si trova il file audio lo renderebbe irriproducibile, oppure da un problema di compatibilità di formati.

Tra i formati supportati si trovano comunque tutti i più comuni tipi di file, come quelli con estensione Mid o Midi, Mp3, Wma o Wav. Quest'ultimo è quello più significativo per PowerPoint 2007, perché è l'unico che può essere incorporato nella presentazione, con la certezza sempre e comunque di poterlo riprodurre senza problemi.

Tuttavia, per ovviare ai problemi di dimensione dei file multimediali (è questo del resto il motivo per cui sono di norma collegati e non incorporati), il software fissa una dimensione massima di 100 KB come limite per l'inserimento: se il file è più grande, viene collegato. Nel gruppo *Opzioni audio*, tuttavia, la voce *Dimensioni massime file audio* permette di agire proprio su questo valore innalzandolo (fino a un massimo di 50 MB) o abbassandolo a proprio piacere secondo le esigenze del singolo brano e della dimensione complessiva della presentazione.

Quando usare l'audio

Se si utilizza PowerPoint per creare un album fotografico, introdurre una sorta di colonna sonora è una buona idea per rendere più varia e piacevole la visione. Nel caso di una presentazione classica, ma trasmessa senza relatore, per esempio su Internet, l'alternarsi di commenti audio registrati e musica di sottofondo può creare l'atmosfera giusta per mantenere alto il livello di attenzione e al tempo stesso rendere più umana l'esperienza di visione, altrimenti fredda e distaccata.

In generale, la musica ha la capacità di trasmettere emozioni e di comunicare in modo molto più diretto dei testi scritti o anche delle esposizioni orali. Soltanto, come già detto, si faccia attenzione a non sovraccaricare di significati la parte musicale della presentazione, perché comunque la sua fruizione rimane un'esperienza personale, e quindi sui suoi effetti non si può mai scommettere appieno, soprattutto se non si ha una conoscenza musicale di tipo professionale.

Valga sempre come accompagnamento, piuttosto che come elemento centrale per la comunicazione di un messaggio, e se si decide di far ricorso ai classici ormai ampiamente accettati come rappresentativi di alcuni sentimenti, si cerchi di non essere almeno troppo banali. *Imagine* di John Lennon è sicuramente una grande canzone e trasmette precisi sentimenti di fraternità e speranza, ma è anche usata e strausata, e non è proprio il caso di abusarne ulteriormente, magari in settori che nulla hanno a che vedere nella realtà con lo spirito originario di quella canzone, per esempio l'ambito aziendale o sportivo.

Diverso è il caso degli effetti sonori, sia che appartengano alla lista di effetti già preconfezionata da Microsoft e disponibile nella Raccolta multimediale (come il trillo del telefono, gli applausi o altri simili) sia che derivino da brani musicali: essi non servono tanto a completare – con una forza emotiva tutta propria – il messaggio, ma piuttosto possono sottolineare passaggi particolari, in maniera ironica o rafforzativa, per dare enfasi in qualche modo a un concetto o a un'azione.

Ciò è opportuno se non si hanno altri modi per sottolineare quella certa azione e lo si ritiene comunque importante per segnare uno scostamento rispetto all'esposizione normale. Anche in questo caso, però, si ricordi che l'eccesso di sottolineatura rischia di ottenere risultati opposti. Per esempio, non si usino i suoni per rimarcare il passaggio da una diapositiva a un'altra: si usino invece per gli stacchi importanti, quando si cambia capitolo d'esposizione, quando si lascia PowerPoint per il Web tramite un link esterno o quando si fa partire un filmato a schermo intero.

Per gli stessi motivi di ridondanza, è sempre consigliabile riprodurre il suono una sola volta, che è anche il comportamento predefinito dei suoni della Raccolta multimediale di Microsoft.

Capitolo 6

Un'anima per la presentazione

C'è la presentazione senza animazioni e quella in cui ogni singolo elemento ha un ingresso da sinistra o dall'alto, le immagini scompaiono per dissolvenza, le forme entrano veloci o lente, diritte o in diagonale, i caratteri lampeggiano o si colorano o le immagini si muovono sulla diapositiva per raggiungere la loro posizione.

Al di là del contenuto, le animazioni sono gli effetti che più colpiscono l'immaginazione del pubblico, lo stupiscono, lo rapiscono e, naturalmente, lo possono aiutare a cogliere dei messaggi.

E proprio questa dovrebbe essere la loro funzione principale, che spesso passa però in secondo piano rispetto alla capacità d'impressionare: per questo motivo, le animazioni possono essere utilizzate anche per dare un'anima alla presentazione, per farla avvicinare il più possibile al modo d'essere del relatore, per cercare di stabilire subito un contatto, anche emotivo, con il pubblico.

Una presentazione in cui le diapositive si dissolvono ha un approccio dolce verso il pubblico, una in cui tutti gli elementi si muovono è energica e vigorosa, una con pochi effetti mirati è professionale e distaccata e via di seguito: ogni animazione garantisce non solo un effetto specifico, ma anche una certa sintonia con i suoi destinatari.

Perché le animazioni

Le animazioni di PowerPoint non sono effetti multimediali veri e propri, e nulla hanno a che fare per esempio con i video o anche solo con le clipart animate.

Le animazioni di PowerPoint sono particolari effetti di movimento (con l'associazione di eventuali suoni) attivabili sugli elementi già inseriti nella slide oppure sull'intera diapositiva durante la transizione alla successiva. Non si tratta cioè di animazioni illustrative, di decoro o di contorno, bensì effetti di movimento funzionali a sottolineare una certa azione, per renderla più efficace e performante di fronte al pubblico.

Proprio per questo motivo, le animazioni non devono essere inserite a caso o a piacimento nella presentazione, ma il loro uso deve essere pianificato nei dettagli con lo scopo di dare uniformità nell'aspetto e nelle modalità con cui appaiono tutte le slide e poter dare più o meno enfasi ad alcuni elementi particolari delle singole slide.

Detto questo, le prime regole generali d'approccio alle animazioni di PowerPoint dovrebbero apparire chiare da sole. Quelle fondamentali possono essere riassunte in questo modo.

- Mai animare tutti gli elementi. Lo scopo dell'aggiunta di un effetto animato è quello di sottolineare l'elemento. Se si decide di dare movimento a tutti, sembrerà piuttosto un gran bazar, ma il risultato sarà quello di mettere tutti gli elementi sullo stesso piano, dal numero di pagina al concetto cardine della propria relazione: il pubblico non coglierà le sottolineature dove invece andrebbero. Anche dal punto di vista estetico, il risultato non sarà così entusiasmante, con un inutile ed eccessivo sfoggio di movimenti. Si scelgano con attenzione pochi elementi cruciali e a essi si aggiunga un effetto di ingresso o di movimento tale da richiamare l'attenzione su di esso.
- A uguali azioni corrispondano uguali effetti. Nella transizione tra diapositive, non si può pensare di utilizzare la dissolvenza tra la prima e la seconda e poi la sovrapposizione tra la seconda e la terza. Se si opta per una scelta, la si mantenga per tutta la presentazione, o almeno per tutto un capitolo: proprio il cambio di questi elementi di contorno può dare forza al cambio di capitolo, mantenendo però una linea di fondo valida per tutta la presentazione. Allo stesso modo, per l'ingresso dei singoli elementi nella slide, non è opportuno utilizzare tanti effetti diversi: in questi casi l'impressione finale dell'utente sarebbe quella di una disordinata ammucchiata. A gruppi omogenei di contenuti e di azioni si assegni sempre lo stesso effetto, in modo da rafforzare anche visivamente agli occhi del pubblico quella determinata operazione.
- Non si assegni mai a un elemento più di un effetto di animazione. Se un certo oggetto ha già un ingresso animato, applicarvi anche un effetto di enfasi sarebbe eccessivo. L'unica eccezione possibile riguarda gli ingressi e le uscite: se si vuole fornire un elenco di dati non decisivi (se lo fossero, dovrebbero fermarsi nella slide per fermarsi anche nella mente del pubblico), si può fissare per ciascuno di essi, in progressione, un ingresso da sinistra e una successiva uscita da destra, o ingresso dall'alto e uscita dal basso, in modo da creare un effetto complessivo di passaggio dell'elemento nella slide.

In ogni caso, si eviti di inserire effetti d'animazione su elementi che contengono clip multimediali, in particolare i video, perché si avrebbe un'inutile sovrapposizione di animazioni, una del software e l'altra del tipo di file.

Le transizioni alle diapositive

Tra gli effetti d'animazione le transizioni alle diapositive rappresentano il filo conduttore dell'intera presentazione, e la scelta di una tipologia piuttosto che di un'altra può raccontare molto del messaggio e delle emozioni che si vogliono trasmettere al pubblico.

Le possibilità a disposizione sono veramente molteplici (Figura 6.1). Nella scheda *Animazioni* il gruppo *Transizioni alla diapositiva* racchiude tutti i comandi necessari a fissare le modalità di passaggio da una slide all'altra. Il gruppo di comandi più interessante è rappresentato da *Combinazioni transizioni*, per la scelta dell'effetto speciale da applicare al passaggio dalla diapositiva precedente a quella corrente.

Tutte le modalità sono visibili come rappresentazione grafica nel menu delle barra multifunzione, riga dopo riga da scorrere con le apposite frecce, oppure da far apparire tutte insieme nella finestra di dialogo che si apre facendo clic sulla freccia che indica *Altro*.

Passando con il mouse sopra all'icona grafica di una modalità compare il nome (già di per sé piuttosto significativo di solito), ma soprattutto viene visualizzata sullo schermo, automaticamente e anche nella visualizzazione normale, l'anteprima dell'effetto sul quale ci si sofferma. Questo permette di capire pienamente che tipo di combinazione si attiverà nel passaggio tra le due slide, al di là di ogni ragionevole dubbio.

Se l'anteprima non compare automaticamente, bisogna impostare correttamente l'apposito parametro tra le opzioni generali di PowerPoint. Facendo clic sul logo di Microsoft Office in alto a sinistra nella finestra del software, si scelga il pulsante Opzioni di PowerPoint *e quindi* Impostazioni generali. *Agendo sulla voce* Attiva anteprima in tempo reale *immettendo o togliendo la spunta si può regolare il comando, premendo* OK *una volta selezionata l'opzione preferita.*

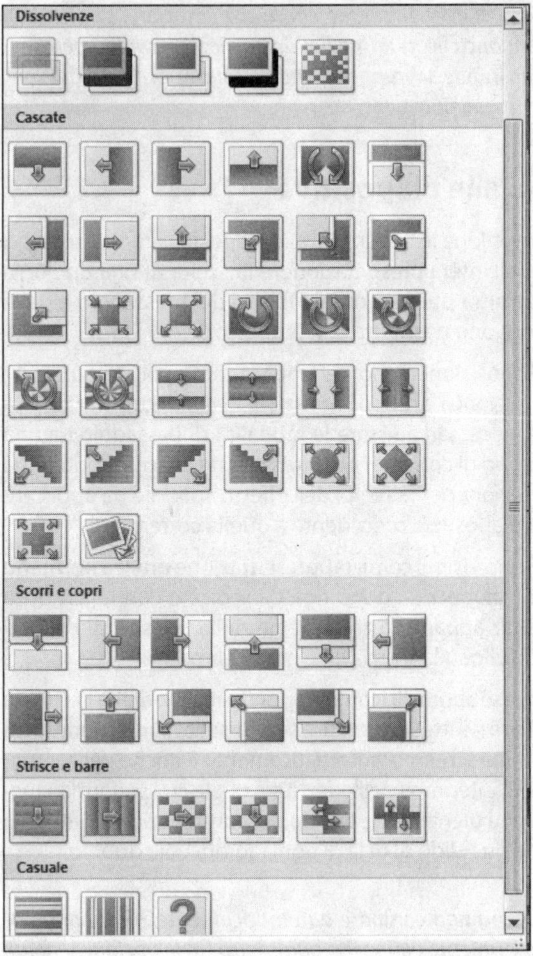

Figura 6.1 Tutte le modalità di transizione da una diapositiva all'altra disponibili.

Tipi e caratteristiche

I tipi di transizione sono divisi in gruppi o categorie con nomi significativi: *Dissolvenze*, *Cascate*, *Scorri e copri*, *Strisce e barre* e *Casuale*.

Si può passare dalle dissolvenze classiche, come la sostituzione o la disintegrazione, all'ingresso a cascata in cui si scopre progressivamente la diapositiva in una certa direzione, da destra o sinistra, alto o basso, ma anche in diagonale, dal centro a cerchio verso l'esterno e così via, e ancora è possibile scegliere la sostituzione progressiva oppure lo svelamento a mo' di veneziana che si apre, a righe alterne o a scacchiera.

Infine è possibile scegliere di non scegliere, attivando una delle opzioni della categoria *Casuale* che attiva in automatico una transizione senza uno schema preconfigurato, a fasce orizzontali o verticali non omogenee o addirittura attivando a caso una modalità appartenente alle categorie precedenti.

Ciò che non deve sfuggire è come una scelta piuttosto che un'altra non possa essere lasciata soltanto al caso e al proprio gusto personale, soprattutto se si sta preparando una presentazione di carattere professionale o comunque destinata a un pubblico più ampio di una cerchia familiare.

Un primo gruppo di combinazioni, quello denominato *Dissolvenze*, è in generale molto professionale e pulito, con pochi rischi di disturbare la visione del pubblico.

Le scelte possibili nella categoria *Cascate*, invece, sono molto diverse tra loro in termini di risultato. Ad alcune tipologie più tradizionali, quella da destra o sinistra o dall'alto in basso o viceversa, si accostano invece effetti più strani e particolari, come l'uscita a cerchio o a rettangolo a partire dal centro della diapositiva: in questo caso l'effetto è molto forte e d'impatto sul pubblico, ma è anche di disturbo. Il passaggio tra una diapositiva e un'altra è contaminato, non pulito: parti della prima slide sono sullo schermo contemporaneamente a parti della seconda slide.

Proprio per questo motivo, senza essere a priori un buono o un cattivo effetto, alcune modalità di transizione devono essere valutate anche alla luce del contenuto delle diapositive interessate: se infatti ci sono molti elementi animati nella slide, è più opportuno ricorrere a un passaggio pulito, senza fronzoli, che non permetta il minimo disturbo alla vista e alla concentrazione.

Se invece le slide sono molto ferme e fin rigide, comunque prive di animazioni, allora utilizzare una modalità di passaggio movimentata non può far altro che risvegliare, per contrasto rispetto al contenuto, l'attenzione del pubblico segnalando il cambio di diapositiva.

A metà strada tra i due diversi gruppi si colloca la categoria *Strisce e barre,* che assicura certamente una transizione con notevole dinamismo ma al tempo stesso mantiene alcune caratteristiche di pulizia e linearità che rendono le opzioni contenute adeguate a ogni tipo di presentazione (Figura 6.2).

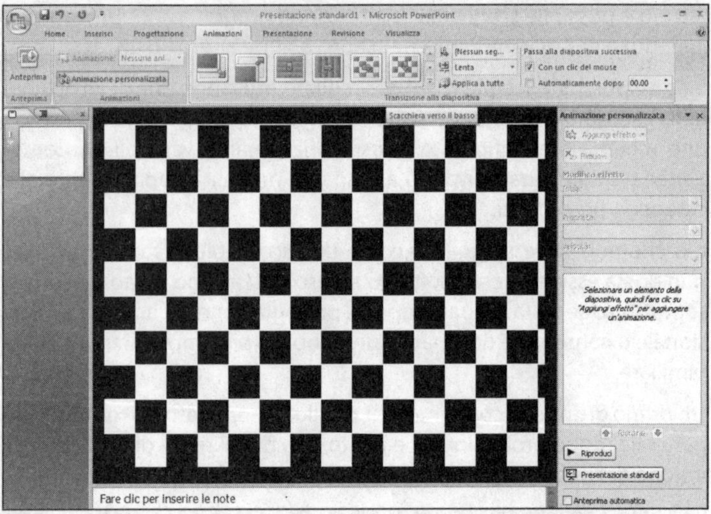

Figura 6.2 La modalità scacchiera verso il basso del gruppo Strisce e barre: un effetto elegante, a macchia di leopardo, per passare alla slide successiva.

Le opzioni della modalità *Scorri e copri* hanno un effetto finale di legame costante tra le diapositive, come se fossero parti di un unico ciclo continuo e per questo motivo sono apprezzabili in particolar modo quando il ragionamento, pur passando da slide a slide, non è sviluppato per singoli nuclei ma come un unicum che prosegue di diapositiva in diapositiva.

Una qualsiasi opzione del gruppo potrebbe essere utilizzata anche per segnalare i passaggi tra le slide appartenenti a un certo capitolo, mentre lo stacco al capitolo successivo potrebbe avvenire con un effetto di transizione più pulito e al tempo stesso più marcato, salvo poi tornare, nel capitolo successivo alla precedente opzione o a un'altra sempre del gruppo *Scorri e copri*.

Così facendo, le transizioni di diapositive servirebbero non soltanto come effetto elegante per il passaggio, ma anche a rafforzare la divisione logica del contenuto.

Infine, le tre combinazioni disponibili per il gruppo *Casuale* possono valere come curiosità o divertito gioco nel caso di presentazioni che non abbiano un carattere professionale ma piuttosto intimo o volutamente scherzoso.

Le opzioni delle transizioni

Le transizioni delle diapositive, così come le abbiamo viste, possono essere accompagnate da una serie di opzioni disponibili sempre nella stessa scheda *Animazioni* che si riferiscono tanto all'effetto prescelto quanto al semplice passaggio di slide, determinando per esempio se deve avvenire automaticamente dopo un intervallo di tempo da stabilire oppure al clic del mouse.

Tra le opzioni disponibili per gli effetti, invece, si può determinare la velocità con cui la transizione prescelta deve essere applicata scegliendo l'opportuna voce tra quelle disponibili (*veloce*, *media* o *lenta*): su alcuni effetti, la distinzione tra una e l'altra è praticamente impercettibile, ma su altri contribuisce in maniera forte a caratterizzare il passaggio tra diapositive.

La scelta deve intonarsi alla velocità che si intende dare a tutti gli effetti animati, anche quelli relativi ai singoli elementi di contenuto delle slide, e anche a come si vuole impostare la relazione che accompagna la presentazione, se si intende parlare con un tono pacato e riflessivo o con ritmo e cadenza sostenuta.

Nello stesso gruppo *Transizioni alla diapositiva* è disponibile anche il comando per l'inserimento di un segnale acustico al passaggio tra una diapositiva e un'altra. In generale, almeno per le presentazioni professionali, è meglio evitare in assoluto l'utilizzo di segnali acustici per i passaggi tra diapositive, perché il loro uso abbassa il tono complessivo delle slide a un livello amatoriale, soprattutto se si sente la necessità di sottolineare ogni passaggio con un segnale diverso.

Se però l'utilizzo di segnali acustici è limitato a poche slide mirate, per le quali il suono non è soltanto un discutibile abbellimento ma invece uno spunto e un'anticipazione per far capire il contenuto successivo, allora è tollerabile anche in presentazioni di carattere professionale.

Per fare tutto questo, naturalmente, è bene affidarsi ai suoni codificati da Microsoft che rientrano in un codice di significati ampiamente noto e condiviso dal pubblico: quando si termina la presentazione, si può inserire un applauso o quando si svela un elemento tenuto a lungo nascosto si può inserire un rullo di tamburi.

I segnali acustici, poi, hanno l'indubbia capacità di catalizzare l'attenzione del pubblico, e quindi, soprattutto per presentazioni di fronte ad ampie platee, può essere utile inserire qualche segnale, come una sorta di richiamo all'ordine, anche se è sempre meglio evitare i toni forti (per esempio l'effetto sonoro della bomba) e andare invece su suoni più dolci e delicati (la macchina da scrivere o la brezza).

Infine, ultima opzione particolarmente utile, vi è nello stesso gruppo il comando *Applica a tutte* che permette, se attivato, di estendere i comandi attivi sulla slide corrente a tutta la presentazione, sia in termini di effetti di transizione sia di segnali acustici sia di velocità di esecuzione dei passaggi.

È bene chiarire che per rimuovere un qualsiasi effetto di transizione per sostituirlo con un altro, non è necessario compiere alcuna operazione particolare, ma semplicemente scegliere la nuova opzione e applicarla: cancellerà automaticamente la precedente.

A ogni forma la propria animazione

Ogni elemento che viene inserito all'interno di una slide può essere animato: a esso può essere cioè assegnato un particolare effetto di movimento. Tali animazioni risultano utili per mettere in risalto un certo contenuto oppure per dare una scansione progressiva, a fasi distinte, di un determinato contenuto composto da più parti.

Un eccesso di animazioni, oltre ad appiattire il tutto, rischia anche di mettere in secondo piano il messaggio rispetto alla forma a effetto e di confondere il pubblico: per questo motivo è bene usare poche animazioni per slide, diciamo non più di tre, a meno che non si tratti di parti paritarie di un elenco.

Per assegnare un'animazione a una qualsiasi forma od oggetto presente nella slide è indispensabile selezionarla con il mouse e quindi scegliere dalla scheda *Animazioni*, gruppo *Animazioni*, il tipo preferito dall'elenco *Animazione* che prevede le voci *Dissolvenza, Cascata* ed *Entrata veloce*, oltre all'opzione per non avere animazioni e quella per crearne una personalizzata.

In base al tipo di elemento selezionato, l'elenco può apparire come semplice, con le sole voci appena viste, oppure più complesso, con l'indicazione, accanto a ciascuna delle opzioni, di ulteriori varie possibilità, delle sotto-opzioni.

In buona sostanza, la visualizzazione delle sotto-opzioni dipende dalla tipologia di elemento selezionato.

Elementi semplici come una casella di testo con una frase o un'immagine o una forma non hanno ulteriori opzioni a disposizione. Se l'elemento è più complesso, del testo riquadrato o un elenco puntato o una forma con una casella di testo al suo interno, allora compaiono altre due possibilità di scelta come sotto-opzioni (*Tutto insieme* e *Per paragrafi di primo livello*) per ciascuna delle voci di menu.

Se infine l'elemento grafico da animare è particolarmente complesso, per esempio uno SmartArt, allora ogni voce si compone di diverse sotto-opzioni, da *Come singolo oggetto* a *Per livello uno alla volta* (Figura 6.3).

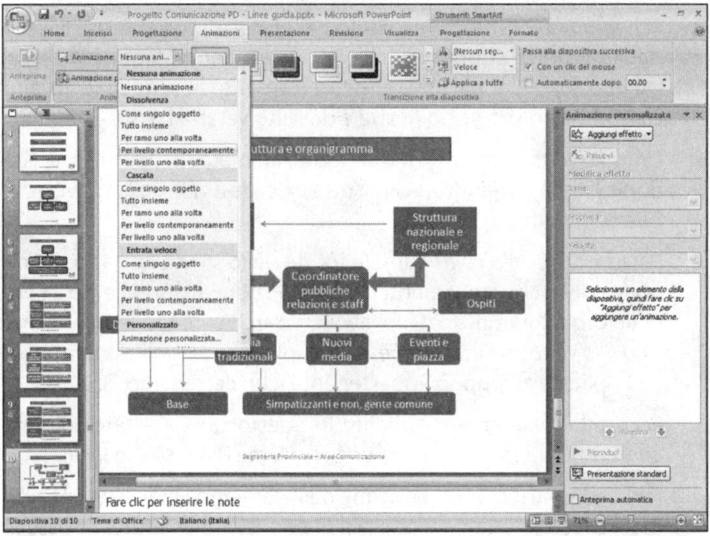

Figura 6.3 Un elemento grafico SmartArt complicato da ulteriori elementi annidati e la scelta delle sotto-opzioni nell'elenco delle animazioni.

Le opzioni di applicazione

Se a ogni forma corrisponde un'animazione, per così dire, alcune forme, come abbiamo visto, hanno quindi diverse possibilità di applicazione dello stesso tipo di animazione.

Nel dettaglio, vediamo a una a una le varie sotto-opzioni disponibili, con una breve descrizione per ciascuna di esse, in modo da muoversi con certezza e in modo appropriato quando occorre selezionarle. Tali opzioni sono riscontrabili soltanto in caso di elementi complessi realizzati dall'utente oppure per gli elementi grafici SmartArt precostituiti da PowerPoint.

- *Tutto insieme*. L'animazione viene applicata contemporaneamente a tutte le singole forme o elementi che costituiscono l'insieme selezionato.
- *Come singolo oggetto*. L'animazione viene applicata considerando l'intero elemento grafico come un unico grande oggetto. La differenza rispetto alla precedente voce è sottile: là vi è contemporaneità nell'applicazione dell'effetto, qui vi è un unico oggetto costituito dai vari elementi.
- *Per paragrafi di primo livello* (solo per elementi complessi realizzati dagli utenti). È l'opposto delle voci precedenti come resa finale: l'animazione è applicata a ciascun elemento in sequenza, cominciando da sinistra verso destra e dall'alto verso il basso.
- *Uno alla volta*. Tutte le forme vengono animate singolarmente, una dopo l'altra, iniziando da sinistra verso destra e dall'alto verso il basso.
- *Per ramo uno alla volta*. Tutte le forme dello stesso ramo sono animate contemporaneamente. Questa opzione è ottimale per i rami di un organigramma o di un layout gerarchico: è simile all'opzione *Uno alla volta*, ma invece di essere applicata a singoli elementi, viene applicata al gruppo appartenente a un certo ramo.
- *Per livello contemporaneamente*. In questo caso, a essere animate contemporaneamente sono tutte le forme dello stesso livello.
- *Per livello uno alla volta*. Le forme dell'elemento SmartArt sono animate secondo una duplice scala di priorità, innanzitutto in base al livello e quindi singolarmente, una a una, all'interno di tale livello.

Caratteristiche...

Le tre animazioni principali preconfigurate da PowerPoint corrispondono a tre effetti tra i più utili e utilizzati nelle presentazioni. L'effetto *Dissolvenza* permette la visualizzazione dell'elemento direttamente sul posto in maniera uniforme, quello *Cascata* lo introduce sul posto ma non in modo uniforme, per esempio dall'alto verso il basso, mentre *Entrata veloce* proietta l'oggetto nel punto della slide dove lo si è collocato facendolo entrare da un lato della diapositiva stessa.

Più che la descrizione dell'effetto (più facilmente comprensibile nella pratica grazie all'anteprima istantanea), conta dire però che ciascuna di queste scelte può essere ulteriormente personalizzata o modificata tramite la scelta delle opzioni disponibili nel riquadro *Animazione personalizzata*.

Infatti dall'elenco di animazioni oppure nello stesso gruppo ma come comando separato è disponibile la voce *Animazione personalizzata* (Figura 6.4): facendo clic su di essa si apre a destra della finestra di visualizzazione normale un riquadro contenente tutte le opzioni che possono essere modificate su qualsiasi tipo di animazione già scelta o ancora da scegliere nell'apposito elenco *Aggiungi effetto* (che diventa *Cambia* nel caso l'animazione sia già applicata).

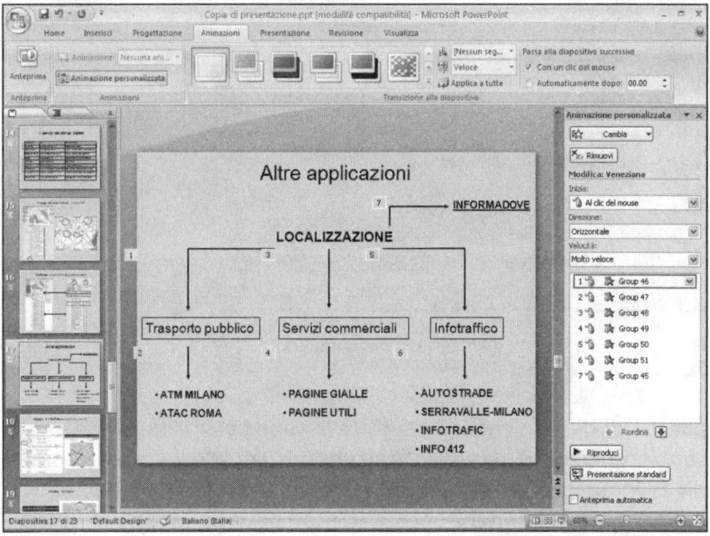

Figura 6.4 Sulla destra è visibile il riquadro Animazione personalizzata.

Di fatto nell'elenco delle animazioni dalla scheda *Animazioni* si hanno a disposizione soltanto i tre tipi visti in precedenza, che corrispondono tutti, peraltro, a effetti d'entrata dell'oggetto nella slide.

Con il riquadro dell'animazione personalizzata, invece, le possibilità si moltiplicano, proprio a partire dal comando *Aggiungi effetto:* esso permette infatti di scegliere tra ben quattro diversi insiemi di animazione, *Entrata*, *Enfasi* (Figura 6.5), *Uscita* e *Percorsi d'animazione*.

Ciascuno di questi gruppi, a sua volta, conta su numerose opzioni garantite, oltre che nel menu a comparsa immediata, anche dall'ultima voce del menu stesso *Altri effetti*. Facendo clic su di essa si apre una

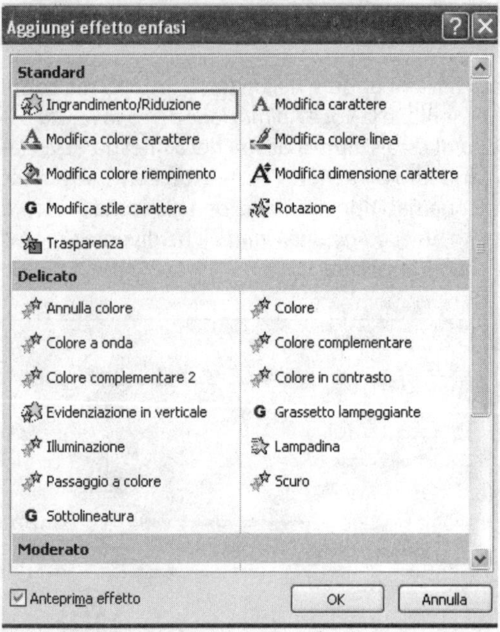

Figura 6.5 La finestra delle opzioni del comando Aggiungi effetto enfasi.

finestra di dialogo che mostra tutte le varie possibilità riferite a quel certo gruppo di animazione. Ogni gruppo riporta le successive opzioni divise in quattro diversi gruppi, *Standard*, *Delicato*, *Moderato* e *Divertente*, ai quali nelle intenzioni di Microsoft dovrebbero corrispondere.

Se *Entrata* e *Uscita* si riferiscono, in modo abbastanza intuitivo, alla modalità con cui gli elementi compaiono o scompaiono dalla diapositiva, *Enfasi* comprende tutte le possibilità relative al mettere in evidenza un certo elemento, per esempio con la sua rotazione o il suo lampeggiamento (tramite variazione di dimensioni), mentre *Percorsi d'animazione* si riferisce al tipo di disegno che l'elemento può compiere nella slide dal suo ingresso alla sua uscita, con la possibilità addirittura di definire un percorso personalizzato.

... e opzioni

Quando è visibile il riquadro *Animazione personalizzata*, nella finestra di visualizzazione *Normale* accanto a ogni elemento a cui è stata associata un'animazione compare un numero progressivo che identifica l'effetto.

Ciascun numero ritorna nel riquadro dell'animazione associato al nome del gruppo o dell'elemento a cui è assegnato: facendo clic su di esso compare a destra una freccia che dà accesso a un menu a comparsa nel quale si trovano le varie opzioni possibili.

Di queste, sono sempre direttamente visibili nel riquadro le voci *Inizia*, *Direzione* e *Velocità*, insieme al comando per rimuovere del tutto l'animazione dall'elemento selezionato.

Nel menu a comparsa, intanto, è possibile definire modo e tempi di partenza dell'effetto prescelto: *Inizia al clic del mouse* indica che l'effetto viene riprodotto volontariamente dal relatore con il clic del mouse, *Inizia con il precedente* e *Inizia dopo il precedente*, invece, stabiliscono una riproduzione automatica o contemporanea all'effetto precedente o subito dopo di esso.

Per determinare nel dettaglio i tempi, nello stesso menu a comparsa, la voce *Intervalli* poco sotto apre una finestra di dialogo nella quale è visualizzata la scheda *Intervallo*; qui si possono impostare il *Ritardo* espresso in secondi e la *Velocità*, secondo tipologia e secondi preimpostati (da 0,5 secondi *Molto veloce* a 5 secondi *Molto lenta)*, oltre a una serie di altre opzioni minori (Figura 6.6).

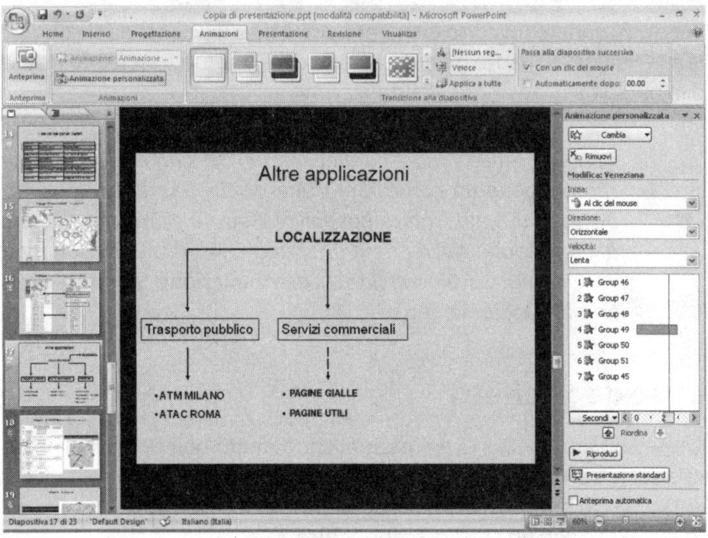

Figura 6.6 Un'anteprima delle animazioni: nel riquadro Animazione personalizzata è visibile la linea di avanzamento temporale.

Nella stessa finestra, l'altra scheda *Effetto* riporta le *Impostazioni* con la *Direzione* (le cui opzioni preimpostate variano al variare dell'effetto prescelto) e i *Miglioramenti*, ovvero la possibilità di associare all'effetto un segnale acustico o un effetto post-animazione come la scomparsa dell'elemento o la sfumatura. Questa stessa scheda è richiamabile dalla voce di menu *Opzioni effetto*.

Se l'elemento selezionato nel riquadro animazione è uno SmartArt, la voce *Opzioni effetto* contiene una terza scheda *Animazione SmartArt*, nella quale è possibile raggruppare gli elementi secondo le modalità già viste e invertire eventualmente l'ordine di visualizzazione delle animazioni.

Le ultime voci disponibili nel menu consentono infine di visualizzare la progressione temporale dei vari effetti nel riquadro stesso e di rimuovere l'animazione.

Sotto l'area contenente i numeri progressivi delle animazioni e nomi degli elementi animati, si trovano i due pulsanti a freccia rivolti verso l'alto e verso il basso, accompagnati dalla voce *Riordina*. Tramite le frecce è possibile salire o scendere di posizione, sempre una alla volta, fino a riportare l'elemento selezionato in quella voluta e cambiando in questo modo l'ordine con cui le animazioni vengono riprodotte.

Per riposizionare un certo elemento, poi, è possibile anche selezionare la sua riga nel riquadro d'animazione e con il mouse trascinarlo in alto o in basso nella posizione voluta.

Non è possibile variare l'ordine interno dei singoli elementi che compongono un grafico SmartArt, perché il software lo considera un tutt'uno. L'unica possibilità è quella di invertire l'ordine di apparizione, dalla prima all'ultima o viceversa, selezionando voce Cambia ordine *nella scheda* Animazione SmartArt *della finestra* Opzioni effetto.

L'uso degli effetti

Come abbiamo detto, le animazioni sono molto utili per sottolineare una certa parte di contenuto, sia che si voglia assegnare un effetto di enfasi vero e proprio sia che si voglia creare interesse attorno a un certo elemento con un'entrata scenografica.

Tuttavia, alcuni accorgimenti sono necessari per non trarre in inganno il pubblico confondendolo con inutili orpelli e animazioni eccessive.

Oltre alla questione della quantità, già affrontata, è bene per esempio mantenere una certa uniformità di effetti. Se si decide di assegnare un'animazione d'entrata a cinque elementi di una slide, il pubblico potrebbe essere infastidito o confuso da un ingresso da sinistra, uno dall'alto, uno a scacchiera e via di seguito. Molto meglio utilizzare sempre lo stesso, almeno per tutti gli elementi che possiamo considerare di pari livello.

Bisogna quindi cercare di rispettare l'orientamento generale della slide, se possibile: se gli elementi hanno uno sviluppo orizzontale, un'entrata orizzontale è preferibile a una verticale. Per consuetudine, ci si aspetta un ingresso da sinistra verso destra o dall'alto verso il basso piuttosto che il contrario, ma si faccia attenzione all'eventuale sovrapposizione di elementi: se c'è un titolo fisso, è probabile che sia in alto e che quindi l'ingresso verticale dall'alto al basso di un successivo elemento gli passi sopra. In questo caso, bisogna verificare se l'effetto crea qualche disturbo o meno.

In tutti i casi di entrata dall'esterno si ripropone il problema, ma si può superarlo con un ingresso molto veloce: probabilmente non lascerebbe traccia e non coprirebbe troppo a lungo gli elementi togliendo loro capacità d'attrarre l'attenzione del pubblico.

Inoltre, bisogna sempre capire quale tipo di conseguenza sul pubblico può ottenere un certo effetto: stabilire un percorso d'entrata per un elemento, con un'immagine che per esempio vaga nella slide alla ricerca della sua posizione tracciando stelle o trapezi, non trasmette di certo un senso di professionalità e serietà.

L'opzione *Occhiolino* per gli effetti di *Enfasi* oppure l'uscita a *Spirale* sono molto scenografici e divertenti ma sono funzionali a convincere i dipendenti che l'azienda si appresta a conquistare un nuovo mercato con un piano serio e vincente?

La suddivisione preparata da Microsoft in varie tipologie aiuta a districarsi a livello teorico, ma è soltanto l'anteprima che può chiarire se una certa animazione è opportuna o meno e se sappia rispondere alle proprie esigenze.

Ci si ricordi sempre e comunque che il primo criterio deve essere quello della chiarezza e dell'efficacia: una certa animazione aiuta a esprimere il proprio messaggio e raggiungere l'obiettivo di comunicazione o al contrario li ostacola? Dalla risposta a questa domanda si può ottenere un parere obiettivo sull'efficacia di un effetto animato.

Capitolo 7

L'infografica regina

Civiltà dell'immagine, predominanza del mezzo televisione, linguaggio visivo: tutta la riflessione sulla comunicazione del nostro secolo e di questi tempi è incentrata sulla visibilità dell'informazione.

Le stesse presentazioni altro non sono che una forma mediata, in equilibrio tra contenuto e forma visuale.

Per rappresentare dati e informazioni in forma grafica, nei giornali ma sempre più spesso anche nelle televisioni e nei media digitali è utilizzata la cosiddetta *infografica*: tabelle, grafici, diagrammi e schemi che aiutano il pubblico fruitore a cogliere il contenuto in modo sintetico ma preciso e molto immediato almeno nella sostanza.

Questo tipo di comunicazione è grandemente in difetto sul versante della ricchezza dei dettagli e della complessità espositiva, ma guadagna tutto quello che perde in chiarezza, sintesi e immediatezza. E al giorno d'oggi questi ultimi aspetti sono molto più importanti per il pubblico rispetto ai primi: addirittura si è disposti a sacrificare qualcosa in precisione pur di guadagnare in sintesi, si può rinunciare alla descrizione complessa ma non alla conoscenza immediata e intuitiva.

Che questo sia un bene, è tutto da vedere. Di certo, è il modello vincente della comunicazione in un mondo sempre di fretta e in divenire.

E le presentazioni non sono da meno, anzi. Per alcuni versi le slide si prestano particolarmente bene a sviluppare ragionamenti ed esposizioni secondo i paradigmi dell'infografica.

Prima di tutto, le diapositive e l'infografica hanno in comune la necessità di sintetizzare: lo spazio di una slide è delimitato e non può entrarci tutto. Molto meglio puntare su pochi elementi chiari, evidenti, immediati, proprio come nell'infografica.

In secondo luogo nelle slide avviene quello stesso matrimonio d'interessi tra contenuto e rappresentazione grafica che è comune a tutti i media, ma che qui trova una sublimazione a causa della natura mista del mezzo, in parte vocato al contenuto e in parte bisognoso di un accompagnamento grafico accattivante e performante. L'infografica risolve alla base le questioni che restano aperte a causa di questa unione, per esempio quale peso dare al contenuto e quale alla forma oppure come indicare graficamente dei valori contenutistici.

Infine, le slide sono pensate per restare visibili per pochi minuti e in questo lasso minimo di tempo devono imprimersi nella mente del pubblico. Così l'infografica soccorre il contenuto fornendogli un adeguato supporto visuale che serve anche come sottolineatura e come apparato, struttura utile a dividere i contenuti.

Infografica di base

Tra gli elementi di base dell'infografica possono essere annoverati sicuramente gli elenchi puntati e le tabelle. In questi casi, la preponderanza della parte contenutistica e testuale è ancora molto forte rispetto all'impostazione grafica, che serve quasi esclusivamente come griglia d'ordinamento per il testo.

Ma mentre la struttura dei punti elenco è facilmente comprensibile e intuitiva – per aggiungere elenchi puntati o numerati è sufficiente fare clic sulle relative icone del gruppo *Paragrafo* nella scheda *Home* – il lavoro con le tabelle è da sempre più problematico.

Con Office 2007 risulta molto facilitata l'operazione con cui si possono copiare e incollare tabelle dai vari software della suite, per esempio prendere una tabella da Word 2007 e copiarla in PowerPoint 2007. In Word è sufficiente fare clic sulla tabella per accedere alla scheda *Layout* di *Strumenti tabella*. In essa, facendo clic sulla freccia accanto a *Seleziona* si scelga *Seleziona tabella* dall'elenco che compare. Quindi, nel gruppo *Appunti* della scheda *Home* si faccia clic su *Copia* e, una volta aperta la presentazione di PowerPoint e posizionato il puntatore sulla diapositiva desiderata, si faccia clic su *Incolla* del gruppo *Appunti* della scheda *Home*.

Analogo procedimento di selezione, copia e incolla può essere effettuato anche soltanto con il mouse agendo prima sul simbolo di selezione della tabella (la crocetta nell'angolo in alto a sinistra), e quindi con il pulsante destro sui comandi *Copia* e, una volta raggiunta la destinazione voluta, *Incolla*.

Per immettere una tabella *ex novo*, invece, basta posizionarsi nella diapositiva alla quale si vuole aggiungere e fare clic sulla scheda *Inserisci* scegliendo poi il gruppo *Tabelle* e facendo clic sulla freccia accanto al comando (Figura 7.1).

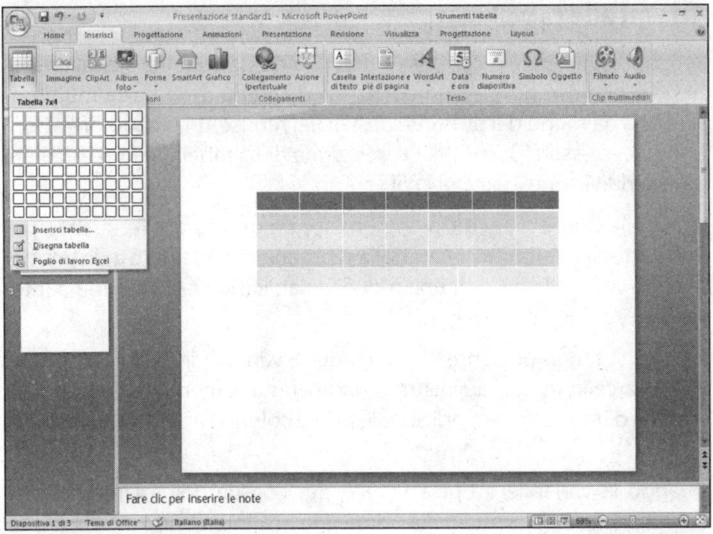

Figura 7.1 La selezione delle celle nello schema per la creazione di una tabella e la relativa anteprima automatica nella visualizzazione Normale.

A questo punto si potrà spostare il puntatore sullo schema in modo da selezionare il numero di righe e colonne desiderate (automaticamente visibili anche come anteprima nella visualizzazione *Normale* della slide mentre si aggiungono o tolgono) oppure fare clic su *Inserisci tabella* e quindi immettere un numero nelle caselle di riepilogo *Numero di colonne* e *Numero di righe*; si può anche fare clic sull'opzione *Disegna tabella* per procedere con un disegno a mano libera della tabella desiderata. In quest'ultimo caso, il puntatore assume l'aspetto di una matita e trascinandolo in diagonale si otterranno i margini esterni della tabella. Rilasciato a quel punto il mouse, si dovrà selezionare nuovamente il comando *Disegna tabella* dalla scheda *Progettazione* di *Strumenti tabella* per immettere colonne e righe oppure il comando *Gomma* per utilizzare il puntatore appunto come una gomma da cancellare.

Una volta disegnata la tabella, per immettervi del contenuto basta fare clic nella cella prescelta e quindi scrivere. Parimenti, tutte le operazioni di modifica, sia della struttura della tabella sia dell'aspetto puramente grafico, sono attivabili dalle due schede di *Strumenti tabella*, rispettivamente *Progettazione* e *Layout*.

Attenti alle tabelle

Benché aggiungere o cancellare una riga o una colonna sia un'operazione molto semplice e immediata, sia da menu della barra multifunzione sia da menu del pulsante destro del mouse, una maggiore attenzione deve essere posta sulla costruzione della tabella, e in particolare sulla suddivisione logica del contenuto.

La tabella non è nient'altro che una forma grafica di riferimento per una parte di contenuto, una griglia d'organizzazione utile a distinguere delle voci sulla base di una o due variabili (riga e/o colonna d'intestazione).

Intanto, si tenga presente che quando le variabili in gioco sono due, la prima cella in alto a sinistra rimane vuota, almeno seguendo uno schema d'intestazione tradizionale prima colonna a sinistra, prima riga in alto.

Quando la variabile è unica, invece, per consuetudine l'intestazione dovrebbe essere inserita nella prima riga in alto, con uno sviluppo verticale degli elementi della tabella stessa.

Tuttavia, si cerchi sempre di orientare il contenuto complessivo in modo che la componente maggiore per quantità, corrispondente a un lato più lungo nella tabella, sia nella stessa direzione di sviluppo della diapositiva. Se la slide contiene solo la tabella, lo sviluppo è orizzontale, ma se si inseriscono altri elementi, ordinati verticalmente, anche la tabella potrebbe svilupparsi verticalmente.

Infine si tenga presente che una tabella, pur ordinando e rendendo più chiaro il testo, non necessariamente aumenta la comprensibilità del contenuto né di per sé migliora la leggibilità. Una tabella da 10 righe e 10 colonne, per esempio, creerebbe un effetto di griglia molto fitta e con dimensioni di testo ridotte, non adatte a una proiezione al pubblico.

È inutile dettare dei parametri massimi entro i quali stare, perché alla fine vale di più il buon senso e l'esigenza di comunicazione che sta alla base della tabella. Una sola considerazione per tutte: piuttosto che una tabella da 80 celle, molto meglio sviluppare il contenuto su due slide con due tabelle da 40 celle l'una: migliorerà la comprensibilità e l'esposizione del contenuto. E se infine fosse necessaria una riga o una colonna riassuntiva di tutti i risultati, allora questi possono anche essere estrapolati dalla forma tabella e occupare da soli una slide, con il risalto che meritano.

Grafici per ogni occasione

Un passaggio più evoluto, molto scenografico e sempre utile quando si presentano dati comparativi in qualche modo strutturati: questo è in sostanza l'utilizzo di grafici nelle slide.

Tramite un grafico si evidenzia il rapporto di un certo dato con altri, piuttosto che il suo valore assoluto, ma l'impatto emotivo e comunicativo è molto più forte e immediato. Dire che un valore è doppio di un altro oppure che il loro rapporto è di 2 a 1 ha molto meno forza rispetto alla loro rappresentazione in un'immagine con una torta o un istogramma.

Tecnicamente, l'inserimento di un grafico in una slide avviene tramite il comando *Grafico* del gruppo *Illustrazioni* della scheda *Inserisci*. Facendo clic su di esso si apre la finestra di dialogo *Cambia tipo di grafico* (Figura 7.2) divisa in due aree: a sinistra si trova l'elenco dei tipi di grafico disponibili (istogramma, a linee, a torta e tanti altri), a destra una zona più ampia nella quale si trovano gli esempi dei vari modelli disponibili rispetto al tipo prescelto.

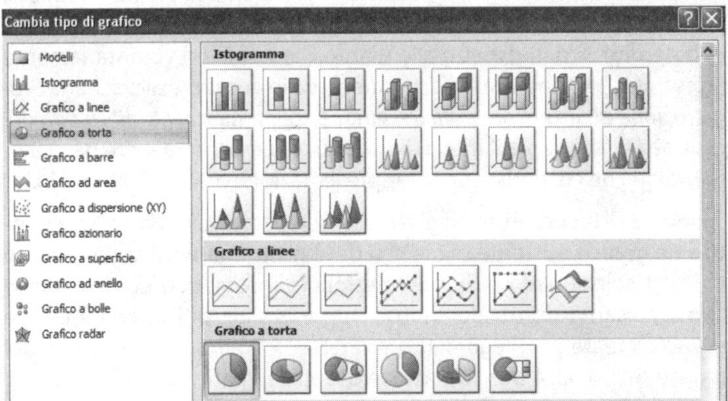

Figura 7.2 La finestra di dialogo Cambia tipo di grafico.

Dopo la scelta del tipo di grafico da immettere, la finestra di PowerPoint aperta si ridimensiona automaticamente in modo da affiancarsi a una nuova finestra, un foglio di Excel contenente un modello di dati su cui intervenire. Contemporaneamente, in PowerPoint il grafico prescelto è stato inserito nella slide sulla base dei valori contenuti in Excel.

Dopo aver scelto il tipo di grafico, se ci sono delle finestre di Excel precedentemente aperte, il software informa con un avviso che è necessario chiuderle. Se al contrario Excel non è installato sul PC, allora viene aperto Microsoft Graph, un'applicazione che permette la creazione di grafici, seppur con funzioni meno performanti di Excel.

In questo caso è possibile lavorare sui dati d'esempio della finestra di Microsoft Excel per ottenere le variazioni immediate anche nel grafico (non appena si conferma il dato nella cella di Excel).

Questo tipo di grafico è incorporato in PowerPoint, vale a dire che fa parte a tutti gli effetti della nostra presentazione: se anche il foglio di Excel viene chiuso senza salvataggio, il grafico non subisce variazioni o perdite di dati rispetto alle ultime che abbiamo volontariamente apportato. Per modificare i dati, è necessario accedere alla scheda *Progettazione* di *Strumenti grafico* e scegliere il comando *Modifica dati* del gruppo *Dati*. Si riapre il foglio di Excel sul quale si potrà agire per variare i valori che costituiscono la rappresentazione grafica (Figura 7.3).

Se invece di incorporare un grafico si preferisce creare un collegamento a un grafico esistente, allora ci si deve posizionare sul grafico creato in Excel, selezionarlo e quindi selezionare il comando *Copia* o *Taglia* con il pulsante destro del mouse, aprire la slide di PowerPoint dove si vuole creare il collegamento e fare clic con il pulsante destro del mouse su *Incolla*. A ogni variazione di dati nel grafico di Excel si otterrà un'analoga variazione nel foglio di PowerPoint.

Quando si crea un collegamento, si faccia attenzione a non cambiare sul computer la posizione del foglio Excel di origine, una volta salvato, perché altrimenti il collegamento potrebbe perdere d'efficacia. Per maggiore sicurezza, si salvi il foglio di Excel direttamente nella stessa cartella della presentazione.

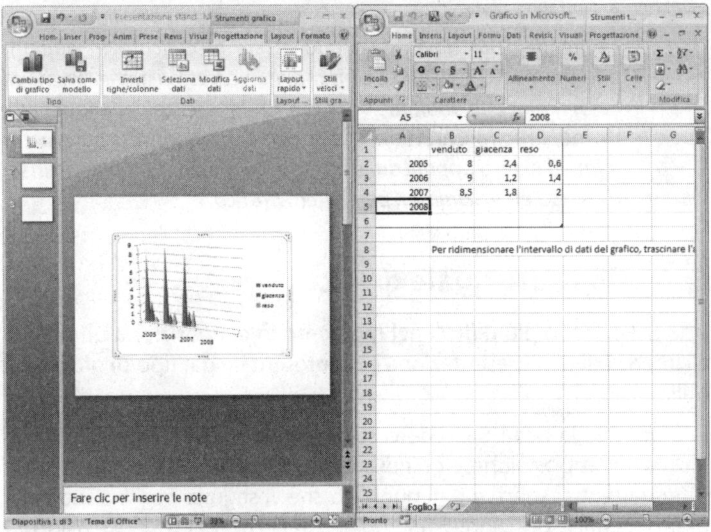

Figura 7.3 Il comando Modifica dati apre una finestra di Excel appaiata a quella di PowerPoint: agendo sui dati contenuti in essa si cambia il grafico.

Modificare i grafici

Una volta creato, un grafico presente in una slide è facilmente modificabile in ciascuno dei suoi elementi, da quelli formali a quelli sostanziali o strutturali. Per qualsiasi tipo di modifica, il menu di riferimento è *Strumenti grafico*, che si attiva quando il grafico viene selezionato e che mostra tre schede per altrettante categorie di elementi da modificare: *Progettazione*, *Layout* e *Formato*.

Nella scheda *Progettazione* si trovano tutti i comandi che si riferiscono alla scelta del tipo di grafico, alla possibilità di modificare i dati e agli stili di presentazione del grafico.

La scheda *Layout* permette di intervenire su tutti gli aspetti formali del grafico grazie a *Etichette*, *Assi* e *Sfondo*. Con il comando *Inserisci* è possibile inserire direttamente nell'area del grafico una casella di testo, una forma o un'immagine, un particolare decorativo utile per abbellire i grafici e personalizzarli, magari con una fotografia per ciascuna delle categorie di dati presenti.

L'ultima delle schede disponibili, *Formato*, si riferisce invece a tutti gli elementi tipici della formattazione della forma-grafico: dalle dimensioni alla disposizione del grafico (*Porta in primo piano* o *Porta in secondo piano*) agli stili veloci da applicare.

Si ricordi sempre che un grafico è inserito nella slide e come elemento della diapositiva può essere modificato in qualunque momento secondo i comandi e le caratteristiche tipiche di PowerPoint che abbiamo visto finora. Per esempio, dalla scheda Home, *gruppo* Carattere *si può cambiare qualsiasi parametro relativo ai testi oppure dalla scheda* Animazioni *si possono inserire degli effetti animati per l'intero grafico.*

Quando usare quale grafico

Una delle scelte più difficili nel momento in cui posiziona un grafico all'interno di una presentazione è rappresentata dal tipo di grafico da utilizzarsi.

Intanto, vale la pena dire che vi sono alcuni tipi di grafico di difficile lettura e comprensione, e quindi sarebbe bene evitarli se non si è sufficientemente esperti e se il pubblico che vi seguirà non è a sua volta pratico di tali esposizioni: parliamo dei grafici a radar o a bolle o ancora dei grafici ad anello, ma anche quelli ad aree o a superficie non sono immediati, se non altro per la poca familiarità che un pubblico generalista sicuramente ha nei confronti delle loro rappresentazioni.

Pur esistendo specifiche occasioni in cui sarebbero assolutamente adeguati, è molto meglio rivolgersi a tipi di grafico alla portata di un pubblico più ampio e meno preparato.

Tra i modelli più semplici, l'istogramma è perfetto per rappresentare variazioni di dati in una progressione, per esempio temporale, e al tempo stesso mettere in risalto il confronto tra i vari elementi (e negli istogrammi a pila anche i singoli valori paragonati al totale). Di norma, le categorie sono disposte sull'asse orizzontale e i valori sull'asse verticale.

Il grafico a linee si presta a evidenziare l'evoluzione nel tempo dei dati continui, soprattutto rispetto a intervalli uguali (mesi, anni). Questo tipo di grafico è particolarmente efficace quando le etichette di categoria sono dei testi e presentano dei valori con una spaziatura uniforme, appunto i mesi o gli anni, e quando non sono presenti molte etichette (di norma si consiglia di usarlo con meno di 10 etichette).

Quando invece i dati da rappresentare sono molti, allora, si può ricorrere, con la stessa efficacia del grafico a linea, a quello a dispersione, che permette di inserire i valori distribuiti su valori non omogenei (sono rappresentati come punti non equidistanti).

Il grafico a torta è il più famoso tra i vari tipi, insieme all'istogramma, ed è perfetto quando bisogna mettere in relazione vari dati tra di loro e rispetto a un totale. La torta è perfetta quando si ha a che fare con un'unica serie di dati, nessuno dei valori è negativo e quasi nessuno dei valori tende a zero. Il numero di dati da rappresentare può costituire un freno se superiore a sette, otto: una torta con troppe fette diventa di difficile lettura.

Infine, vale la pena di segnalare anche il grafico cosiddetto "azionario" che si presta perfettamente, come da nome, a illustrare le fluttuazioni dei prezzi delle azioni o altri dati scientifici che oscillano all'interno di una base di riferimento chiusa e fissa (per esempio per giorno o per anno). In questo tipo di grafici, tuttavia, la corretta organizzazione dei dati è indispensabile alla creazione di una rappresentazione grafica adeguata.

Dare una forma alle idee

L'esigenza di creare una struttura schematica in grado di mostrare visivamente e graficamente i concetti da esporre e le loro relazioni è alla base dell'introduzione degli elementi grafici SmartArt in PowerPoint.

Grazie a essi si hanno a disposizione numerosi modelli predeterminati di schemi, diagrammi, elenchi e altre forme grafiche utili a incanalare e visualizzare in modo appropriato e rapidamente le informazioni immesse o da immettere nella slide.

Per introdurre sulla diapositiva qualsiasi tipo di elemento SmartArt bisogna agire sul comando *SmartArt* del gruppo *Illustrazioni* nella scheda *Inserisci*. Si apre una finestra di dialogo *Scegli elemento grafico SmartArt* nella quale si trovano tutti i modelli (Figura 7.4).

Questa finestra è suddivisa logicamente in tre aree: a sinistra si trova l'elenco delle tipologie, nella zona centrale si hanno le miniature grafiche dei vari modelli disponibili per la tipologia selezionata, a destra si ha un ingrandimento della miniatura selezionata e una breve spiegazione del tipo di rappresentazione, con qualche indicazione utile sulle situazioni in cui utilizzarla e su alcune soluzioni tecniche.

Una volta inserito, invece, facendo clic sull'elemento grafico SmartArt si accede al menu *Strumenti SmartArt* che mostra le due schede *Progettazione* e *Formato*, analoghe alle già viste schede di *Strumenti grafico*.

Grazie alla scheda *Progettazione* è possibile intervenire sul modello aggiungendo o rimuovendo una forma o, quando possibile, un pun-

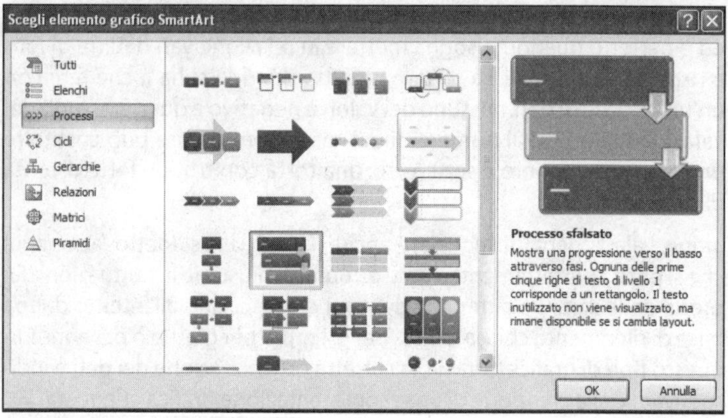

Figura 7.4 La finestra di dialogo Scegli elemento grafico SmartArt.

to elenco o invertendo l'ordine di sviluppo (per esempio di eventuali frecce), oppure ancora si può passare al gruppo *Layout* per modificare la struttura dell'elemento oppure intervenire sull'aspetto complessivo e su alcuni dettagli come i colori o gli stili dal gruppo *Stili SmartArt*.

Nella scheda *Formato*, invece, si ha accesso a tutti i comandi utili alla formattazione dell'elemento grafico dalla disposizione alle dimensioni passando per gli *Stili forma*, in cui si possono definire le modalità di visualizzazione della forma (dalla combinazione di colori per bordi e testo agli effetti come l'ombreggiatura o l'alone per finire con le opzioni per il riempimento e per i bordi.

Il riquadro di testo: spazio al contenuto

L'elemento SmartArt ha lo scopo di semplificare la lavorazione dell'impatto grafico degli schemi per permettere all'utente di concentrarsi sul contenuto.

Un ulteriore aiuto viene fornito dal *riquadro di testo*, la particolare modalità con cui si può inserire il contenuto negli SmartArt. Questo riquadro appare come un'appendice dell'elemento grafico vero e proprio all'interno della slide: normalmente si trova in modalità nascosta, ma per visualizzarlo basta fare clic sulla doppia freccia a lato dello SmartArt, indicante appunto l'estensione o la compressione del riquadro (Figura 7.5). La doppia freccia fa parte dei bordi dello SmartArt e, come essi, appare soltanto facendo clic sull'elemento grafico stesso, rimanendo per il resto invisibile. Una volta aperto, invece, il riquadro si chiude facendo clic sulla tradizionale X in alto a destra.

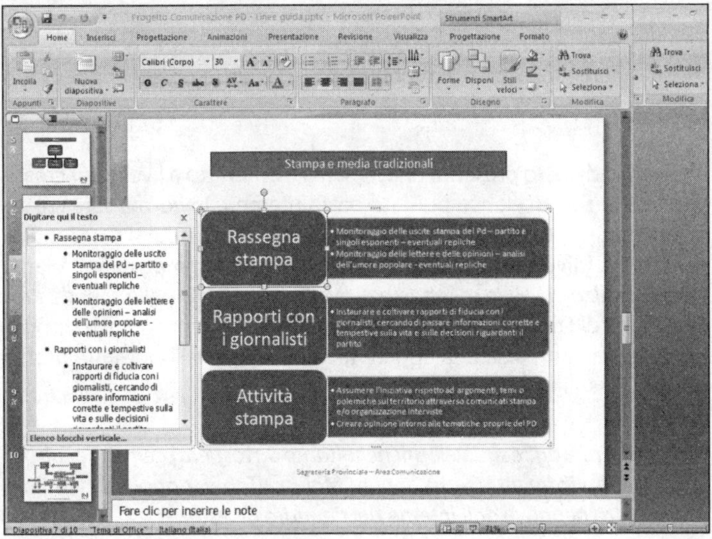

Figura 7.5 Il riquadro di testo appare a sinistra dello SmartArt come una sua momentanea appendice.

Se l'apertura del riquadro di testo copre altri elementi della slide che è opportuno poter visionare, si ricordi sempre che è possibile spostare il riquadro semplicemente facendo clic sulla sua parte superiore e trascinando il blocco dove è meglio posizionarlo. Una volta chiuso, la successiva volta il riquadro sarà aperto nuovamente nella sua posizione di default, lungo un lato dello SmartArt.

Il contenuto può essere inserito e poi modificato in ogni momento là dove sono presenti i testi segnaposto sia agendo direttamente nella forma sia scrivendo nel riquadro di testo. Il suo utilizzo è piuttosto semplice e intuitivo, ma l'aspetto e la logica con cui è organizzato il contenuto meritano un approfondimento.

Il riquadro di testo, infatti, è simile a un elenco puntato o a una struttura che mappa le informazioni. Del resto ogni elemento grafico SmartArt definisce un proprio *mapping* tra i punti elenco nel riquadro di testo e l'insieme di forme nell'elemento grafico SmartArt.

Con il termine generico mapping *si identifica un meccanismo di corrispondenza tra due oggetti, simili o diversi, in grado di riversare e indirizzare i cambiamenti avvenuti in uno anche nell'altro e viceversa.*

Il riquadro di testo presenta una logica di contenuto a livelli: per creare una nuova riga di elenco puntato basta premere Invio, ma sarà creato sempre un punto di livello pari a quello della riga da cui si è partiti. Per modificare i livelli alzandoli o abbassandoli, bisogna agire sui relativi comandi *Alza di livello* e *Abbassa di livello* disponibili nella scheda *Progettazione* di *Strumenti SmartArt*, gruppo *Crea elemento grafico*, oppure nel menu a comparsa che appare facendo clic con il pulsante destro del mouse sulla riga da riposizionare.

Si può agire sui livelli anche soltanto da tastiera premendo Tab per applicare un rientro oppure Maiusc+Tab per applicare un rientro negativo dall'interno del riquadro di testo.

Tutte queste modifiche aggiornano il mapping tra i punti elenco nel riquadro di testo e le forme nel layout dell'elemento grafico SmartArt, andando di fatto ad aggiornare in tempo reale la forma con il contenuto immesso: il primo livello o livello principale corrisponde sempre all'informazione più importante (una sorta di intestazione della forma), mentre il secondo livello corrisponde al testo contenuto nella forma.

I livelli si sviluppano per nidificazione dal più alto al più basso, senza salti; non è possibile cioè che un'informazione finisca a un livello tre se l'informazione precedente non era stata posizionata a livello due e via di seguito (Figura 7.6).

Si tenga presente, infine, che qualsiasi tipo di formattazione assegnata al testo nel riquadro di testo non compare in esso, ma viene automaticamente aggiornata nell'elemento grafico SmartArt, che in questo caso funziona anche da anteprima in tempo reale alle modifiche di formato.

Vantaggi e problemi: bilancio in dubbio

Il vantaggio che viene offerto dagli elementi grafici SmartArt è rappresentato dall'enorme risparmio di energia e tempo nella creazione di forme complesse precise e adeguate alla soluzione concettuale che si vuole mettere in campo.

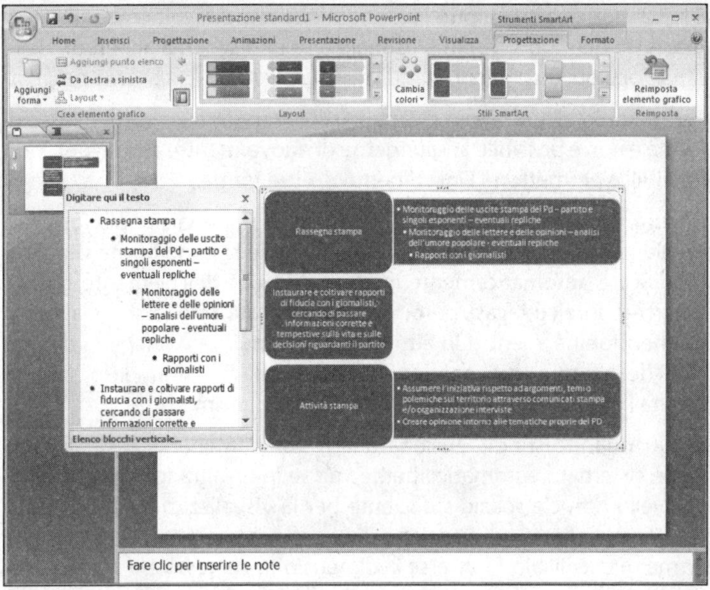

Figura 7.6 Esempi di nidificazione di livelli nel riquadro di testo: un errore di livello comporta l'evidente sfasatura nella forma dell'elemento grafico.

Infatti, creare forme con le stesse dimensioni e allineate correttamente, ottenere un testo con l'aspetto desiderato e dare alle forme una formattazione adeguata stilisticamente a un certo obiettivo e all'impostazione generale del documento sono operazioni che, se effettuate manualmente, richiederebbero una notevole perdita di tempo. Con gli elementi grafici SmartArt tutti questi problemi sono superati perché la creazione è immediata sulla base di un certo modello, e anche la sua modifica, una volta inserito, è molto semplice e immediata nelle esigenze di base: si possono aggiungere e rimuovere forme o cambiare la loro disposizione, ma struttura originale e aspetto del layout non subiscono variazioni.

A fronte di questi grandi pregi, c'è una certa rigidità d'impostazione generale per cui i problemi rimangono nel dimenticatoio fino a quando ci si muove tra le modalità di creazione e di modifica previste dal software. A dire il vero, l'ampia gamma di SmartArt previsti è sufficiente a soddisfare tutte le principali esigenze di schematizzazione di concetti, con una grande varietà di scelta anche all'interno di uno stesso gruppo. Praticamente ogni necessità può essere soddisfatta.

È nella modifica che si può incontrare qualche difficoltà maggiore, soprattutto quando si vuole personalizzare uno schema al di fuori delle rigide opzioni disponibili.

Per esempio, alcuni layout di SmartArt contengono un numero fisso di forme e non è possibile aggiungerne di nuove, mentre altri layout sono flessibili e permettono l'inserimento di altre forme.

Ancora, quando si modificano le dimensioni di una singola forma in un elemento grafico, è possibile che anche le restanti forme vengano modificate automaticamente in base al layout dell'elemento grafico SmartArt. In alcuni casi, però, viene modificata solo la singola forma ridimensionata, mentre in altri vengono modificate anche le dimensioni delle forme corrispondenti: una disparità di trattamento che non facilita l'utente nella comprensione del meccanismo.

In più, quando si ridimensiona una forma contenente testo, il testo viene sistemato automaticamente, ma se in un'altra forma nello stesso livello non c'è spazio sufficiente per la visualizzazione di un testo più grande, allora la dimensione del testo rimarrà la stessa per tutte le forme di tale livello. Inoltre, se la dimensione del testo era stata personalizzata in precedenza in una forma, il testo di tale forma non verrà ridimensionato.

Ancora, negli elementi SmartArt che hanno un numero fisso di forme l'eventuale parte di testo eccedente non viene visualizzata tanto nella forma quanto nel riquadro di testo, dove appare invece in corrispondenza a essa una X rossa. Il contenuto non visualizzato è disponibile qualora si cambi il layout con uno senza numero fisso di forme, ma se si mantiene lo stesso layout e poi lo si chiude, allora le informazioni non verranno salvate e andranno perse.

Quelli appena visti sono pochi esempi di casi in cui il comportamento degli SmartArt non è univoco rispetto a una medesima azione dell'utente: proprio questo è il problema principale della gestione di questi elementi grafici, al quale si può far fronte correttamente soltanto con una certa pazienza e pratica d'uso.

Tipi e utilizzo

In termini generali alcune considerazioni e suggerimenti di partenza possono aiutare gli utenti a utilizzare gli elementi grafici SmartArt in maniera appropriata, almeno in certi casi.

Infatti, prima di scegliere il tipo di grafico SmartArt da utilizzare è bene chiarirsi quale sia lo scopo per cui realizziamo lo schema e quale tipo di informazioni abbiamo a disposizione: alcune tipologie di modelli SmartArt si associano molto bene a certe caratteristiche delle informazioni da esprimere, e possono quindi servire bene allo scopo senza andare incontro a successivi problemi di resa finale, altri meno e magari hanno una struttura rigida che non permette successivi, facili cambi di idee.

Tipo SmartArt	Caratteristiche delle informazioni
Elenchi	Utili per visualizzare informazioni non sequenziali, di norma senza uno sviluppo direzionale o gerarchico (garantito tuttavia in almeno tre o quattro layout).
Processi	Perfetti per mostrare le fasi di un processo o una cronologia, con una direzione di sviluppo precisa, univoca ma anche complessa (alternata o comunque non lineare) compreso il modello "a ingranaggi".
Cicli	Dal layout "a ingranaggi" a quelli circolari di tutti i tipi, direzionali o meno, descrivono sempre un processo continuo e, appunto, ciclico.
Gerarchie	Ottime per visualizzare una struttura decisionale o per creare un organigramma, ma anche per qualsiasi schema in cui le informazioni sono organizzate "a cascata".
Relazioni	Dalle connessioni a livelli concentrici alle opposizioni di due elementi, alle relazioni circolari o piramidali o radiali: qualsiasi tipo di rapporto trova qui la sua rappresentazione. Con un'impostazione rigida, non recepiscono facilmente le modifiche.
Matrici	Visualizzano la relazione tra le parti e un insieme, con numero di forme bloccate e scarsa flessibilità.
Piramidi	Mostrano relazioni di proporzione tra vari elementi, dal maggiore al minore, secondo la rappresentazione tipica.

In generale, poi gli elementi grafici SmartArt, in linea con gli scopi per cui sono stati pensati, sono di gran lunga più efficaci quando contengono poco testo ed esprimono una parte di contenuto chiara, diretta e semplice. Quando si ha l'esigenza di introdurre una gran quantità di testo, l'impatto visivo dello SmartArt risulta di molto ridimensionato, ostacolando così la rappresentazione grafica del messaggio. In questo caso, l'unica soluzione è semplificare, e quasi sempre è possibile farlo.

SmartArt... personali

Come detto, gli SmartArt sono stati introdotti con lo scopo di far risparmiare tempo e risorse all'utente nella soluzione della veste grafica dello schema da approntare. Tuttavia, nessuno vieta di costruire dei propri schemi grafici, personalizzati rispetto agli SmartArt pre-ordinati, che si possono poi salvare in una raccolta apposita e ricopiare all'occorrenza in nuove slide.

Per farlo si tenga presente che oltre all'utilizzo delle forme e delle caselle di testo, si possono poi utilizzare gli stessi SmartArt. Quando ci sono cioè strutture complesse e ricche di relazioni che si vogliono mettere in evidenza, è possibile utilizzare come base un elemento grafico SmartArt preesistente, e poi arricchendolo di ulteriori forme, anche non previste dalla sua struttura originaria.

In questo tipo di operazione, il lavoro più arduo è quello di trovare una resa grafica finale soddisfacente. Per ottenerla, prima di tutto è bene dimenticarsi dei temi o delle combinazioni di colori già preparate dal software nel gruppo *Stili SmartArt* della scheda *Progettazione* del menu *Strumenti SmartArt*. Riuscire poi a uniformare le aggiunte secondo gli schemi di colore o tema predisposte sarebbe impossibile.

Meglio ripartire da capo, cercando e quindi assegnando una nuova combinazione di colori e di temi personale, creata per l'occasione. Sicuramente si tratta di un processo più lungo, ma è l'unico opportuno per non far sembrare l'intera operazione come una pessima aggiunta dell'ultimo minuto agli schemi preconfigurati.

Capitolo 8

Un progetto vincente

Struttura, testi, immagini, multimedia, grafici e schemi: tutto contribuisce alla realizzazione di ottime slide, ma alla base ci deve essere un progetto.

Non si arriva a figure specializzate esclusivamente in questo, come per i siti web, ma tenere d'occhio l'insieme e come le varie componenti si rapportano al tutto è sicuramente un punto di vantaggio nella realizzazione di una presentazione efficace.

Definire tutto lo *slide design* magari è eccessivo per chi non si occupa di PowerPoint in maniera professionale. Eppure sotto una buona presentazione c'è sicuramente un buon progetto, che si tratti di una soluzione unica e personalizzata per quella certa presentazione oppure che sia la riproposizione adattata di una serie di slide già utilizzate.

Che cosa prende in considerazione la progettualità delle slide? Di tutto, dall'impostazione della diapositiva alla distribuzione degli spazi all'uso dei colori, a quello dei caratteri tipografici. È il punto di vista che cambia: dopo aver fatto un'analisi sui singoli aspetti di una slide, ora si tratta di fare valutazioni complessive.

La distribuzione degli spazi

Immettere elementi in una slide vuota è intanto una questione di equilibrio, di pesi e di messaggi.

Si può pensare che una soluzione abbastanza classica come titolo in alto al centro, testo centrato sotto al titolo per tutta la lunghezza della slide ed eventuali elementi grafici ai margini possa rappresentare un buon inizio. Forse per le operazioni preliminari di banale inserimento del contenuto, di certo non per comunicare con un qualsiasi tipo di pubblico.

Per una distribuzione ottimale dello spazio di una diapositiva dobbiamo avere le idee ben chiare su quale contenuto entrerà in questa slide: quel materiale deve essere analizzato e sezionato in modo da capire quanti e quali nuclei concettuali formano il messaggio unico che deve stare all'interno della slide. È chiaro che avere un messaggio coerente e unitario per ciascuna slide è fondamentale. Tuttavia, anche questi messaggi possono essere scorporati in più nuclei, e da questa divisione si ottiene una prima indicazione di massima sulla distribuzione dello spazio.

Per esempio, se un messaggio contiene due nuclei principali, si può comodamente optare per una divisione in due della diapositiva, con un primo nucleo a sinistra e un secondo a destra, e un titolo che sta al centro, sopra di essi, in modo da abbracciarli e tenerli entrambi sotto di sé. Una divisione banale, ma sicuramente chiara.

Infatti, lo scopo con cui si deve pensare alla distribuzione degli spazi è quello del messaggio che si vuole passare. Due nuclei di informazioni di pari peso all'interno del messaggio devono avere una divisione dello spazio-slide uguale: in questo modo il pubblico percepisce anche solo dagli ingombri che la loro importanza è uguale, che sono informazioni di pari livello. Tre nuclei di informazioni paritari meritano una distribuzione paritaria, ma se due di essi sono di pari livello e un terzo di livello più basso, si può pensare a una divisione in due spazi verticali uguali e a un terzo, inferiore, magari solo una riga, diviso orizzontalmente.

Per questo bisogna sforzarsi, per quanto possibile, di avere analoghi livelli di dettaglio per i nuclei informativi che stanno sulla stessa slide e in generale un certo equilibrio di trattamento: per esempio, avendo due nuclei, non si può pensare di arricchire solo uno con un'immagine, perché l'occhio del pubblico cadrebbe sempre da quella parte.

A meno che questo non sia proprio l'obiettivo del messaggio: se su due concetti si vuole attirare l'attenzione su uno dei due, basta rendere disequilibrata la slide, inserendo un'immagine o utilizzando ingombri considerevolmente diversi con molto spazio occupato da un concetto e un angolo occupato dall'altro.

Il gioco della grafica

Inoltre, nella considerazione sulla distribuzione dello spazio giocano anche alcune regole elementari di grafica generale, come quella di mantenere paralleli i vari allineamenti sia orizzontali sia verticali degli oggetti, di centrare correttamente gli elementi rispetto ai bordi della slide, di mettere le informazioni di poca rilevanza specifica e ripetitive negli angoli come il numero della diapositiva o la data, informazione importante ma che esula dal messaggio principale della slide.

Per aiutarsi nella corretta distribuzione degli spazi, la griglia di PowerPoint è un supporto indispensabile. Attivabile dalla scheda *Visualizza*, gruppo *Mostra/Nascondi*, comando da spuntare *Griglia*, la ragnatela che appare sulla slide permette sempre di verificare e anche di impostare in modo automatico l'inserimento dei vari elementi sulle sue righe orizzontali e verticali.

Le opzioni della griglia sono disponibili nella finestra di dialogo *Griglia e guide* che appare scegliendo l'omonima voce nel menu contestuale che si apre facendo clic con il pulsante destro del mouse su un qualsiasi punto della slide fuori dall'area di eventuali elementi inseriti.

Analoga funzione di supporto a un corretto posizionamento, ma con una maggiore libertà d'impostazione grazie al semplice trascinamento del mouse, è garantita dalle guide attivabili dalla stessa finestra spuntando la voce *Visualizza guide disegno sulla diapositiva*. Spostandole con il mouse verticalmente od orizzontalmente, le due guide indicano i centimetri di lontananza dal punto d'origine, fissato di default nel centro preciso della slide.

Se poi si è attivato anche il righello (scheda *Visualizza*, gruppo *Mostra/Nascondi*, comando da spuntare *Righello*), la serie di strumenti utili al posizionamento degli elementi nella diapositiva è al completo (Figura 8.1).

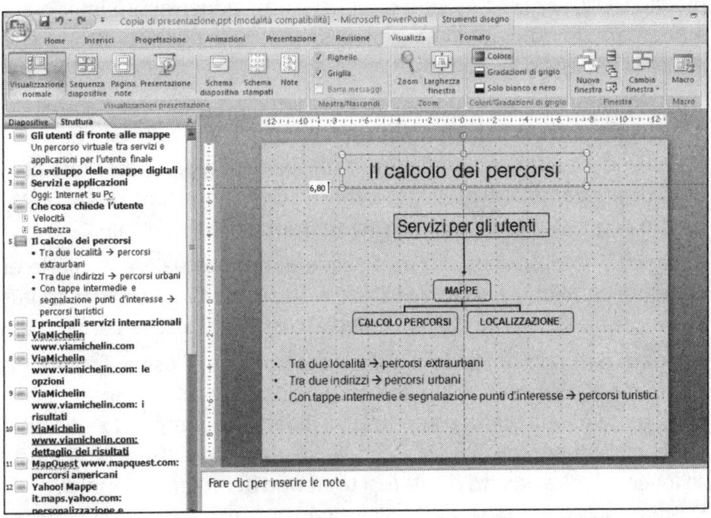

Figura 8.1 Una diapositiva in cui sono stati attivati la griglia, le guide disegno e il righello.

Bianco è bello

Uno degli aspetti caratteristici delle slide di autori alle prime armi o che comunque non hanno capito come renderle efficaci è rappresentato dal cosiddetto *horror vacui*, ovvero la paura del vuoto: la diapositiva è riempita in tutti i suoi spazi di testo o elementi grafici, di colori e sfondi.

Il cosiddetto spazio bianco, però, è forse necessario ai messaggi visivi più di ogni altra componente. A esso sono dedicati studi e approfondimenti di vario tipo, che tendono tutti a definire la sua importanza per contrasto.

Infatti, lo spazio bianco è l'ambiente nel quale possono spiccare i vari messaggi, che siano testuali o grafici. Lo spazio bianco, inoltre, è l'elemento che più di ogni altro influenza la sensazione di leggerezza o pesantezza della slide, la sua leggibilità e in definitiva il suo stile.

Aggiungere spazio bianco attorno e tra testi molto densi, per esempio, consente di dare loro leggerezza e classe: è vero che sulle slide si è più volte sconsigliato di scrivere testi lunghi, ma la compattezza e la densità di un testo non dipendono soltanto dal numero di battute, ma anche dalla disposizione delle parole all'interno di una certa area, più o meno vasta.

Quando un testo è compatto, perché per esempio in un'area limitata, contrariamente a quanto si crede, per migliorare la leggibilità è molto meglio utilizzare un carattere di dimensione leggermente inferiore e aumentare un po' l'interlinea (cioè lo spazio tra le righe) piuttosto che alzare la dimensione del font.

Tradizionalmente, in pubblicità grandi parti di spazio bianco accostate a immagini fotografiche magari scontornate o al vivo (cioè che sembrano andare oltre i margini impostati) sono solite rappresentare prodotti di alta gamma, di qualità superiore. Ed effettivamente un accostamento di questo tipo è sempre una soluzione di grande stile.

Il bianco, infatti, soprattutto per le slide di tipo testuale, è in grado di conferire equilibrio e armonia all'intera diapositiva, togliendo la confusione visuale derivante dall'eccessivo accostamento delle parole.

Tutto ciò, naturalmente, non significa che è precluso l'uso dei colori, anche in modo riempitivo, cioè andando a occupare tutto la spazio bianco. Si tratta di una scelta comunicativa di fondo e d'impostazione: se si vuole mantenere un'aria distaccata e più elegante si userà più bianco, se invece si mira ad altri risultati, si useranno dei colori riempitivi.

Tendenzialmente, ciò che si può consigliare è di andarci cauti con i colori, soprattutto con l'uso di molti colori diversi nella stessa presentazione o peggio nella stessa slide: un'arlecchinata non è quello di cui si ha bisogno per trasmettere i propri messaggi.

L'uso di molto spazio bianco è spesso riferito a un'impostazione di tipo razionalista della grafica, e per lungo tempo è stata considerata come la scelta migliore possibile. Negli ultimi tempi sta tornando di moda la grafica decorativa, in cui lo spazio bianco è sacrificato a vantaggio di un'impostazione più barocca. Al di là dei gusti personali, vale la pena ricordare sempre che un messaggio avrà più facilità a passare al pubblico se può risaltare su un fondo piatto e bianco (Figura 8.2). Inoltre, si consideri che uno sfondo interamente decorato creato da un grande artista ha sicuramente un valore estetico elevato, mentre uno decorato da una mano inesperta, approssimativa e banale semplicemente non vale nulla.

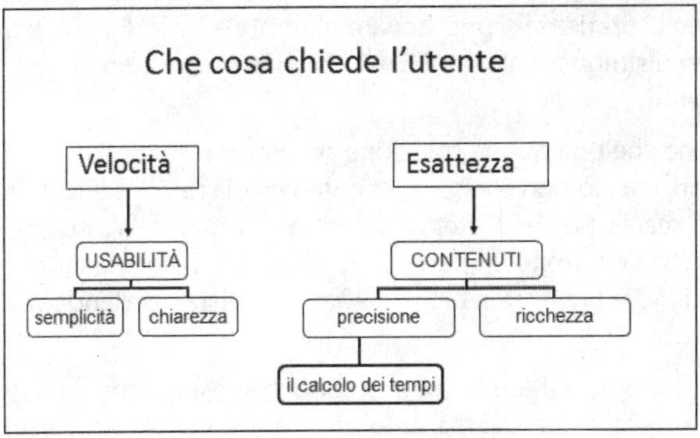

Figura 8.2 Il ricorso a un ampio spazio bianco (ossia uno spazio neutrale di fondo) porta in primo piano in modo razionale e preciso il messaggio.

Tra testo e sfondo...

La scelta di utilizzare lo spazio bianco come elemento della comunicazione conduce direttamente a parlare del rapporto tra sfondo e primo piano, ovvero di come la leggibilità dei documenti sia influenzata dallo sfondo scelto. Non si tratta più di capire come il messaggio viene veicolato dallo sfondo, ma come questo possa influenzare la leggibilità del testo in primo piano.

In generale, le regole ottimali per l'utilizzo degli sfondi nelle presentazioni di PowerPoint sono poche e semplici.

- Evitare di inserire nella stessa presentazione troppi colori di sfondo.
- Utilizzare un unico tipo di sfondo, possibilmente su tonalità chiare, per tutta la presentazione o almeno per ogni gruppo di slide dal contenuto omogeneo, ovvero per ogni capitolo della presentazione.
- Scegliere colori contrastanti tra sfondo e testo in primo piano in modo da favorire e non da ostacolare la lettura.
- Cercare di abbinare i colori al tipo di messaggio che si vuole far passare dal punto di vista emotivo.

Le prime due regole, in pratica, si spiegano e si commentano da sole: non c'è molto altro da aggiungere, se non che entrambe, su livelli diversi, rispondono alla logica di mantenere semplicità e uniformità dal punto di vista formale nel messaggio che si vuole far passare.

Qualche parola in più, invece, deve essere spesa rispetto alla scelta dei colori di contrasto tra fondo e testo in primo piano. La regola è di per sé intuitiva, ma nella pratica ci si può trovare di fronte a tutto. È bene per questo motivo distinguere anche a livello teorico quali siano le combinazioni migliori.

Spesso si ritiene che una buona soluzione sia rappresentata dai colori complementari, ma ciò non è assolutamente vero: la loro leggibilità è anzi piuttosto scarsa, perché l'effetto di contrasto molto marcato crea una sorta di effetto "tremito", in particolare su schermi elettronici, che rende molto difficile la messa a fuoco e affatica la vista, rendendo difficile la lettura.

In particolare, sono da evitare le combinazioni tra testo verde su fondo rosso e viceversa, testo azzurro su fondo arancio e viceversa, testo giallo su fondo viola e viceversa, ovvero le coppie classiche dei colori complementari. Anche combinazioni meno devianti sono tuttavia da evitare, come testo azzurro su fondo rosso o viceversa, testo giallo su fondo verde e viceversa, perché il contrasto tra i due colori, soprattutto se proiettati a video, è troppo scarso per creare un buon effetto di visione e conseguentemente di lettura.

Tali valutazioni risentono anche dalla quantità di testo presente (più testo c'è più la leggibilità è critica) e dalle dimensioni del testo. In generale, è meglio adottare scelte sicure, per esempio colori molto chiari su fondi molto scuri (tipicamente testo bianco o grigio o giallo su sfondo nero) oppure quelli tradizionali di testo scuro su fondi molto chiari (testo nero o blu su fondo bianco, grigio o giallo molto chiaro e tenue).

I colori complementari *sono quei colori la cui somma, a livello di luce, genera come risultato una luce acromatica ovvero grigia o bianca. In maniera semplicistica e non scientifica, ma spesso efficace a livello esemplificativo, anche negli insegnamenti pittorici, si può dire che rispetto ai colori più comuni i colori complementari sono le coppie primario e secondario derivanti dagli altri due primari, secondo questo schema base: giallo–viola (composto di rosso e azzurro), rosso–verde (composto di giallo e azzurro), azzurro–arancione (composto di rosso e giallo).*

Rispetto alla combinazione tra colori e suggestioni emotive, infine, vale quanto già detto nel Capitolo 4 a proposito degli accostamenti cromatici, con particolare riferimento alla tabella delle emozioni, che ci porta a considerare il rosso il colore dell'energia o il blu quello della calma e della riflessione.

Il loro uso in questo senso e con queste finalità, tuttavia, deve sempre essere moderato, perché l'associazione emotiva rimane comunque un aspetto secondario e facilmente influenzabile da molti elementi, sia personali di chi riceve il messaggio sia oggettivi di contesto e ambiente.

A far cambiare la percezione emotiva di un colore, oltre agli elementi personali o ambientali, contribuiscono anche gli elementi culturali, e almeno in questo senso documentarsi in anticipo e in modo oggettivo è possibile e utile. Per esempio, il bianco, colore di luce e serenità nella cultura occidentale, è il colore del lutto per molte civiltà orientali. Anche restando alla sola cultura occidentale, poi, il contesto è spesso decisivo: trattando di politica non sfuggirà che in Italia il rosso, il nero e l'azzurro hanno valenze diverse e non neutrali, talmente forti che, se usati in modo massiccio, non possono far altro che richiamare alla mente dello spettatore le rispettive parti politiche.

Trucchi per gli occhi

Alla fine il rapporto tra fondo e testo in primo piano non si risolve in nient'altro che in un trucco per l'occhio umano: le stesse identiche cose, a seconda dell'accostamento dei colori, possono essere più o meno visibili.

Parimenti, nella disposizione dei contenuti nella slide si possono adottare altri piccoli, ottimi trucchi per migliorare la leggibilità e in generale la comprensione del contenuto.

Prima di tutto, è bene ricordare che qualsiasi utente apprezzerà tanto più la slide quanto minore sarà lo sforzo che dovrà fare per coglierne il contenuto. Per esempio, un blocco di testo sviluppato in orizzontale sulla slide costringerà l'occhio a correre lungo l'intera diapositiva per uno spazio molto più ampio, da sinistra verso destra, rispetto a quanto non faccia invece un blocco di testo compresso e sviluppato in verticale in pochi centimetri.

Tutto ciò può sembrare banale e di poca importanza, ma non è esattamente così. Intanto, in una presentazione molto lunga, anche il semplice movimento dell'occhio sullo schermo, soprattutto se la proiezione avviene su una superficie molto ampia, alla fine può risultare stancante. In secondo luogo, oltre alla stanchezza fisica, gioca un ruolo anche la stanchezza mentale, per cui un testo sviluppato in orizzontale può essere percepito come più lungo di quanto in realtà non sia, con la conseguenza di annoiare l'utente particolarmente insofferente. Al contrario un testo compresso in poco spazio e sviluppato in verticale dà la sensazione di essere breve e incisivo, al di là della sua reale lunghezza (Figura 8.3).

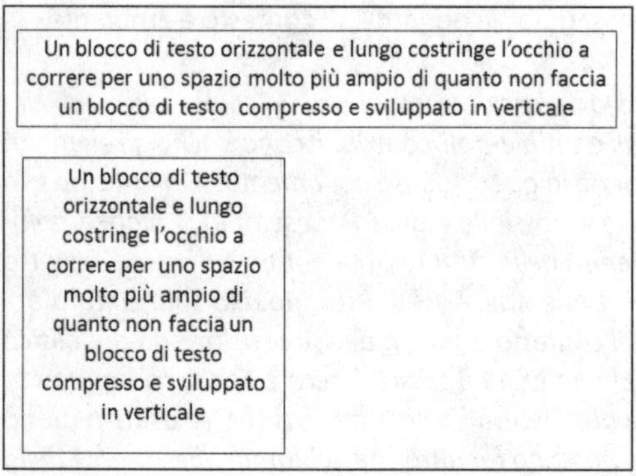

Figura 8.3 Blocchi di testo identici per parole, tipo e dimensione di font, ma differenti per direzione di sviluppo.

In termini di sforzo da parte dell'utente bisogna anche ricordare come, almeno nella nostra cultura, i lettori prediligano una scansione della pagina da sinistra a destra e dall'alto al basso. Questa tendenza tipica della stampa tradizionale si trasferisce anche a Internet, con qualche minima differenza, al punto che è nata anche una vera e propria disciplina d'analisi del punto in cui cade l'occhio sullo schermo del computer mentre si visualizza un sito web.

Senza entrare nel merito di argomenti che meriterebbero ben altro approfondimento, tuttavia, vale la pena sottolineare che l'occhio dell'utente privilegia di primo acchito la parte centrale dello schermo, a 2/3 d'altezza rispetto al totale di quanto visualizza. Questa preferenza è accordata in uno schema di scansione tipico, che poi tende a leggere la pagina in maniera tradizionale: da sinistra a destra e dall'alto al basso, con un punto di partenza identificabile.

Pur senza avere il conforto di analoghi studi a proposito delle presentazioni, si può ragionevolmente ritenere che anche per le slide valga lo stesso tipo di scansione globale, con una partenza dal centro in alto della diapositiva per poi passare alla lettura tipica. Questo significa che, in generale, gli elementi più importanti della slide non devono essere posizionati in basso o vicino al margine destro. Ne consegue che la loro collocazione ideale è nella fascia alta della slide, a sinistra o al centro.

L'utilizzo di animazioni o di effetti particolari riporta l'attenzione su un determinato elemento, al di là della sua collocazione, ma si ricordi comunque che, a slide ferma, quelle appena ricordate sono le posizioni più importanti per gli utenti.

Design predefinito

La distribuzione del contenuto all'interno della slide trova un alleato molto utile nei *layout* di PowerPoint. In sostanza, i layout sono dei modelli predefiniti di slide in cui sono già decisi sia il posizionamento sia la formattazione del contenuto che poi sarà visualizzato nella diapositiva (Figura 8.4).

I layout contengono infatti dei segnaposto, ovvero delle caselle visualizzate con bordi tratteggiati che possono a loro volta contenere testo, per esempio titoli ed elenchi puntati, o altro contenuto, per esempio elementi grafici SmartArt, tabelle, grafici, immagini, forme e clipart. In pratica, i segnaposto ci dicono dove va il testo o il contenuto all'interno della slide, con la possibilità di inserirlo automaticamente, cominciando direttamente a scrivere oppure scegliendo tra le icone presenti il tipo di contenuto da immettere, e quindi avviando la procedura di inserimento (diversa per tipo di contenuto).

È possibile aggiungere segnaposto per testo e vari oggetti (immagine, grafico, tabella, diagramma, multimedia o clipart) a un layout o a uno schema diapositiva, ma non direttamente a una diapositiva. Questo è il motivo per cui è possibile creare layout personalizzati, ma soltanto nell'ambito di uno schema diapositiva.

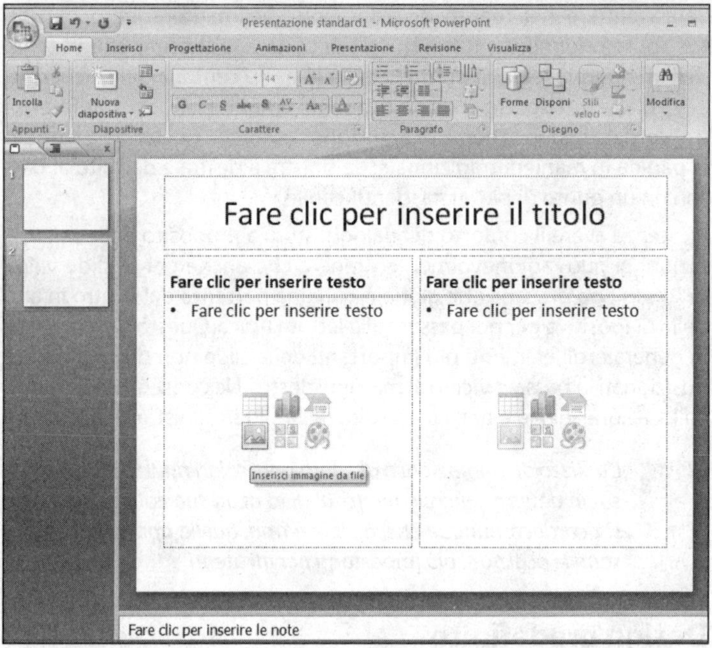

Figura 8.4 Come si presenta un layout predefinito in visualizzazione Normale.

I layout predefiniti disponibili possono essere applicati a una nuova diapositiva o a una diapositiva esistente. Per una nuova slide, quando si sceglie il comando *Nuova diapositiva* del gruppo *Diapositive* della scheda *Home*, compaiono automaticamente i layout disponibili nella creazione della nuova diapositiva, da *Diapositiva titolo*, il modello predefinito che viene utilizzato di default, a *Solo titolo* o *Vuota*, che in pratica sono modelli in cui si può intervenire liberamente. Scegliendo *Nuova diapositiva* si immette sempre una nuova slide

Se invece si deve applicare un certo layout a una diapositiva esistente, prima di tutto bisognerà selezionare la diapositiva stessa dalla scheda *Diapositive* o *Struttura*, quindi dallo stesso gruppo *Diapositive* della scheda *Home* si dovrà scegliere il comando *Layout*, che dà comunque accesso agli stessi layout predefiniti disponibili anche per le nuove diapositive.

Se la slide in questione è ancora priva di contenuto, si andranno in pratica a inserire dei segnaposto; se invece è già presente del contenuto, il programma lo distribuisce all'interno della diapositiva secondo lo schema layout prescelto.

Come è comprensibile, quando si applica un layout preesistente a una diapositiva che ha già del contenuto formato, non si ha sempre una piena adesione del contenuto stesso al modello preesistente, con risultati spesso insufficienti e qualche volta del tutto errati.

Cambiare faccia in un momento

Se per il design di una slide esistono tutto sommato pochi modelli precostituiti, i temi che PowerPoint mette a disposizione per dare un aspetto piacevole e professionale alle presentazioni sono tantissimi.

Un *tema* non è nient'altro che l'insieme precostituito di diversi elementi grafici e di formattazione coordinati tra loro, in grado di definire un aspetto complessivo della presentazione tramite colori, caratteri, grafica e impostazioni per linee o riempimenti.

L'applicazione di un tema avviene scegliendo quello preferito nella scheda *Progettazione*, gruppo *Temi*, facendo scorrere quelli visibili con le apposite frecce oppure facendo clic sulla freccia che permette di aprire il menu a discesa che comprende *Tutti i temi* (Figura 8.5).

Da questo menu, i vari temi appaiono suddivisi per gruppi. Per immetterne uno predefinito, si faccia clic su quelli del gruppo *Incorporato*, mentre se in precedenza sono stati creati dei temi personalizzati si possono trovare nel gruppo omonimo.

La scelta, però, non si ferma qui: essendo i temi una delle caratteristiche portanti di Office in generale, e non solo di PowerPoint, è possibile ampliare la ricerca di quello desiderato a qualsiasi cartella del computer (o di una rete locale) con l'opzione *Cerca temi* oppure addirittura alle pagine di Office Online con il comando *Cerca in Office Online*.

Con questo ampio ventaglio di possibilità, praticamente si possono soddisfare tutte le esigenze più particolari in termini di aspetto della propria presentazione.

Un tema può essere applicato a una singola slide, a una serie o all'intero documento in modo molto veloce, permettendo di cambiare faccia al documento soltanto con un paio di clic. Una volta selezionato il tema da applicare, è sufficiente fare clic con il pulsante destro del mouse per fare apparire un menu contestuale di poche voci tra cui scegliere se applicarlo a tutte le diapositive o solo a quelle selezionate, se impostare quello prescelto come tema predefinito oppure se portare il tema stesso tra le icone della barra di accesso rapido per un'applicazione ancora più veloce

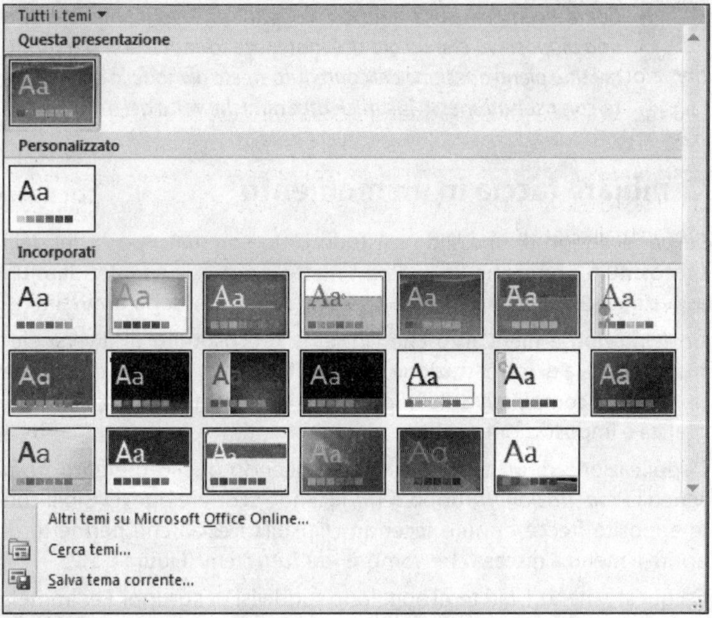

Figura 8.5 Tutti i temi disponibili per l'applicazione come appaiono nel menu a discesa.

Personalizzare i temi

La già ampia disponibilità di temi viene aumentata in modo esponenziale dalla possibilità di personalizzare colori, tipi di carattere ed effetti, in modo che da ciascuna combinazione si possano ricavare altre decine di accostamenti: l'impianto resterà quello scelto, ma l'effetto finale sarà decisamente differente dalla base iniziale.

Ciascuna delle tre voci, colori, carattere ed effetti, presenta una serie di combinazioni caratteristiche di un tema preciso che possono però a loro volta essere variamente associate al tema prescelto.

In pratica, mentre l'impostazione grafica di fondo rimane sempre invariata sul tema scelto, colori, carattere ed effetti possono essere scambiati con quelli di altri temi. Così si può scegliere per esempio il tema *Città* e poi variare le sue impostazioni di default applicando a esso la combinazione di colori *Carta*, impostando poi i tipi di carattere del tema *Galassia* e ancora gli effetti del tema *Vertice*.

La possibilità di combinare liberamente tutte queste variabili permette di ottenere centinaia di associazioni. Ma non è finita qui. Infatti, a partire da ciascuna combinazione di colori di un certo tema, è possibile attivare una personalizzazione con il cambiamento dei vari elementi fino a ottenere una combinazione nuova.

Dal menu a discesa del comando *Colori*, si deve scegliere l'opzione *Crea nuovi colori tema* che apre una finestra di dialogo nella quale si potranno personalizzare tutte le variabili, in particolare quattro colori per il testo e lo sfondo, sei per l'evidenziatore e due per i collegamenti ipertestuali (Figura 8.6).

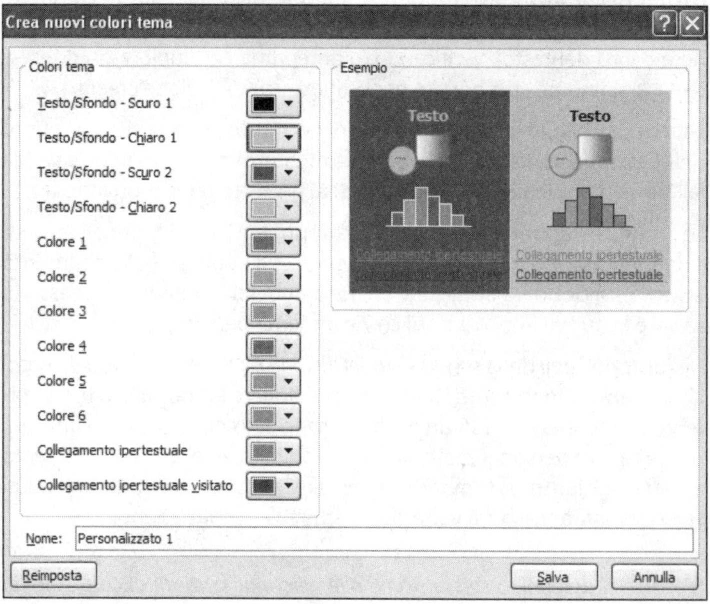

Figura 8.6 La personalizzazione degli elementi dei colori del tema.

Così, dal gruppo *Colori tema* si può fare clic sul pulsante relativo all'elemento di colore che si desidera modificare, selezionando poi i colori che si desiderano utilizzare e verificando in tempo reale l'effetto delle modifiche nella parte destra della finestra (*Esempio*).

Una volta ottenuta la combinazione desiderata, non si deve far altro che digitare un nome appropriato per i nuovi colori del tema e quindi fare clic su *Salva*.

Se le prove fatte nel cambiare i vari elementi di colore del tema non sono soddisfacenti, prima di fare clic su Salva *si può tornare all'impostazione originale dei colori del tema facendo clic su* Ripristina.

Un'analoga personalizzazione può essere effettuata anche per i tipi di carattere, che contemplano due diversi tipi: uno per l'intestazione e uno per il corpo del testo. Facendo clic sul comando *Tipi di carattere* del gruppo *Temi* nella scheda *Progettazione* scegliere l'opzione *Crea nuovi caratteri tema*. Anche in questo caso si apre una finestra di dialogo che permette la modifica di ciascuno dei due tipi di carattere impostati (per intestazione e corpo del testo), verificando in anteprima l'esempio e quindi scegliendo un nome appropriato per la nuova combinazione creata.

Non è possibile, invece, personalizzare nel modo appena visto gli effetti del tema, che contengono linee e riempimenti, restando invece valida la libertà d'abbinamento degli effetti di un certo tema a un altro.

Le modifiche apportate a uno o più componenti del tema, qualsiasi essi siano, influiscono immediatamente sugli stili applicati nel documento attivo. Se si desidera applicarle anche a nuovi documenti, è necessario salvare le nuove impostazioni come un tema personalizzato.

Nel gruppo *Temi* della scheda *Progettazione* bisogna fare clic sulla freccia che apre il menu *Tutti i temi*, quindi scegliere la voce *Salva tema corrente* e assegnare a esso un nome appropriato nella casella *Nome file*. Un tema così personalizzato sarà salvato nella cartella *Temi documento* e verrà aggiunto automaticamente all'elenco di temi personalizzati che compariranno ogni volta che si aprirà l'apposito menu.

Si assegni lo stesso nome alle personalizzazioni di colori, tipi di carattere e tema in modo da creare una nuova combinazione che si rispecchia, anche nel nome, in ciascuna componente.

Cambiare sfondo

Del rapporto tra sfondo e testo in primo piano abbiamo già detto, ma lo sfondo rimane un elemento della slide strettamente imparentato con il tema, al punto che se si modifica quest'ultimo, anche lo stile dello sfondo viene aggiornato per riflettere i nuovi colori.

Se invece di modificare tutto il tema si desidera però modificare solo lo sfondo della presentazione, allora è necessario scegliere uno stile di sfondo diverso dal comando *Stili di sfondo* del gruppo *Sfondi* nella scheda *Progettazione*. Questo comando permette di accedere a una raccolta di stili e quindi di poter vedere in anteprima, passandovi sopra con il puntatore del mouse, come applicando un certo stile questo influisca sulla presentazione.

Inoltre, facendo clic con il pulsante destro del mouse sullo stile di sfondo desiderato, si può scegliere se applicarlo solo alle diapositive selezionate (*Applica a diapositive selezionate*) oppure a tutte le diapositive della presentazione (*Applica a tutte le diapositive*). Inoltre, è possibile impostare lo stile di sfondo selezionato come sfondo preconfigurato per tutte le slide basate sullo stesso schema diapositiva con il comando *Applica a diapositive corrispondenti*, ma questa opzione è disponibile solo quando la presentazione contiene più schemi diapositiva.

Naturalmente, gli stili di sfondo mostrati nella raccolta sono quelli riferiti al tema applicato alla presentazione corrente, e cambiano se si cambia il tema.

La personalizzazione dello sfondo può essere molto accurata grazie alle opzioni disponibili nella finestra di dialogo *Formato sfondo*. Tale finestra può essere aperta sia scegliendo l'omonima voce dal menu a discesa *Stili sfondo*, sia facendo clic sulla freccia che apre le altre voci nel gruppo *Sfondo*.

Le opzioni permettono di attivare un *Riempimento a tinta unita* o un *Riempimento sfumato* o un *Riempimento a immagine o trama*, andando poi a incidere persino sulla percentuale della trasparenza o sulle interruzioni della sfumatura, sul tipo di trama o sull'immagine da utilizzare ed eventualmente sulla posizione di partenza e sulle caratteristiche dell'allineamento. Questi dettagli sono visibili soltanto nel momento in cui si seleziona la relativa voce di riempimento, mentre sono nascosti quando sono selezionate le altre (Figura 8.7).

La possibilità di determinare così nel dettaglio le opzioni dello sfondo sono una delle caratteristiche più importanti per la progettazione predefinita di una presentazione. Abbiamo già detto come lo sfondo sia un elemento fondamentale per il suo rapporto con il testo in primo piano e per l'influenza che esercita sulla leggibilità complessiva del documento.

Rimane peraltro indubbio che uno sfondo elegante e ben realizzato possa essere un piano grafico solido su cui poggiare i singoli elementi delle slide. Proprio per questo avere la possibilità di determinare anche i più piccoli particolari permette di definire nel migliore dei modi l'eventuale uso di uno sfondo colorato.

Figura 8.7 Le opzioni di dettaglio di un riempimento sfumato per lo sfondo.

Dallo schema al modello

La progettazione predefinita si può spostare dalla singola slide anche all'intera presentazione e oltre, alla creazione di modelli di presentazione da riutilizzare all'occorrenza. Per farlo, bisogna agire direttamente sulla visualizzazione *Schema diapositiva* del gruppo *Visualizzazioni presentazione* della scheda *Visualizza*.

Lo schema diapositiva non è nient'altro che una diapositiva che memorizza le informazioni relative ai layout applicati, inclusi gli stili di carattere, le dimensioni e le posizioni dei segnaposto, il tipo di sfondo e le combinazioni di colori adottate. Nella visualizzazione *Schema diapositiva*, oltre ad apparire la singola struttura della diapositiva che era selezionata nella visualizzazione *Normale*, eventualmente si possono creare dei veri e propri modelli di presentazioni.

Uno schema diapositiva nuovo può essere aggiunto tramite il comando *Inserisci schema diapositiva* del gruppo *Modifica master* della scheda *Schema diapositiva*: una volta aggiunto uno schema nuovo, ma anche su uno pre-esistente selezionato, si possono modificare le impostazioni esistenti andando a rimuovere un segnaposto predefinito non desiderato (basta selezionarlo facendo clic sul bordo e poi premendo

Canc) oppure aggiungendo un segnaposto nuovo adeguato al tipo di contenuto che si vuole immettere.

Nel gruppo *Layout Schema diapositiva* della scheda *Schema diapositiva* si deve fare clic sulla freccia accanto a *Inserisci segnaposto* e quindi scegliere il tipo di segnaposto desiderato. Quindi basta posizionarsi nello schema diapositiva dove si vuole facendo clic con il mouse, e poi trascinarlo per tracciare le dimensioni del segnaposto (Figura 8.8).

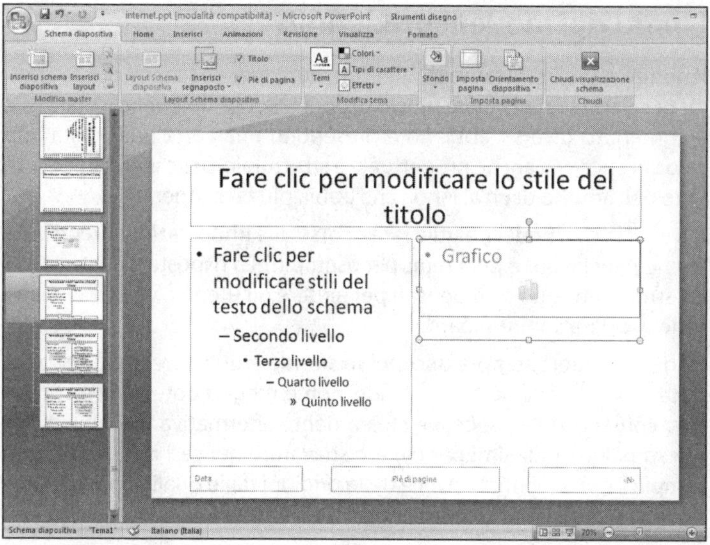

Figura 8.8 Uno schema struttura nel quale si sta modificando il segnaposto del grafico.

Nello schema diapositiva si possono apportare tutte le modifiche desiderate in termini di struttura, e quindi salvarle con il tradizionale comando *Salva*. A quel punto, nella presentazione in oggetto, tra i layout da inserire dalla scheda *Home*, gruppo *Diapositive*, quello su cui si era intervenuti a livello di *Schema diapositiva* presenterà le modifiche apportate.

Quando si salvano uno o più schemi diapositiva come un unico file modello (con estensione *.potx*), viene invece generato un modello che è possibile utilizzare per creare nuove presentazioni.

Una volta creato uno schema diapositiva personalizzato o una sequenza di schemi diapositiva, bisogna fare clic sul logo di Microsoft Office nell'angolo in alto a sinistra, selezionare il comando *Salva con nome* e quindi scegliere il tipo di presentazione che si vuole creare. Nella casella *Nome file* si può digitare un nome di file desiderato oppure accettare quello suggerito, mentre nell'elenco della casella *Tipo file* bisognerà selezionare l'opzione *Modello di PowerPoint (*.potx)* e quindi fare clic su *Salva*.

A questo punto si sarà salvato un modello, richiamabile ogni volta che si aprirà un nuovo file, utile come base per creare presentazioni simili, con formattazioni uniformi, grazie alla struttura memorizzata.

I limiti dei modelli predefiniti

I modelli sono in sostanza dei file con memorizzati schemi di base ottimi per creare determinate presentazioni che, pur utilizzando materiale e contenuto diverso, abbiano e presentino una certa uniformità non solo stilistica, ma anche progettuale e strutturale, per esempio per l'utilizzo nell'ambito di un'azienda che abbia più filiali operative.

Ma al di là dei modelli, è utile fare ricorso alle impostazioni predefinite anche per i layout e per i temi, per esempio? La risposta è controversa. Gli strumenti sono stati pensati per aiutare gli utenti a velocizzare una serie di operazioni standard.

Se devo mettere sempre uno stesso sfondo e utilizzare uno stesso carattere per il titolo su tutte le slide, non è meglio poterlo fare con un solo comando? La risposta è chiaramente affermativa. Il rischio è che questi paletti, utilissimi per evitare sbavature nei casi di riproduzione semplici, non diventino invece delle prigioni dalle quali non è più possibile uscire senza fare danni enormi.

Se un certo tema è quasi perfetto per quello che vogliamo trasmettere, quel "quasi" può trasformarsi nell'anello debole della catena, perché rincorrere una soluzione che salvi l'impostazione generale adattandola alla perfezione alla propria idea può risultare impresa molto ardua e adatta soltanto agli utenti esperti.

In pratica, tutte le soluzioni preconfigurate vanno bene per gli utenti che si possono accontentare di scegliere tra le opzioni presentate, sicuri che qualcosa andrà bene per loro. Se si deve iniziare a forzare la mano, invece, è molto meglio tenersi la mente, e il progetto, sgombri, a partire proprio dall'utilizzo dei layout: ce ne sono di vari tipi, e quasi sicuramente uno soddisferà le nostre necessità, aiutandoci a velocizzare l'immissione del contenuto.

Un layout vuoto, però, farà sicuramente al caso nostro, e l'inserimento del contenuto, una volta presa conoscenza e confidenza degli strumenti più opportuni, sarà altrettanto facile e immediato. Senza alcun vincolo.

Capitolo 9

Verifiche e controlli

Si tratta di un aspetto tra i più trascurati da chi prepara presentazioni. Invece, come ben sanno tutti i professionisti della parola, dai giornalisti agli scrittori, e come correttamente ci indicarono i nostri insegnanti di liceo, la rilettura e la correzione del lavoro fatto sono elementi fondamentali per una buona riuscita dell'opera.

Perché mai una presentazione dovrebbe essere diversa? Il controllo su quanto fatto è un passaggio cruciale per evitare brutte figure e per migliorare l'effetto finale.

Per una buona correzione finale bisogna avere sicuramente due elementi fondamentali: spirito critico e d'osservazione e regole precise.

Il primo fa parte della predisposizione personale di ciascuno, magari in parte accresciuta da un bagaglio culturale e d'esperienza particolare. Ma lo spirito d'osservazione può essere costantemente migliorato attraverso l'attenzione e può trovare anche un momento di applicazione nella revisione della presentazione.

Intanto, bisogna avere un approccio di grande attenzione alle slide, non il semplice colpo d'occhio ma un vero e proprio metodo d'analisi della singola diapositiva e dell'insieme che si affronta. Per esempio, si può iniziare a guardare la slide dall'angolo alto a sinistra e procedere come in una pagina di libro, da sinistra a destra dall'alto in basso. In questa lettura attenta bisogna cogliere gli errori formali di testo, capire se è garantita o meno la comprensione del messaggio e registrare le impostazioni utilizzate nella grafica o nell'uso delle immagini, per verificare che siano replicate nello stesso modo anche sulle altre slide.

In questo approccio, uno dei rischi più alti è quello dell'incapacità di fermare la revisione: una volta che si comincia a correggere le slide nel tentativo di migliorare la loro leggibilità e comprensibilità, è molto facile lasciarsi prendere la mano e continuare sulla strada del miglioramento, senza poi trovare un punto d'equilibrio a cui fermarsi.

Sapere quando fermarsi, invece, diventa essenziale perché di principio, una presentazione è sempre migliorabile, tanto negli aspetti testuali quanto in quelli grafici. Questo limite può essere dettato compiutamente soltanto dall'esperienza, ma si possono anche individuare dei paletti formali.

Per esempio, quando il testo di una diapositiva è racchiuso in poche righe, ed è semplice e diretto, è difficile pensare che possa essere ulteriormente migliorato. Se la grafica delle slide è uniforme tra gruppi omogenei di slide o in tutta la presentazione, non presenta colori shoccanti ma è pulita e lineare, sarà sufficiente ai nostri scopi.

Inoltre, si tenga presente che una presentazione permette di avere un grande vantaggio rispetto ad altri strumenti di comunicazione: la lettura delle slide è guidata, indirizzata e gestita, in diretta, dal relatore, che può mettere l'accento su un aspetto o sull'altro, dedicare pochi secondi a un passaggio veloce e fermarsi alcuni minuti su uno più importante e delicato. Il ruolo di chi espone la presentazione non è mai quello di leggere le slide, ma di guidare il pubblico alla loro lettura.

Tutti questi passaggi di verifica possono essere migliorati e regolati in maniera efficace grazie all'individuazione e all'applicazione di apposite regole, a partire proprio da quelle grammaticali condivise. In questi casi, PowerPoint, come tutto Office, mette a disposizione strumenti di correzione appositi.

Gli strumenti di correzione

Tra le prime regole da tenere presente, a proposito di testi, sicuramente quelle ortografiche valgono da sole molta parte della presentazione. Commettere un errore di questo tipo in un'occasione pubblica, e una presentazione è sempre un'occasione pubblica, sarebbe imperdonabile.

Oltre alla buona base personale, in questi casi possono aiutare anche le procedure automatiche di sistema. I cosiddetti *strumenti di correzione* sono disponibili tra le opzioni di PowerPoint.

Dal menu del logo di Office, nella finestra di dialogo si scelga la voce *Opzioni di PowerPoint* e quindi, nell'elenco a sinistra, la voce *Strumenti di correzione* (Figura 9.1).

Da questa finestra è possibile comandare tutte le modalità d'uso degli strumenti di correzione, con tre blocchi logici di strumenti.

Il primo riguarda tutte le opzioni per la correzione automatica degli errori ortografici e delle variazioni di formattazione. Il secondo si riferisce alla possibilità di impostare o meno alcuni casi particolari, per esempio

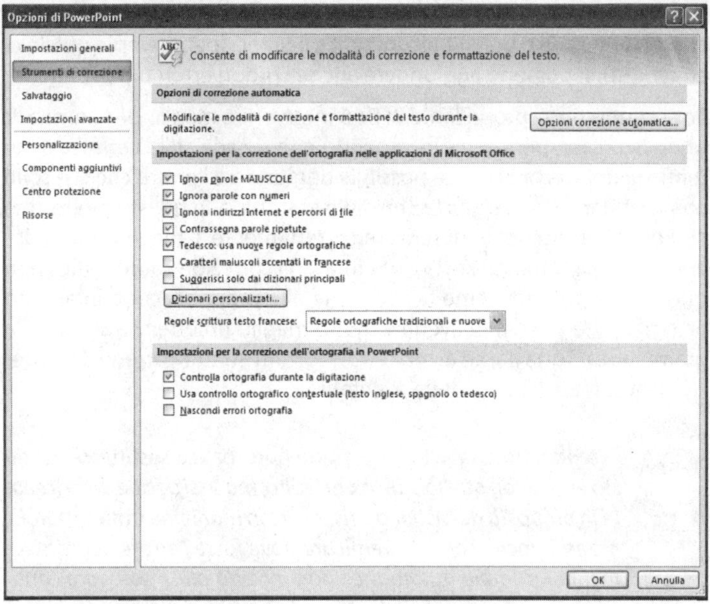

Figura 9.1 La finestra Strumenti di correzione delle Opzioni di PowerPoint.

le parole maiuscole o gli indirizzi Internet, includendoli o escludendoli dalle verifiche. In questo ventaglio è compresa anche la selezione del dizionario di riferimento per il controllo ortografico dei termini. Infine, si possono decidere le impostazioni principali del controllo ortografico.

La correzione automatica

La *correzione automatica* sostituisce automaticamente alcune forme errate con quelle corrette (non appena si preme la barra spaziatrice sulla tastiera). Dalle *Opzioni di correzione automatica* si possono decidere quali sono i casi in cui la sostituzione deve avvenire automaticamente, sia per quanto riguarda casi di formattazione del testo (maiuscole e minuscole), sia per errori grammaticali riconoscibili automaticamente (parole ripetute) sia per alcune parole in cui è facile commettere errori di digitazione o veri e propri errori ortografici.

Sostituisci il testo durante la digitazione è il comando più avanzato e utile tra quelli presenti perché permette di personalizzare il tipo di intervento automatico del sistema. Oltre ad alcuni casi facilmente riconducibili a una casistica di errori (per esempio l'alternativa tra lettere con accenti acuti o gravi) e alcuni simboli grafici (per esempio quello di copyright), si possono aggiungere anche i propri errori più comuni.

Se si conoscono i propri limiti, si può intervenire meglio per prevenirli. In questo caso, per esempio, sapendo che si cade sulla corretta ortografia di una certa parola, è possibile aggiungere l'errore che si è soliti commettere e la voce giusta che deve sostituirlo. In questo modo, non ci si dovrà preoccupare di scrivere correttamente, o meglio, non si dovrà temere di commettere l'errore. Infatti, la correzione automatica non può essere pensata come la soluzione alle proprie lacune in ambito ortografico, e se si sa di averle è molto meglio rimettersi a studiare la grammatica. Tuttavia, se alcuni errori fortuiti sono ricorrenti, la correzione automatica può aiutare a evitarli.

Si tenga presente che Correzione automatica *sostituisce del testo errato con quello giusto una volta, ma se si decide di cancellare la proposta del sistema e riscrivere in maniera errata la parola, magari anche solo per verificare dove fosse l'errore, successivamente il cambio automatico non avverrà più. Il software continuerà a indicare come sbagliata la parola, ma senza offrire più il cambiamento automatico. Ciò avviene per lasciare comunque la possibilità di verifica finale all'utente: se si avesse necessità di scrivere proprio la parola grammaticalmente scorretta (magari per far vedere l'errore), si deve avere la possibilità di farlo.*

Le impostazioni per l'ortografia

Con gli altri comandi presenti nella finestra si passa direttamente ad agire sulle impostazioni per l'ortografia ed è quindi bene verificarli prima di iniziare a lavorare sulla propria presentazione, in modo da accertarsi che corrispondano alle scelte desiderate.

Il primo gruppo si riferisce a impostazioni valide per tutta la suite Microsoft Office, mentre il secondo, più limitato, permette di agire direttamente su talune opzioni in PowerPoint. Così, se con le prime si fissano caratteristiche generali, a comandare il modo di rilevare i possibili errori sono le impostazioni del secondo gruppo, *Impostazioni per la correzione dell'ortografia in PowerPoint*. Selezionando o deselezionando le voci è possibile verificare la correttezza di una parola mentre la si sta scrivendo oppure si può visualizzare con una sottolineatura rossa l'errore ortografico o comunque la parola non riconosciuta nel dizionario di riferimento del sistema automatico.

Mentre si prepara la presentazione, è utile non selezionare la voce Nascondi errori ortografia *delle* Impostazioni per la correzione dell'ortografia in PowerPoint, *in modo da avere sempre la possibilità di verificare se il sistema non riconosce qualche parola. Tuttavia, una volta svolto il controllo finale e risolto ogni possibile dubbio rispetto ai termini sottolineati in rosso, è bene cambiare l'impostazione di tale opzione e selezionarla. In questo modo, si avrà la certezza che la presentazione sarà pulita da eventuali sottolineature, magari riferite a parole corrette ma non riconosciute dal sistema.*

Controlli per la presentazione

L'altro grande metodo di controllo automatico di un qualsiasi documento di PowerPoint consiste nell'utilizzare le funzioni della scheda *Revisione*, gruppo *Strumenti di correzione*.

La differenza tra i due metodi è abbastanza semplice: mentre tutti gli strumenti di correzione visti in precedenza tra le opzioni di PowerPoint riguardavano impostazioni e criteri generali (riferiti al software specifico o all'intera suite Office), questo gruppo nella scheda *Revisione* presenta dei comandi attivabili e utilizzabili nel documento attivo.

Il Controllo ortografia di questo gruppo funziona come un servizio di ricerca all'interno del documento di testo, parole o formattazioni non riconoscibili nel dizionario interno del software: inizialmente invisibile, quando trova una parola sconosciuta, il sistema apre una finestra di dialogo che chiede all'utente quale tipo di opzione voglia scegliere (Figura 9.2).

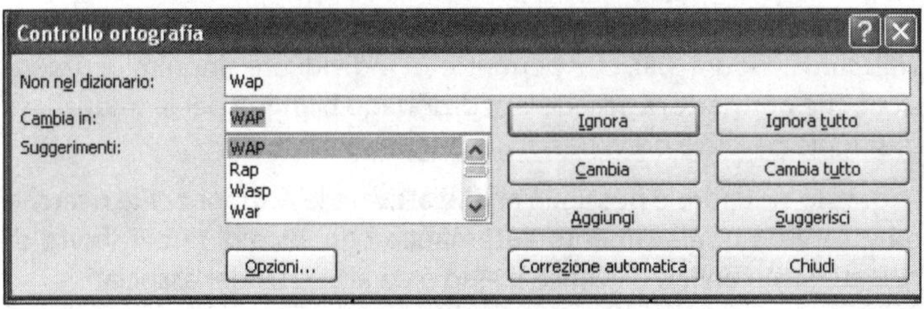

Figura 9.2 La finestra di dialogo Controllo ortografia quando ha individuato una parola sconosciuta al dizionario di sistema.

A questo punto l'utente può decidere quale opzione scegliere: *Ignora* fa in modo che il sistema non intervenga sulla parola selezionata, *Cambia* la sostituisce con quella indicata e scelta tra i suggerimenti visualizzati nella stessa finestra, *Aggiungi* fa in modo che la parola sconosciuta sia inserita nel dizionario di sistema e così via. Non manca la possibilità di passare alla visualizzazione degli *Strumenti di correzione* presenti tra le *Opzioni di PowerPoint* scegliendo il pulsante in basso *Opzioni*.

Una volta scelto il comando desiderato, il controllo ortografico passa direttamente alla successiva voce non trovata nel dizionario, portandosi sulla slide in cui è contenuta e aprendo immediatamente la finestra di dialogo.

Il controllo ortografico parte dalla slide in cui si è posizionati e procede fino al termine del documento, dove il sistema indica per ultima la possibilità di riprendere il controllo dal principio o terminare l'operazione.

Il riquadro ricerche

Il comando *Ricerche* del gruppo *Strumenti di correzione* della scheda *Revisione* permette di attuare la ricerca del termine su cui è posizionato in quel momento il cursore in una serie di materiali di riferimento, in particolare nei dizionari precaricati per le diverse lingue.

Facendo clic su di esso si apre un riquadro a destra nella finestra di visualizzazione normale delle slide.

In esso è possibile attuare materialmente la ricerca (che comunque parte in automatico) e verificare i risultati ottenuti.

In questo stesso riquadro vengono svolte anche le funzioni degli altri due comandi successive a *Ricerche* nella barra multifunzione, ovvero *Thesaurus* (Figura 9.3), che permette di individuare sinonimi, e *Traduzioni*, che permette di accedere al dizionario bilingue per la traduzione di singole parole o brevi frasi fra le lingue selezionata.

In questo riquadro è possibile anche attivare le opzioni per le ricerche e un servizio di rilevamento automatico periodico di nuovi servizi di ricerca forniti online da Office stesso o da altri provider associati.

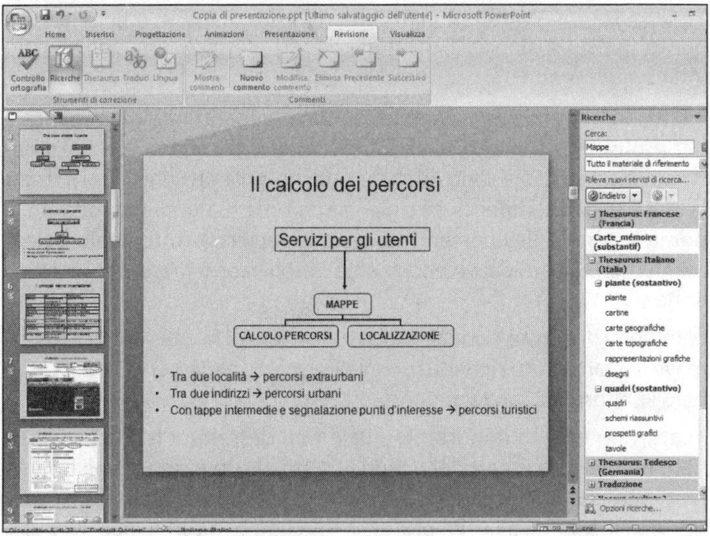

Figura 9.3 Sulla destra è visibile il Riquadro ricerche con le proposte del Thesaurus Italiano.

Per la sola opzione relativa ai sinonimi, invece che accedere al riquadro ricerche, si può semplicemente e più velocemente fare clic con il pulsante destro del mouse sulla parola selezionata e quindi scegliere la relativa voce che farà apparire in un menu contestuale i diversi suggerimenti del sistema.

Correzioni personali: fare editing

Per quanto possano essere utili in una fase di ultima correzione veloce e siano uno strumento di grande aiuto nella fase di preparazione della presentazione, tutti gli automatismi di sistema per le correzioni presentano dei limiti abbastanza evidenti a chiunque abbia un minimo di dimestichezza con il software.

Si va dall'incapacità di cogliere il valore semantico delle parole, per cui basta che ortograficamente la parola esista per evitare che il sistema la segnali come errore, alle ristrettezze del dizionario precaricato, anche se questo limite è superabile con un attento, progressivo e costante lavoro di inserimento di nuove parole.

Ciò che appare chiaro è come rimanga indispensabile il criterio di correzione umano, cioè l'attenzione, la preparazione e la cultura del singolo utente che prepara la presentazione.

Se questo rappresenta (o dovrebbe rappresentare) una garanzia dal punto di vista sostanziale, dal punto di vista formale rimangono però intatti molti problemi.

Infatti, non è sufficiente avere una buona preparazione grammaticale per risolvere tutti quei piccoli dubbi formali che sono propri del mondo editoriale ma che sono riproposti anche nelle presentazioni in tutta la loro carica dirompente. Le sigle vanno tutte maiuscole o soltanto la prima lettera lo deve essere? Le cariche societarie sono maiuscole o minuscole? Gli indirizzi o anche solo i titoli vanno messi per esteso o abbreviati?

I problemi di questo tipo che si possono avere di fronte sono tantissimi ma in sostanza tutti riconducono all'esigenza fondamentale di mantenere l'uniformità del documento.

Infatti, non è tanto importante quale tipo di scelta si faccia (e spesso nemmeno esiste un modello o un criterio giusto e uno sbagliato) ma piuttosto che tale scelta sia rispettata per tutto il documento. Chi si occupa di editoria a livello professionale può ben capire di che cosa si stia parlando, semplificando molto il ragionamento.

Questo tipo di lavoro va sotto il nome di *editing* (formale, propriamente, perché poi esiste anche un editing contenutistico). La miglior scelta per fare editing in modo efficace è quello di dotarsi preventivamente di norme di stile adeguate: prima di iniziare a scrivere la nostra presentazione, è opportuno chiarirsi quale scelta fare per tutti i possibili problemi formali che si incontreranno, e poi attenersi rigorosamente a quel tipo di scelta fatta.

Ciò vale per i dubbi formali relativi al testo, ma in generale si possono individuare linee guida che contemplino anche la soluzione di possibili dubbi relativi alla parte grafica. Si devono usare solo colori aziendali oppure se ne possono scegliere altri? Le immagini devono essere solo riproduzioni fotografiche oppure si possono usare altre tipologie? Come ci si deve comportare con i video?

Le linee guida e le norme di stile contribuiscono quindi a definire gli standard da seguire per tutta la presentazione: e non si pensi che sia un lavoro eccessivo per una semplice presentazione. Intanto, il buon senso indica che se avremo solo una ventina di slide, questi standard potranno a buon diritto essere pensati in anticipo senza bisogno però di essere formalizzati e scritti nero su bianco.

Se la presentazione invece contempla 80 o 100 diapositive, avere un documento nel quale sono segnati i principali dubbi con i tipi di soluzione migliori da adottare potrebbe essere utile.

E per i puristi del contenuto, si ricordi che, pur senza essere un errore apparente, l'assenza di standard può essere colta dall'occhio dello spettatore, anche inconsciamente, e creare un effetto di disturbo che pone un'ipoteca sull'esito positivo della comunicazione.

A proposito di linee guida e norme di stile, è da notare che molte società le adottano al proprio interno proprio per mantenere uniforme tutta la comunicazione istituzionale. Anche le presentazioni in PowerPoint, a uso interno e a uso esterno, dovrebbero attenersi alle regola più ampie di comunicazione individuate dagli appositi uffici delle società.

Strumenti di collaborazione...

Avere degli standard espliciti diventa un obbligo dal quale non si può prescindere se la presentazione porta una firma collettiva o comunque prevede un'ampia fase di condivisione.

Anche in PowerPoint, come negli altri software della suite Office, ci sono diversi strumenti a disposizione degli utenti per una creazione di tipo collaborativo della presentazione.

I più semplici si ritrovano nella stessa scheda *Revisione*, nel gruppo *Commenti*. Funzionando non diversamente dai commenti degli altri programmi di Office, grazie a questi comandi è possibile inserire un *Nuovo commento* nella slide riferito al testo selezionato oppure cambiarlo con *Modifica commento* o *Elimina* (Figura 9.4).

Questo comando permette tre diverse opzioni, che appaiono come un piccolo menu a cascata quando si fa clic sulla freccia di fianco a esso. Le tre voci disponibili indicano la semplice eliminazione del commento selezionato (lo stesso effetto che si ottiene facendo clic sullo stesso comando *Elimina*), la cancellazione di tutti i commenti presenti nella presentazione oppure una sua variante estesa che cancella non solo i commenti ma anche le annotazioni a penna (ovvero le annotazioni fatte in sede di presentazione direttamente sulle slide).

Quando si crea un nuovo commento o si modifica uno esistente, il sistema riporta automaticamente il nome registrato nel PC dove avviene la modifica e la data: per il resto, l'autore può scrivere liberamente la propria annotazione.

Successivamente, per verificare la presenza dei commenti è sufficiente utilizzare il comando *Mostra commenti* dello stesso gruppo *Commenti*

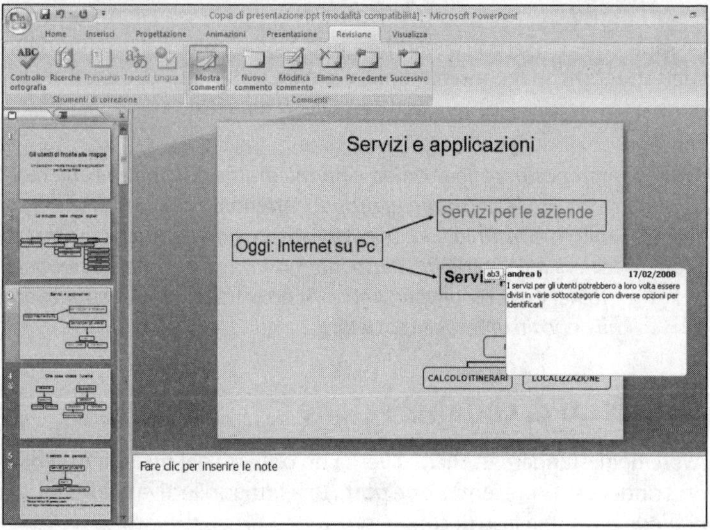

Figura 9.4 L'inserimento di un commento su una slide.

nella scheda *Revisione*. Per passare da uno all'altro senza dover osservare ogni singola slide (nella quale il commento, chiuso, viene visualizzato come un piccolo rettangolo evidenziato in corrispondenza del suo inserimento) si possono quindi utilizzare i comandi *Precedente* e *Successivo*.

Analogamente ai commenti, altre annotazioni possono essere inserite in fase di creazione della presentazione nell'apposito spazio in basso presente nella modalità di visualizzazione *Normale*. In questo riquadro è possibile inserire annotazioni che non saranno visibili nella modalità di visualizzazione *Presentazione*.

La differenza tra i due metodi di annotazione visti consiste soprattutto nella posizione: i commenti possono essere inseriti a livello di singola parola, per indicare un cambiamento, un dubbio o una nota molto puntuale, mentre l'utilizzo del riquadro di annotazione si addice meglio a considerazioni generali su tutta la slide e sulla sua impostazione.

... e condivisione

Le annotazioni e i commenti assumono un valore particolare se la presentazione è condivisa con altri. PowerPoint 2007 fornisce strumenti adeguati anche a questo di tipo di esigenza.

Il primo e più semplice consiste nella possibilità di inviare la presentazione ad altri utenti con un semplice passaggio. Dal menu del logo di Office basta scegliere la voce *Invia*, che nell'area di destra della finestra propone subito due diverse opzioni: *Posta elettronica* o *Fax Internet*.

Scegliendo il primo caso, il sistema apre automaticamente un nuovo messaggio di posta elettronica con il software predefinito e inserisce la presentazione (a quello stato di avanzamento, facendo un salvataggio automatico) come allegato. All'utente non resta che indicare l'indirizzo di spedizione. Analogamente, l'opzione *Fax Internet* consente di aprire una finestra del browser per collegarsi al provider di servizi web con il quale è possibile inviare la presentazione (secondo le limitazioni imposte dal provider stesso).

Questo non è l'unico strumento di condivisione previsto, anzi tutto sommato non è particolarmente funzionale né veloce: se è vero che è possibile trasmettere la presentazione in maniera efficace, il sistema non prevede caratteristiche specifiche di condivisione.

Per accedere a esse, bisogna scegliere dallo stesso menu del logo di Office la voce *Pubblica*. Qui le possibilità variano dalla creazione di una cartella per la masterizzazione su CD alla pubblicazione su server centrale di una rete per l'accesso multiutente (Figura 9.5).

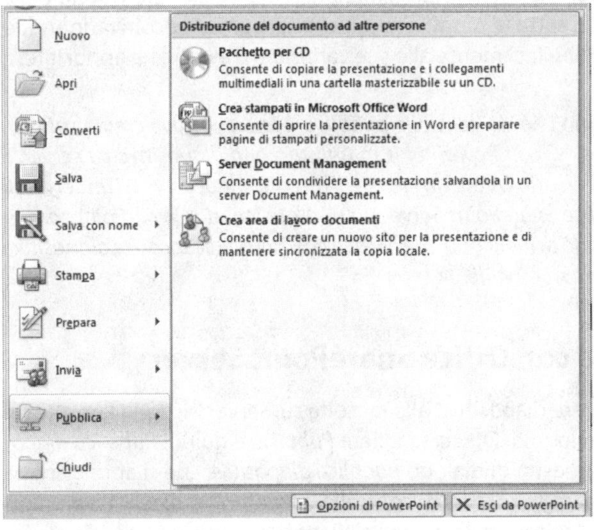

Figura 9.5 Le opzioni nel riquadro di destra della voce Pubblica nel menu del logo di Office.

Quest'ultima caratteristica assume un valore aggiunto se il server ha installata e funzionante una versione di Office SharePoint Server 2007, un'applicazione pienamente compatibile con la suite Office e pensata appositamente per la creazione collaborativa e condivisa di documenti.

Il contenuto delle diapositive della presentazione è riutilizzabile memorizzando singoli file di diapositiva in una raccolta diapositive presente sul server. L'interscambio tra la presentazione di PowerPoint e la raccolta diapositive sul server è molto avanzato.

Inoltre, utilizzando gli aggiornamenti della raccolta diapositive sul server è possibile associare una diapositiva inserita in una presentazione sul computer alla diapositiva originale contenuta nella raccolta diapositive sul server.

Così, ogni volta che si apre la presentazione sul computer, PowerPoint notifica all'utente se la diapositiva è stata aggiornata sul server. L'utente può allora ignorare l'aggiornamento, aggiungere una nuova diapositiva alla diapositiva non aggiornata o sostituire la diapositiva non aggiornata con quella aggiornata. In questo modo, più utenti possono contribuire ad arricchire una presentazione avendo la certezza di lavorare sempre sul documento più avanzato.

In Office SharePoint Server 2007 è disponibile una caratteristica di controllo delle versioni che è possibile utilizzare per tenere traccia della cronologia di tutte le modifiche apportate a una diapositiva, in modo da poter risalire facilmente alle sue variazioni e a chi le ha apportate.

Prima che sia possibile pubblicare le diapositive create sul proprio PC con PowerPoint in una raccolta diapositive su server, è necessario creare un elenco di raccolte diapositive su un server di Office SharePoint Server 2007. A quel punto PowerPoint sarà in grado di individuare le diverse posizioni delle raccolte diapositive nella rete locale.

Lavorare con Office SharePoint Server

Per aggiungere diapositive alla raccolta sul server bisogna fare clic sul pulsante del logo di Office, scegliere *Pubblica* e quindi *Pubblica diapositive*. Nella finestra di dialogo *Pubblica diapositive* che si apre bisogna poi selezionare le caselle di controllo accanto alle diapositive che si desidera pubblicare nella raccolta diapositive oppure fare clic su *Seleziona tutte* per caricarle tutte. In *Nome file* si potrà quindi assegnare un nuovo nome ai file esistenti oppure accettare quelli automatici del sistema (con nome e ID univoco sequenziale), dare una breve *Descrizione*, se si desidera, e poi dalla voce *Pubblica su* immettere o fare clic sulla posizione della raccolta diapositive nella quale si vuole pubblicare le diapositive, facendo infine clic su *Pubblica*.

L'operazione contraria, aggiungere diapositive da una raccolta diapositive sul server alla presentazione sul proprio PC, è altrettanto semplice. Bisogna prima di tutto aprire la presentazione a cui si desidera aggiungere una diapositiva, quindi bisogna fare clic sulla freccia sotto *Nuova diapositiva* nel gruppo *Diapositive* della scheda *Home* e quindi scegliere la voce *Riutilizza diapositive*.

A destra della visualizzazione *Normale* si apre il riquadro *Riutilizza diapositive*: nella casella *Inserisci diapositiva da* si deve immettere la posizione precisa con il percorso in cui si trova la raccolta diapositive oppure cercare il percorso corretto facendo clic su *Sfoglia* (Figura 9.6).

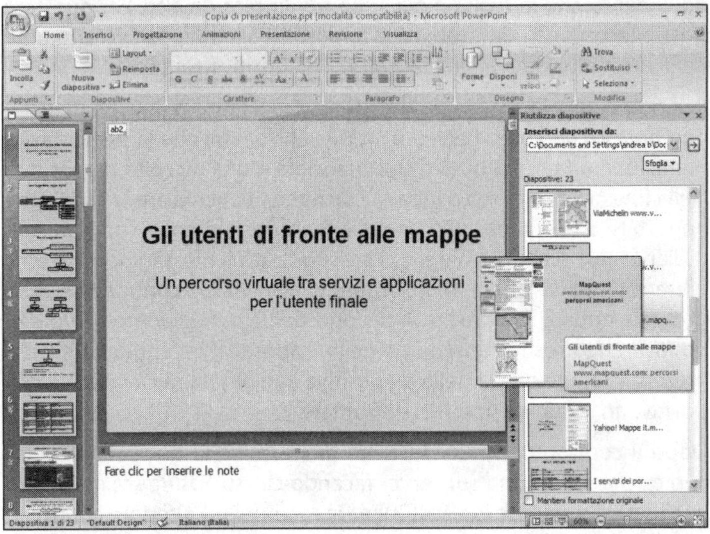

Figura 9.6 Il riquadro Riutilizza diapositive con l'anteprima delle slidee una di esse ingrandita.

Una volta individuata la raccolta diapositive prescelta (ma anche il file, poiché questo comando permette genericamente di inserire nella presentazione corrente diapositive già create in altre presentazioni), essa compare sotto forma di piccole anteprime nel riquadro stesso. Posizionando su una di essa il cursore, l'immagine viene ingrandita e il suo contenuto testuale viene rappresentato anche nella finestra di dialogo che il cursore apre.

Facendo clic, quella specifica diapositiva viene aggiunta alla presentazione.

Se si desidera ricevere un avviso quando una diapositiva aggiunta alla presentazione da una raccolta diapositive viene modificata, nella parte inferiore del riquadro Riutilizza diapositive *si può selezionare la diapositiva inserita e quindi spuntare la casella di controllo* Avvisa se la diapositiva viene modificata.

Nell'utilizzo di strumenti di condivisione diventa fondamentale conoscere sempre lo stato d'avanzamento dei lavori sia sulle singole slide sia sull'intera presentazione, per non correre il rischio di lavorare a un documento che in realtà è già stato modificato da altri. Per questo è possibile verificare le modifiche apportate alle diapositive aggiunte nella presentazione da una raccolta di diapositive sul server.

Quando si apre la presentazione, viene visualizzata la finestra di dialogo *Controlla aggiornamenti diapositive*, che avvisa che la presentazione include una o più diapositive associate a una raccolta diapositive. Nella finestra di dialogo è inclusa l'opzione per verificare le modifiche apportate a tali diapositive: se nella presentazione non sono presenti diapositive da aggiornare, verrà visualizzato il messaggio *Non sono presenti diapositive aggiornate in questo momento*. Al contrario, se sono presenti, appare la finestra di dialogo *Conferma aggiornamento diapositive*, che mostra l'anteprima della diapositiva da aggiornare nella presentazione e quella della diapositiva aggiornata nella raccolta diapositive, in modo da poterle confrontare.

Dopo il confronto, si può decidere di sostituire la diapositiva locale con quella modificata sul server facendo clic su *Sostituisci*, ma si può anche aggiungere senza sostituire (magari per un ulteriore controllo) scegliendo *Aggiungi* (che inserisce la slide nella presentazione subito dopo quella locale non aggiornata).

La fine della collaborazione

Prima o dopo si raggiunge inevitabilmente una versione finale anche nella creazione di presentazioni condivise e collaborative.

A questo proposito è bene, una volta ottenuta la versione finale, impostare alcune funzioni che mettono al riparo da ulteriori modifiche. Per questo motivo, è possibile utilizzare il comando *Segna come finale* per rendere la presentazione nella sua versione finale di sola lettura e indicare agli altri utenti che la fase di realizzazione è finita. Dal menu del logo di Office si deve scegliere la voce *Prepara*, che dà accesso a varie funzioni tra cui anche *Segna come finale*.

Quando una presentazione è contrassegnata come finale, i comandi di modifica, gli indicatori di correzione e la digitazione sono disattivati e gli utenti che visualizzano il documento non possono modificarlo in modo accidentale. Tuttavia, possono continuare ad apportare modifiche perché questo comando non è di per sé una caratteristica di protezione. Chiunque può modificare un documento contrassegnato come finale semplicemente disattivando l'opzione *Segna come finale*, ma è evidente che a questo punto si tratta di un gesto volontario e responsabile.

Prima di condividere una versione finale, inoltre, è possibile controllare il documento per verificare l'eventuale presenza di metadati, informazioni personali e contenuto nascosti all'interno della presentazione.

Il comando *Controlla documento*, accessibile dal menu del logo di Office alla voce *Prepara*, è in grado di individuare e rimuovere informazioni quali commenti, annotazioni a penna, proprietà del documento, informazioni del server Document Management, oggetti invisibili, contenuto all'esterno delle diapositive, note della presentazione e dati XML personalizzati. Tutti questi elementi possono essere selezionati o deselezionati dalla finestra di dialogo che si apre una volta scelto il comando (Figura 9.7).

Questo tipo di comando è molto utile quando si lavora con software o modelli messi a disposizione da un'organizzazione aziendale, nei quali i dati potrebbero essere inseriti a prescindere dalla propria attenzione a non farlo. In questi casi, per una società è sempre preferibile non rendere divulgabili dati e informazioni riservate, per quanto non particolarmente sensibili. Questo comando permette automaticamente di risolvere ogni problema ripulendo l'intero documento da tale tipo di contenuto.

Piccole prove di usabilità

I test di usabilità, in particolare per le funzionalità dei siti web e dei software, sono prove molto serie e rigorose, condotte secondo specifici

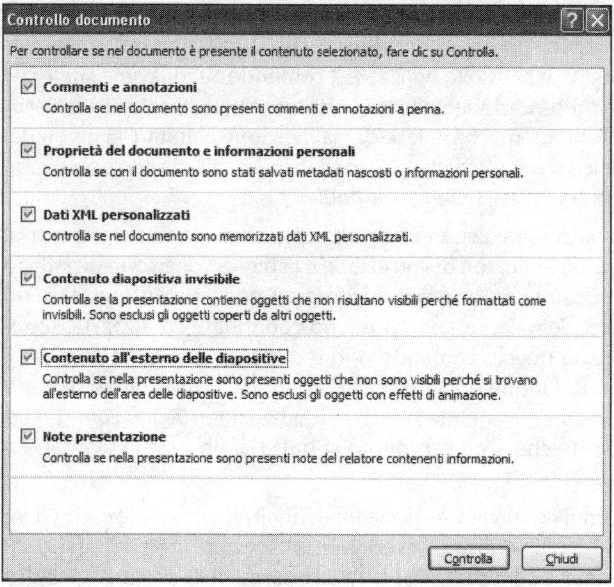

Figura 9.7 Le opzioni della finestra Controllo documento.

parametri sperimentali che sono in grado di fornire agli studiosi dati molto importanti sullo sviluppo del sito o del software.

Si tratta di una premessa essenziale, perché ciò a cui vogliamo invitare da queste pagine, invece, non è niente di così serio e rigoroso. Tuttavia può essere altrettanto utile. Infatti, il principio alla base dei test di usabilità rigorosi è quello di far provare agli utenti il sito o il software e rilevare i loro comportamenti messi di fronte alle funzionalità proposte, rilevando problemi ed elementi di successo, pecche e migliorie.

Allora, vista in quest'ottica, fare una piccola prova di usabilità della propria presentazione non diventa un fatto sacrilego. È sufficiente, una volta preparate le proprie slide, consegnarle a poche persone, magari di cui si conosce e apprezza lo spirito critico, chiedendo loro di segnalare ed evidenziare qualsiasi tipo di osservazione ritengano utile. Per farlo, magari potranno avvalersi proprio dei commenti o delle note, cioè di quegli strumenti di collaborazione esaminati poco sopra.

È evidente che tale lavoro non può avere un rigore scientifico in grado di portare soluzioni travolgenti, eppure si tratta di un'operazione che permette di avere una prima impressione globale e dettagliata sulla presentazione.

I controlli tecnici

Finora ci siamo dilungati su tutti quegli aspetti relativi al controllo della forma o del contenuto, con riferimento alle possibilità di condivisione e collaborazione tra diversi utenti.

Se queste verifiche sono fondamentali, non è da trascurare però il secondo grande aspetto relativo ai controlli, quello sugli elementi tecnici. Infatti, spesso buone presentazioni soffrono di situazioni in cui qualche dettaglio tecnico non è al proprio posto e impedisce la visualizzazione o comunque la fruizione ottimale della presentazione.

Molti degli errori più comuni e pratici che portano a problemi tecnici sono già stati segnalati con riferimento alle singole parti di questo libro, ma ci sono anche questioni più generali in cui i problemi tecnici possono derivare anche da situazioni fuori dal proprio controllo e non strettamente legate a errori di impostazione.

La compatibilità

È una delle novità più evidenti di PowerPoint 2007. L'estensione dei file una volta salvati è .pptx con l'aggiunta di quella *x* finale che è tipica di tutte le applicazioni della suite Office in versione 2007.

Questo piccolo cambio di formato fa in modo che un file con tale estensione non sia visualizzabile da software precedenti alla versione 2007. Insomma, tra le versioni precedenti e l'ultima esistono dei problemi di compatibilità.

Proprio per questo motivo, nel menu del logo di Office è disponibile il comando *Esegui verifica compatibilità*. Il sistema effettua una rilevazione degli eventuali problemi di compatibilità indicandoli e suggerendo anche la soluzione più opportuna da mettere in atto. Inoltre, è possibile verificare la compatibilità della presentazione ogni volta che viene salvata, semplicemente selezionando la casella di controllo *Verifica compatibilità al salvataggio nei formati di PowerPoint 97-2003* nella finestra di dialogo (Figura 9.8).

I messaggi che il sistema restituisce quando viene effettuata una verifica di compatibilità sono di due tipi. Nei casi più comuni le funzionalità di modifica diventano non disponibili solo quando si apre il file in una versione precedente di PowerPoint.

Per esempio se si salva una presentazione con un elemento grafico SmartArt in un formato di una versione precedente di PowerPoint e quindi si apre il file in una versione precedente di PowerPoint, l'ele-

Figura 9.8 La funzione Verifica compatibilità al momento di salvare una versione di presentazione realizzata in PowerPoint 2007 come file di PowerPoint 97-2003.

mento grafico SmartArt verrà modificato in immagine. Se tuttavia si apre nuovamente il file in PowerPoint 2007 senza aver apportato alcuna modifica all'elemento grafico SmartArt, è possibile continuare a lavorare con tale elemento modificandolo normalmente. Si tratta in qualche modo di perdite provvisorie di funzionalità

Nel secondo caso si ha invece una perdita definitiva delle funzionalità: per esempio se è stato modificato il testo segnaposto su un layout personalizzato, tale testo andrà perso definitivamente.

Insomma, una parte di contenuto di PowerPoint 2007, quello realizzato con gli strumenti più recenti, potrebbe non essere modificabile nelle versioni precedenti del software. In questi casi, il contenuto viene trasformato in quanto di più vicino esiste, almeno per mantenere intatta l'integrità formale del documento. Le forme e il testo con effetti nuovi, per esempio, vengono convertiti in immagini di tipo bitmap nelle versioni precedenti di PowerPoint per garantire che conserveranno lo stesso aspetto in una presentazione. La contropartita è che spessore di linea, colori di riempimento e altre caratteristiche di forme e testo non sono in alcun modo modificabili. Inoltre, si perdono eventuali funzionalità di animazione, che non saranno riprodotte durante la presentazione.

Per aggirare il problema di modifica di elementi non compatibili, è sufficiente ricordarsi di lavorare sempre su un originale nell'ultima versione del software, ottenendo in versioni precedenti soltanto delle copie. Quando si vuole salvare il documento in una

versione precedente, per esempio un file di PowerPoint 97-2003, si scelga il comando Salva con nome *in modo da creare una copia, magari con lo stesso nome dell'originale che rimane però attivo: in questo modo su tutti gli elementi, compresi elementi grafici SmartArt, forme e oggetti, sarà sempre possibile lavorare nella versione di PowerPoint 2007 originale.*

Le principali caratteristiche di PowerPoint 2007 che subiscono modifiche dopo l'apertura con versioni precedenti di PowerPoint sono riportate nella tabella seguente, che comunque non è da ritenersi esaustiva.

Caratteristica di PowerPoint 2007	**Modifiche apportate alla caratteristica**
Grafici (tranne quelli di Microsoft Graph)	Sono convertiti in oggetti modificabili ma, una volta cambiati, il loro aspetto può variare alle successive riaperture in PowerPoint 2007.
Forme, immagini, oggetti, animazioni e nuovi effetti (testi bidimensionali e tridimensionali, effetti, riempimenti e ombreggiature sfumati)	Sono convertiti in immagini non modificabili.
Elementi grafici SmartArt	Sono convertiti in immagini non modificabili.
Temi (compresi colori, effetti e caratteri del tema)	Sono convertiti automaticamente in stili equivalenti, ma alla successiva riapertura in PowerPoint 2007 non mantengono alcune funzioni di cambiamento automatico.
Layout diapositiva personalizzati	Sono rappresentati come schemi multipli.

Per aprire, modificare e salvare la presentazione di Office PowerPoint 2007 in una versione precedente di PowerPoint, senza prima salvarla nel formato di file della versione precedente, è possibile scaricare dal sito Internet di Microsoft il software Microsoft Office Compatibility Pack per formati di file di Word, Excel e PowerPoint di Office 2007. Si tratta in sostanza di una soluzione che permette di ottenere piena compatibilità tra versioni differenti di questi programmi della suite Office. Aggiornamenti e convertitori esistono con versioni specifiche per Office 2000, Office XP e Office 2003.

Dopo che tali software sono stati installati sui computer con versioni precedenti di PowerPoint 2007, tutte le presentazioni effettuate in questo formato saranno convertite automaticamente all'apertura in modo che sia possibile modificarle e salvarle. Alcune caratteristiche e formattazioni potrebbero andare temporaneamente perse, ma sarebbero ripristinate alla successiva apertura con l'ultima versione del software.

Problemi di compatibilità esistono anche con altri software per la creazione e la gestione di presentazioni digitali. Oltre a PowerPoint, il prodotto Microsoft compreso nella suite Office che è il protagonista assoluto del mercato, un altro programma con una certa diffusione è Impress, che fa parte della suite OpenOffice.org molto diffusa tra chi utilizza sistemi operativi GNU/Linux. Impress ha molto in comune con PowerPoint, dalle tipologie di visualizzazione alle funzionalità avanzate. La compatibilità tra i due è garantita da alcune funzioni specifiche di cui è dotato Impress OpenOffice.org (funzione Pilota*). Ciò che si ottiene passando da un formato all'altro può presentare piccoli problemi di formattazione, e si tenga presente che la piena compatibilità è garantita con versioni di PowerPoint ormai ampiamente testate (per esempio la 2003). In generale, comunque, l'interscambiabilità e la compatibilità sono garantite, almeno per quanto riguarda il contenuto.*

PDF forever

La compatibilità tra versioni differenti dello stesso software o tra programmi che girano su sistemi operativi diversi non è l'unica declinazione dei problemi che si possono presentare per la corretta rappresentazione e visualizzazione della presentazione così come è stata preparata.

La certezza assoluta di riprodurre ciò che si è creato è affidata soltanto all'utilizzo, durante la presentazione pubblica, del computer su cui si è preparata la presentazione. In realtà la suite Office 2007 garantisce a sufficienza il mantenimento delle impostazioni preparate, e quindi è sufficiente utilizzare anche sul computer dell'occasione pubblica PowerPoint 2007 per essere abbastanza al sicuro. Abbastanza, perché la certezza manca.

Basta avere utilizzato in sede di presentazione font particolari, che potrebbero non essere installati sul computer, per far saltare la formattazione dei testi. Basta che la risoluzione dello schermo sia diversa o che proprio sia diverso lo schermo per ottenere delle leggere differenze in termini di rappresentazione grafica (soprattutto dei colori).

L'unico modo, quindi, per avere una ragionevole certezza che quanto realizzato sarà visto esattamente come lo si è creato è quello di utilizzare lo stesso computer. Un'alternativa è rappresentata dall'effettuare una prova accurata precedente alla presentazione ufficiale, in modo da verificare di persona che tutto funzioni a dovere. Ulteriore alternativa, infine, è quella di trasformare la propria presentazione in un documento PDF.

Il PDF (Portable Document Format*) è un formato di file elettronico basato su layout fisso che consente di mantenere la formattazione dei documenti e di attivare la condivisione di file. Il formato PDF garantisce che un file visualizzato in linea o stampato mantenga esattamente il formato previsto e che i dati in esso contenuti non possano essere modificati facilmente.*

Il salvataggio del file nel formato PDF garantisce il mantenimento dell'aspetto originale creato con la presentazione, ma significa anche rinunciare a tutte le eventuali funzioni avanzate, in particolare relative alla multimedialità e all'animazione. Il file PDF, per contro, è perfetto per la stampa del documento così come è stato creato.

Dopo aver salvato un file in formato PDF, non è possibile utilizzare PowerPoint per apportare modifiche direttamente nel documento, ma è necessario modificare il file originale di PowerPoint e quindi salvarlo nuovamente in formato PDF. Per attivare questo tipo di salvataggio, basta fare clic sul pulsante del logo di Office e quindi scegliere la voce *Salva con nome* e optare *per PDF* o *XPS*.

Nell'elenco *Nome file* si deve quindi digitare o selezionare un nome per la presentazione e nell'elenco *Tipo file* si deve selezionare *PDF*.

È quindi possibile aprire il file subito dopo il salvataggio, selezionando la casella di controllo *Apri il file dopo la pubblicazione*. Eventualmente è possibile anche definire la qualità teorica per la stampa scegliendo all'opzione *Ottimizza per* una delle due voci: *Standard* o *Dimensioni minime*. Infine, si possono valutare eventuali altre opzioni selezionando il pulsante omonimo.

Una volta stabiliti tutti i criteri desiderati non resta da far altro che fare clic su *Pubblica*.

Per visualizzare un file PDF, è necessario aver installato nel computer in uso un'utilità per la visualizzazione di PDF, per esempio Acrobat Reader di Adobe Systems.

Per la pubblicazione di un file in formato PDF secondo le modalità descritte occorre installare il componente aggiuntivo Pubblica come PDF o XPS per Microsoft Office System 2007. L'add-in si trova nelle pagine web di Microsoft Office pronto per essere scaricato e installato sul proprio computer: anche nel comando *Salva con nome* del menu del logo di Office sono disponibili le informazioni relative per rintracciarlo online qualora non fosse ancora installato.

L'alternativa è quella di affidarsi a uno dei software disponibili (gratuiti e a pagamento) utili proprio per le trasformazione di file di vario tipo in file di formato PDF. Tra essi, sicuramente prima degli altri deve essere preso in considerazione il programma Adobe Distiller, un'applicazione contenuta nella suite Adobe Acrobat. Questo strumento aggiunge una stampante virtuale alle risorse di sistema in modo che, avviando la stampa di un documento PowerPoint, tra le possibilità di scelta compaia anche Acrobat Distiller: invece di stampare, scegliendo questa opzione si trasformerà direttamente il documento in un file in formato PDF.

Con PowerPoint 2007 è possibile salvare la presentazione in diversi formati: oltre a tutti quelli più strettamente relativi a PowerPoint stesso (dalle versioni precedenti a file modello di PowerPoint) e al formato PDF appena visto, è da segnalare la possibilità di salvarla come file HTML (pagina web salvata come cartella con un file con estensione .htm e tutti i file di supporto, per esempio immagini, file audio, fogli di stile CSS, script e così via; è utile per inserire una presentazione in un sito) oppure come file con una delle estensioni grafiche per le immagini come .gif, .jpeg, .png, .tif e .bmp.

Capitolo 10

La presentazione efficace

La nostra lunga carrellata su PowerPoint ci ha portato spesso ad affrontare le diverse scelte disponibili tecnicamente allo scopo di raggiungere un risultato o un altro in termini comunicativi.

Quello che resta da fare è dunque capire dove risiede il sacro fuoco, dove stanno quei piccoli o grandi trucchi, quelle accortezze, quelle scelte di fondo che fanno la differenza tra una presentazione e una presentazione efficace.

Ma tanto per cominciare è bene chiarire che una presentazione è efficace soltanto dopo che si è tenuta con successo. Prima lo può essere in teoria, ma non è detto che lo sia anche nella pratica. E a questo proposito forse vale anche la pena di rivalorizzare le semplici, chiare, normali presentazioni, che si pongono uno scopo e lo raggiungono senza troppi pensieri. Anche queste a ben vedere sono efficaci.

Per partire alla ricerca di ciò che può rendere una presentazione efficace, dunque, è bene fare un'analisi a ritroso, iniziando proprio dagli errori più comuni che si incontrano quando si partecipa come spettatori a presentazioni più o meno professionali.

10 peccati capitali

In realtà, potrebbero tranquillamente arrivare a 100, perché ancora tanti sono gli errori di tutti i tipi, formali, tecnologici e contenutistici che si possono osservare come spettatori di presentazioni. Gran parte di essi sono causati da un eccesso di confidenza con il mezzo o da un eccesso di sicurezza nella propria capacità di centrare il segno, senza trascurare le manie di protagonismo e di esibizionismo che portano a creazioni dal discutibile gusto estetico e di nessuna efficacia comunicativa.

Per praticità, presentiamo qui gli errori più classici in un ordine casuale che non vuole riconoscere maggiore o minore importanza a uno o all'altro. Sono tutti errori capitali, da evitare assolutamente.

1. Animazione lenta

Molto belli e sicuramente scenografici, le animazioni e gli effetti multimediali sono anche dei potenti elementi di distrazione per il pubblico. Ma questo è nulla di fronte alle questioni tecniche: se una presentazione contiene diversi effetti e viene proiettata utilizzando un computer più lento rispetto a quello sul quale era stata creata, il risultato può essere quello di un effetto moviola del tutto ridicolo.

2. Clipart da cucina

Utilizzare le clipart di default disponibili in PowerPoint denota scarsa creatività e una piatta aderenza agli standard di più basso livello proposti dallo strumento. Come pochi altri elementi, poi, sono in grado di evocare l'ambiente del fai da te casalingo, cioè quanto di più lontano si possa pensare da una presentazione di carattere professionale.

3. Arlecchino servo di due padroni

Il senso estetico, se uno non ce l'ha, difficilmente può darselo: parafrasando un'espressione ben più famosa, si può dare l'idea di come tanti utenti ritengano di poter creare presentazioni di rara bellezza estetica, originali e vivaci, a partire da un uso insolito dei colori. Di solito, invece, in questi casi si ottiene il risultato di creare arlecchinate di colori il cui accostamento in paesi civili dovrebbe essere impedito per legge.

4. Uno scanner dannoso

Perché ricreare una tabella secondo lo schema compositivo con cui si è realizzata la presentazione? Molto meglio prendere la tabella già esistente, preparata da altri con altre finalità, e metterla dentro così com'è demandando poi all'esposizione orale la capacità di sottolineare certi passaggi. Addirittura, se la tabella è disponibile solo su carta, si può passare allo scanner e inserire come immagine. Peccato che cose nate per soluzioni completamente differenti segnino il passo lasciando un prodotto del tutto illeggibile di fronte al pubblico della presentazione.

5. Il testo soffocante

Pensare di utilizzare una slide come se fosse una pagina di libro o di appunti è un'idea folle: infatti le diapositive non possono servire come supporti per fornire letture o dettagli eccessivamente lunghi (Figura 10.1). Ancora troppo spesso, però, si usano diapositive riassuntive in

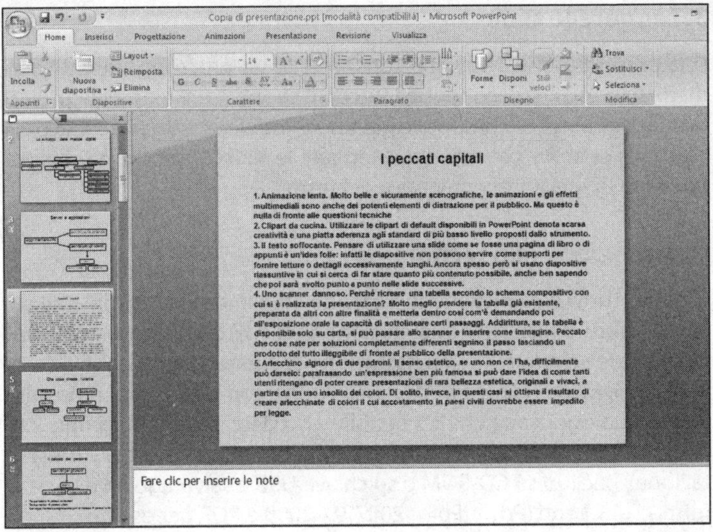

Figura 10.1 Un testo eccessivamente lungo su una slide, oltre a essere brutto, presenta problemi di dimensione di font e di separazione logica del contenuto.

cui si cerca di far stare quanto più contenuto possibile, con il risultato di usare un corpo del testo troppo basso e magari di essere costretti a dividere su due slide il contenuto nel suo complesso. Perché non sviluppare ogni singolo punto in una slide?

6. Eccesso di informazioni

Un grafico, un'immagine a contorno e una didascalia in cui si spiega un passaggio successivo, magari ciascuno con il proprio titolo e un sistema di frecce che rimanda internamente dall'uno all'altro. In una slide può trovare spazio un solo concetto, eventualmente spezzettato per chiarezza. Se si vogliono fare entrare più concetti, l'abito è troppo stretto.

7. La direzione obbligata

I *template* di PowerPoint, nei layout, nei temi, nelle strutture, possono essere utili schemi o modelli rappresentativi. Cercare di piegare il proprio contenuto a essi, però, è il modo sbagliato di utilizzarli perché se la direzione è obbligata, il senso sarà deformato. Meglio prendere spunto da essi, ma sviluppare autonomamente la presentazione.

8. Leggere le slide

Una presentazione dovrebbe consistere in un processo interattivo di discorso e ascolto con il pubblico, con il supporto di materiale proiettato. Spesso invece comporta una totale indifferenza del pubblico da parte del relatore, che si limita a leggere le slide, offrendo in sostanza poco più di una lettura guidata a del testo.

9. Attenzione alla tecnologia

Quando tutto è pronto per iniziare, inevitabilmente si scopre che sul PC da usare è installata una versione precedente di PowerPoint oppure che lo schermo ha una risoluzione che rende incompatibili certe immagini. La tecnologia deve essere usata con attenzione e provata in anticipo ogni volta che è possibile. Uso degli strumenti propri (conosciuti e testati, magari anche in fase di realizzazione della presentazione), backup su CD-ROM o su chiave USB e salvataggi in due o tre formati differenti (PowerPoint 2007, 97-2003 e PDF, per esempio) sono le risposte migliori ai possibili problemi tecnologici.

10. Contenuto inadeguato

Se i problemi di forma o quelli tecnologici possono dare l'impressione di una scarsa padronanza o attenzione ai mezzi perché si è concentrati sul contenuto, al contrario presentare un contenuto inadeguato o non verificato non ha alcuna giustificazione. Il contenuto deve sempre essere il più possibile adatto al pubblico che si ha di fronte, verificato e comprovato nelle affermazioni perentorie, presentato con il giusto grado di dubbio o supposizione nei punti non verificabili.

Proposte positive

Visti i 10 peccati capitali delle slide, non ci resta che passare ora alle proposizioni d'intenti positivi nella realizzazione di una presentazione efficace. Alcuni principi generali possono sicuramente aiutare a costruire buone presentazioni, ma bisogna anche avere sempre presenti i limiti che vanno oltre il corretto uso degli strumenti digitali.

Prima di tutto, una comunicazione diretta fatta a voce o la profondità di un'analisi scritta non possono essere riprodotte sotto forma di presentazione. La presentazione è uno strumento diverso e non può sostituirsi a esse.

Inoltre, per quanti consigli e spiegazioni si possano dare a proposito dell'uso tecnico dello strumento, la presentazione rimane un'azione individuale e personale nella sua parte espositiva. Ciò significa che una buona presentazione di PowerPoint può essere completamente vanificata da una cattiva presenza scenica o dall'incapacità di parlare in pubblico. E in questo caso, anche la corretta indicazione di uno schema espositivo chiaro non può ritenersi esaustivo rispetto alla capacità di tenere il pubblico.

Detto questo, cerchiamo ora di delineare in positivo quali elementi possono giocare un ruolo importante nel definire con efficacia la propria presentazione.

La fase preparatoria

Prima di tutto informarsi. Questo è un consiglio che non ci si stancherà mai di ripetere. In qualsiasi occasione si dovrà dare luogo alla propria presentazione, non si dia mai per scontato che le informazioni in nostro possesso siano intoccabili e non migliorabili.

Si può partire dal pubblico. Informarsi su di esso è una buona pratica per impostare al meglio le caratteristiche generali della presentazione. Se si parla a un congresso, ci si deve fare un'idea della platea che si avrà davanti e anche dei tempi riservati a ogni relatore e della propria posizione: parlare per primi la mattina a un pubblico di specialisti è del tutto diverso da parlare per ultimi nel pomeriggio a un pubblico di spettatori generici. Presentare i dati aziendali al solo livello più alto di management è differente dal presentarli anche ai quadri.

Raccogliere questo tipo di informazioni, anche fisicamente in un documento, può essere molto utile per annotarvi ogni considerazione valida per cercare di andare incontro alle esigenze del pubblico, in termini di durata, di approfondimento e di approccio da dare alla propria presentazione.

È su queste basi che si può progettare in definitiva l'approccio complessivo e la strategia che si vogliono utilizzare per presentare il contenuto. Tutto questo, però, è evidentemente subordinato agli obiettivi che si vogliono perseguire.

Se nel dettaglio ogni presentazione inseguirà finalità proprie e precise del relatore, in generale tre sono gli obiettivi di massima che si perseguono, tutti e tre insieme oppure separatamente, tramite le presentazioni: informare, orientare o convincere. Per esempio, se a prevalere sarà lo scopo informativo, il tono dell'esposizione complessiva dovrebbe tendere a essere interessante e neutrale. Se invece si vuole orientare il pubblico, allora si argomenterà con precisione e cercando di motivare costantemente le proprie osservazioni, esponendole in maniera neutrale ma appassionata. Se bisogna infine convincere il pubblico a qualche azione, tutta l'esposizione sarà di parte, vivace e calda, in modo da smuovere gli animi al perseguimento dello scopo.

Sulla base di questi obiettivi si deciderà quale linea mantenere nell'esposizione e nella preparazione delle slide, così da utilizzare il contenuto al proprio scopo.

Contenuto e struttura

Che cosa si ha a disposizione per raggiungere gli obiettivi che ci si è preposti? Il contenuto non è soltanto il bagaglio di conoscenze proprie che il relatore si porta dietro.

Da una parte è il patrimonio di contenuti materiali che possono essere utilizzati durante la presentazione: testi, immagini, didascalie, tabelle, grafici e cartine. Dall'altra è il patrimonio di idee e concetti che si focalizzano come utili al progetto comunicativo.

Questi due aspetti di contenuto vanno trattati separatamente, almeno in fase iniziale. Il contenuto materiale deve essere oggetto di uno scrupoloso inventario per capire quale tipo di fonti possono essere citate e/o rappresentate direttamente nella presentazione. Il patrimonio di idee serve per cominciare a delineare una traccia di lavoro.

Si deve in qualche modo mappare il contenuto creando un primo schema di lavoro che tenga conto dello sviluppo dei concetti e delle argomentazioni e, di pari passo, del contenuto materiale a supporto che si può utilizzare. Questa primissima bozza di schema contenutistico può essere scritta anche direttamente nella scheda *Struttura* della visualizzazione normale di PowerPoint (Figura 10.2).

Non si faccia mai però l'errore di pensare di essere inattaccabili sul terreno del contenuto. Non si parla tanto di preparazione individuale e personale, per la quale, va da sé, ciascuno risponde come crede, quanto di preparazione specifica per la presentazione.

In funzione del pubblico che si ha davanti, infatti, sarà necessario poter approfondire un aspetto o un altro dei temi che si andranno a toccare, magari nemmeno in funzione espositiva ma semplicemente conoscitiva: non si dovrà arricchire la presentazione di ulteriori contenuti secon-

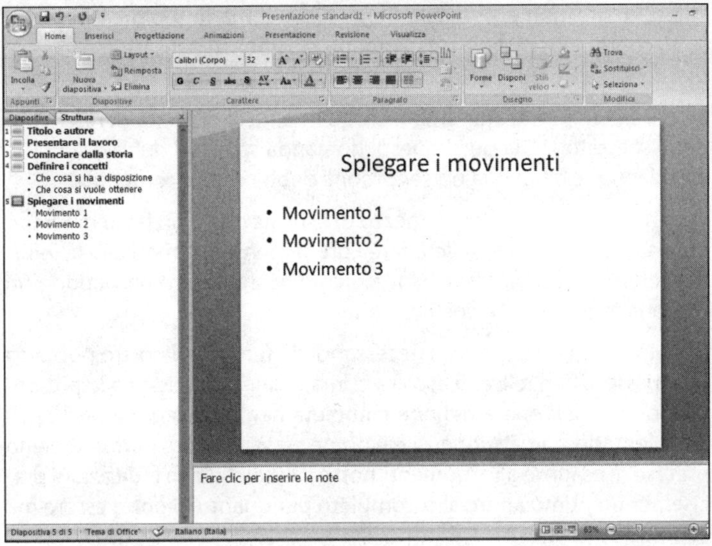

Figura 10.2 La bozza di schema può essere fatta scrivendo direttamente nella scheda Struttura della visualizzazione normale di PowerPoint.

dari, ma sarà opportuno conoscerli e saperli eventualmente gestire in rapporto ai contenuti più importanti della presentazione.

Inoltre, si faccia sempre in modo di verificare in anticipo i contenuti che si esporranno dei quali non si ha la certezza assoluta. In particolare, non ci si fidi della propria memoria per le citazioni, perché una citazione deve sempre essere completamente corretta. In generale, il dubbio è un buon metodo di approfondimento, naturalmente non su idee e concetti che vanno portati avanti in prima persona.

Lunghezza e tempi

Non ci sono regole precise, e molti esperti anzi sostengono che i supposti meriti della brevità non siano reali: ritenere di per sé valida una presentazione perché breve non sarebbe corretto.

Sicuramente c'è del vero in ciò che sostengono, ma al tempo stesso non possiamo esimerci dal prendere parte nella disputa teorica a favore della brevità. Una brevità che non deve essere tanto nel numero di slide, quanto nella rapidità d'esecuzione.

Palesemente, non è possibile generalizzare, ma in molti casi i tempi sono contingentati dagli stessi organizzatori; basti pensare ai convegni o ai congressi. E quando non sono loro a farlo, dovremmo essere noi.

Se si parla di fronte a un pubblico, quale sarà la capacità di resistenza degli spettatori? Già porsi questa domanda spazza il dubbio sul fatto che la lunghezza di una presentazione debba essere contenuta.

In genere, un'ora o un'ora e mezzo di esposizione è un lasso di tempo abbastanza ampio per raccontare i propri pensieri e motivare le informazioni/indicazioni, mentre invece comincia a essere un periodo fin troppo lungo per chi è costretto a subirci.

È ovvio che in certi casi sarà necessario più tempo e il nostro pubblico potrà essere ben felice di ascoltarci, ma in linea di massima le presentazioni non servono a definire compiutamente un argomento, bensì a presentarlo, come suggerisce il nome stesso. Quindi non si abbiano pretese di esaurire gli argomenti, non è il caso: si diano indicazioni precise per un primo approccio, completo per quanto lo potrà essere ma soprattutto chiaro.

Nessuna preclusione, invece, sul numero finale di slide, che possono essere anche 100 o più. L'importante è che, se particolarmente numerose, si forniscano sempre agli spettatori gli strumenti per capire a che punto ci troviamo e di quale sottoargomento stiamo parlando (per esempio, con indicazioni di contesto come numero di slide e titolo di capitolo).

Per esperienza, anzi, è preferibile utilizzare tante slide dedicando a ciascuna di esse pochi minuti, piuttosto che poche slide parlando ogni volta per decine di minuti. In questa scelta gioca anche la propria capacità di parlare in pubblico, ma in generale la prima opzione è preferibile, soprattutto per chi non si sente particolarmente pronto a parlare in pubblico.

I nuclei informativi delle slide

Proprio questo è uno dei segreti più importanti per creare presentazioni efficaci: dividere il contenuto in singoli nuclei informativi precisi e puntuali e quindi costringere ciascun nucleo all'interno di una slide.

Una diapositiva è un elemento compiuto in sé, anche se strettamente legata al capitolo e all'intera presentazione. Partendo da questo presupposto, la semplicità dell'esposizione sarà praticamente obbligata in quanto logica conseguenza dell'impostazione.

Questo si porta dietro altri vantaggi pratici, a partire proprio dalla brevità sia del testo sulla slide sia dell'esposizione: se si ha soltanto un nucleo informativo molto chiaro e limitato da esporre, non ci si potrà perdere in troppi rivoli, ma si sarà obbligati ad andare al nocciolo della questione, pratica sempre opportuna e spesso dimenticata dai relatori.

Ragionare sulle slide come singoli nuclei informativi ci porta inevitabilmente a considerare non solo la macrostruttura della presentazione ma anche il design di ogni diapositiva. E ancora una volta aver spezzettato il ragionamento in nuclei molto compatti di argomentazione permetterà di avere una visione più chiara e una possibilità di sviluppo più lineare (Figura 10.3).

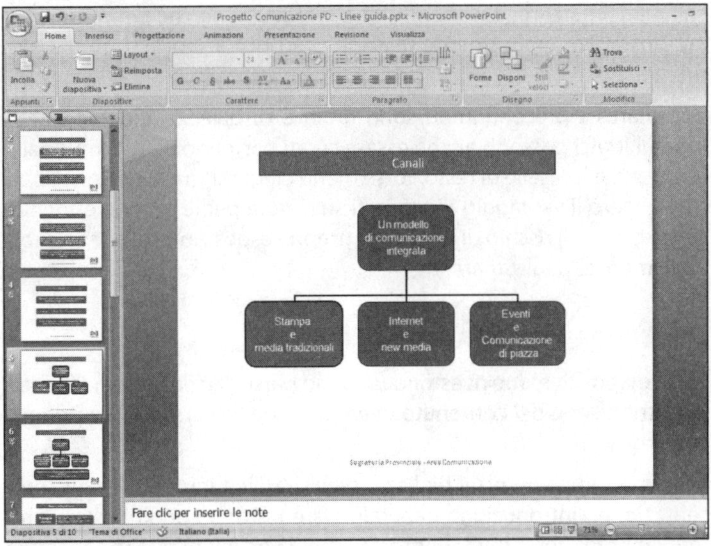

Figura 10.3 Un esempio di schema asciutto, lineare, semplice.

A questo scopo PowerPoint mette a disposizione molti strumenti preconfigurati, ma il loro uso deve essere ben ponderato: inutile piegare il proprio contenuto alle strutture di default proposte dal sistema. Meglio allora partire da slide sempre bianche, da schemi grafici creati *ex novo* e da titoli e testi posizionati dove si ritiene meglio grazie all'inserimento di caselle di testo o di segnaposto nuovi.

Proprio la capacità di occupare lo spazio della slide sfruttando le relazioni dimensionali tra oggetti o testi è un valore aggiunto importante per le diapositive. È quello che si chiama *infografica*, assolutamente da spingere nella realizzazione di una presentazione.

Le slide non sono fatte per essere lette e basta, nel senso che non si può di certo presentare un testo fitto o un paragrafo intenso per spiegare i propri argomenti. L'infografica è la soluzione ottimale perché rappresenta il connubio tra la grafica semplice – fondamentale nelle presentazioni – e il testo.

A partire dagli elenchi puntati per proseguire con grafici e tabelle, ogni possibilità di ordinare il testo grazie a elementi o strumenti grafici deve essere sfruttata. In particolare quelli che in PowerPoint 2007 sono chiamati SmartArt possono risultare molto utili perché permettono di rappresentare graficamente relazioni, rapporti e processi tra più elementi.

Gli SmartArt preconfigurati sono molti e di diverso tipo, ma questi schemi logici possono anche essere creati partendo dalle forme, dalle frecce e dalla caselle di testo. Forse meno eleganti, quelli personalizzati hanno però il vantaggio di tagliarsi su misura per le proprie esigenze, senza correre il rischio di piegare la propria esposizione alle regole formali imposte dagli SmartArt.

Due slide speciali: la prima e l'ultima

Tra le diapositive, due rivestono un ruolo particolare a prescindere dalla distribuzione del contenuto che si intende attuare: sono la prima e l'ultima.

La prima slide è un po' il biglietto da visita, l'inaugurazione della presentazione, l'introduzione generale. Dare un titolo originale (ma preferibilmente descrittivo piuttosto che evocativo) può non essere sufficiente, per la prima slide. Altri elementi sono utili: un sottotitolo che contribuisca a spiegare meglio la titolazione principale, il nome dell'autore (magari accompagnato da una fotografia) e il numero di slide complessivo (come se fossero numeri di pagina, anche con l'indicazione parziale del tipo 1 di 43).

Insomma quegli elementi di contesto adatti a questi due scopi: introdurre e dare una prima spiegazione di che cosa si rappresenterà attraverso una titolazione adeguata e dare informazioni generiche sulla durata della presentazione, sulla sua tipologia se possibile (per esempio con la definizione delle caratteristiche di ciò che si espone, del tipo "studio scientifico","rapporto confidenziale","indagine amatoriale" e via di seguito) e sull'autore.

Se la propria presentazione è introduttiva o comunque è il momento iniziale di una giornata di studio, sia che dopo di essa ci siano altri interventi sia che tutto si risolva con essa, può diventare opportuno preparare con cura una prima slide completa e accattivante anche graficamente.

Mentre il pubblico entra per prendere posto in sala, invece che lasciare uno schermo desolatamente bianco o con la proiezione dell'immagine della scrivania del PC, si può mantenere l'immagine fissa proprio sulla prima slide, in modo che i presenti possano cominciare a prendere dimestichezza con l'argomento, con l'autore e con gli altri elementi che abbiamo inserito in prima pagina.

Allo stesso modo, un ruolo molto importante è svolto dall'ultima diapositiva, quella di chiusura. In particolare, la slide di chiusura può rimanere a lungo visualizzata sullo schermo quando si apre il dibattito o anche solo per lasciare defluire il pubblico dalla sala (Figura 10.4).

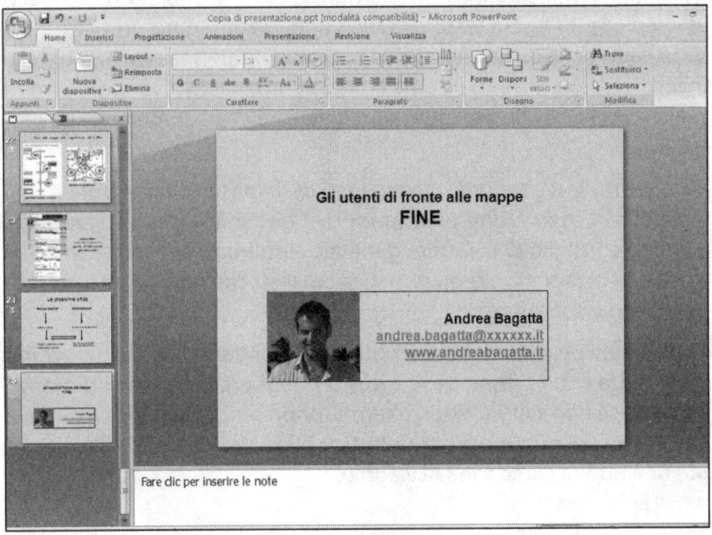

Figura 10.4 L'ultima slide di una presentazione.

Per questo motivo, invece che lasciare l'ultima slide di contenuto oppure passare a una visualizzazione neutra (nera o della scrivania del PC) è molto meglio fornire le ultime indicazioni utili a chi volesse svolgere un approfondimento o un contatto con l'autore: il titolo e l'indicazione della conclusione della presentazione possono essere accompagnati dall'elenco dei recapiti dove trovare l'autore, se pubblici o se, privati, si decide di metterli a disposizione, ed eventualmente si possono indicare pochi, utili, riferimenti o bibliografici o di risorse web. In questi casi, però, non si confonda l'ultima slide per una bibliografia ragionata: gli elementi e le informazioni devono essere poche e molto precise, per dar modo anche a un utente che sta abbandonando la sala di accorgersene e fissarle in mente prima di prendere un appunto al proposito.

I testi ragionati

Brevi, diretti, con sintassi semplici e, quando possibile, con ulteriori semplificazioni, per esempio sotto forma di elenchi puntati: così dovrebbero essere i testi delle slide.

Naturalmente devono avere un buon titolo, non evocativo ma descrittivo, e una lunghezza massima compresa entro le 500 battute (meglio attorno alle 300) se il testo è l'unico tipo di contenuto presente sulla slide. Una soglia di lunghezza che può aumentare, ma non di molto, se invece il testo è inserito – come limitata parte descrittiva – in elementi grafici o schemi che ne agevolano la lettura e la comprensibilità globale.

Per il resto, le regole per scrivere testi di diapositive opportuni e utili al pubblico sono molte ed entrano nel dettaglio della realizzazione. L'ultimo consiglio di carattere generale assolutamente indispensabile riguarda l'ortografia e la grammatica dei testi, che non devono presentare errori e sbavature.

In realtà anche sulla sintassi si potrebbe spendere qualche parola, ma già si entra in un campo dove il gusto può avere un ruolo importante. Tuttavia, se non siete scrittori affermati, non sarà un peccato ricordarsi che anche dal punto di vista sintattico e lessicale la semplicità è sempre una buona compagna di viaggio.

Testi: regole di formattazione

I testi hanno una grande potenzialità nell'impatto con gli spettatori sia per il contenuto che presentano sia per la prima impressione grafica che forniscono al pubblico. Allora è bene tenere a mente delle semplici regole di formattazione che sicuramente contribuiranno a rendere più efficaci le slide.

- Tipo di font. I font bastoni sono sempre meglio dei caratteri con le grazie perché molto più leggibili a qualsiasi distanza e dimensione.
- Dimensioni. Devono garantire la piena leggibilità a distanza ma non devono essere dei cartelloni pubblicitari. Tra 14 e 18 punti in condizioni di testo normali, 28 o 32 punti come limite massimo per i titoli.
- Grassetto e sottolineature. Sì al grassetto o a singoli colori d'evidenza, no alle sottolineature e all'uso dell'evidenziatore. È però fondamentale che siano solo le parole chiave a essere portate in evidenza. Se ce ne sono più di tre su ogni singolo blocco di testo (o uno su ogni frase se si preferisce), qualcosa non va. Se tutto si evidenzia, nulla si evidenzia.
- No alle urla. Il testo maiuscolo è abbastanza sciatto perché inutilmente vistoso. Secondo le norme di *netiquette* diffuse con il Web, corrisponde a urlare. E urlare non è mai un segno distintivo positivo.
- No agli effetti. Ombreggiature, sfumature, WordArt e tanti colori diversi per il testo non sono mai una buona idea perché confondono le idee, non migliorano la leggibilità e il loro effetto, fuori dal primo impatto, è molto limitato.
- Allineamenti e spaziature appropriate. Quando si hanno brevi testi, slogan o singole espressioni, meglio centrare il testo; nelle altre occasioni meglio l'allineamento a sinistra (ma non il giustificato, che è più difficile da gestire). In ogni caso, si creino spazi adeguati tra blocchi di testo, sia per marcare visivamente l'appartenenza di un testo a un certo blocco logico sia per evitare testi che si estendono troppo da sinistra a destra costringendo l'occhio a correre per tutta la slide.
- Punti elenco per l'elenco. Utilissimi e assolutamente da usare, tuttavia non se ne deve abusare: servono per gli elenchi, non per i paragrafi normali. Una volta adottato il punto elenco, deve essere chiaro e simmetrico di voce in voce.
- Creare testi simmetrici. In parte è una regola stilistica, ma assume un valore più stringente nelle presentazioni dove si ha l'obbligo di essere concisi e chiari. Costruire testi simmetrici può essere un grande aiuto.

- Standard gerarchici. Le dimensioni sono di per sé un ottimo strumento per creare una gerarchia dei contenuti, tra titoli, sottotitoli e corpo del testo. Una volta fatta una scelta, la si rispetti su tutte le diapositive.

La grafica è uniforme

Tra le principali esigenze che deve assolvere la grafica c'è sempre quella dell'uniformità della comunicazione. Una presentazione è una modalità frammentaria e parziale per comunicare un messaggio, e per questo motivo è molto utile che il messaggio al suo interno sia veicolato in modo uniforme.

Un'impostazione grafica unica per tutto il documento diventa fondamentale, e l'invito è quello di avvicinarsi il più possibile a una grafica di carattere professionale: pochi colori bene abbinati, unico stile espositivo, no alle clipart e sì alle fotografie, meglio se personali, moderazione e appropriatezza nell'uso delle immagini, prevalenza del valore esemplificativo e descrittivo (magari aggiungendo un nuovo spunto o un nuovo concetto all'argomentazione) piuttosto che di quello simbolico o evocativo.

Sono queste, molto velocemente, le principali linee guida da seguire nella creazione grafica di un documento di PowerPoint.

Anche le animazioni e gli elementi multimediali, croce e delizia di ogni grafico, devono essere usati con moderazione e con scopi ben precisi. Per quanto riguarda gli effetti animati, essi sono particolarmente utili per creare un effetto sorpresa capace di far concentrare l'attenzione del pubblico su un certo elemento. L'unica accortezza che si deve avere in questi casi è che l'attenzione del pubblico deve comunque finire su un elemento di contenuto e non sull'effetto sorpresa.

Per quanto riguarda i filmati, invece, possiamo individuare tre precisi scopi per i quali possono essere inseriti.

- Per sostituire presenze e testimonianze dirette impossibili da riprodurre.
- Per descrivere e portare esempi relativi a situazioni o concetti descritti in precedenza, non comuni e non conosciuti, e magari difficilmente riproducibili (Figura 10.5).
- Come stacchi e momenti di evasione rispetto a una presentazione particolarmente lunga. In questo caso comunque si deve sempre fare in modo che l'eventuale filmato abbia attinenza con quanto si sta argomentando.

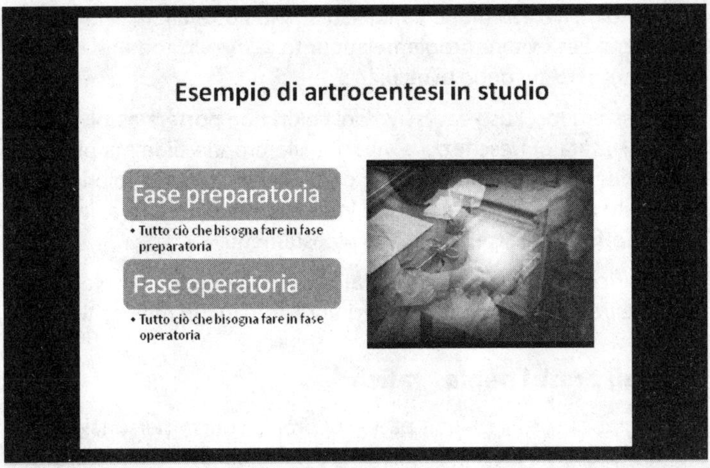

Figura 10.5 In presentazioni di carattere medico-scientifico, l'introduzione di un filmato a titolo di esempio è impagabile per spiegare alcune situazioni pratiche.

Colori sempre vivi?

Nell'ambito della grafica, uno dei temi più controversi e spinosi è quello relativo ai colori. Il gusto personale in questo caso specifico può essere molto fuorviante.

Partiamo dai pochi dati certi, allora, per esempio ragionando in termini di leggibilità. Testi scuri su fondi chiari: questa è la miglior combinazione possibile per assicurare grande leggibilità alla slide, e non è un caso del resto se i libri si stampano con caratteri neri su fondi bianchi. Anche il contrario, testi molto chiari su fondi neri garantisce una certa leggibilità, ma in questo caso lo sforzo dell'occhio da parte dello spettatore è maggiore.

Sicuramente non sono buone combinazioni quelle che non creano contrasto tra il fondo e il primo piano: colori scuri su colori scuri, per esempio. E non fatevi ingannare da ciò che riuscite a distinguere voi, sul monitor del PC che state usando per preparare la presentazione, a circa 50 centimetri dal vostro naso.

In una presentazione pubblica si deve tenere conto anche della distanza del pubblico dallo schermo (almeno a grandi linee) e fare di tutto per facilitare la lettura delle slide. Sono soprattutto i toni a definire le varie possibilità: un testo rosso vivace su un fondo blu shocking non è assolutamente leggibile, come un rosso mattone su un blu notte. Ma se pensiamo a un rosso molto pallido su un blu notte, allora la leggibilità migliorerà. Per evitare problemi, appunto, è meglio tornare alle idee originarie: nero su fondo bianco.

Allo stesso modo, l'uso eccessivo dei colori non porterà assolutamente una ventata di freschezza e vivacità alle proprie slide ma piuttosto confusione e approssimazione. Se possibile, si utilizzino colori con un significato (per esempio, quelli del logo societario) e sempre in numero ridotto, facendo attenzione agli accostamenti.

Infine, si ricordi che il tanto vituperato bianco è sinonimo di eleganza e pulizia, e il suo uso può rivelarsi di grande impatto in molte situazioni.

Consigli pratici per la grafica

Che la grafica si basi in gran parte sul proprio gusto personale è fuor di dubbio. Che sia un terreno scivoloso per molti utenti che si trovano a creare presentazioni è altrettanto vero. Purtroppo, chi non lo fa per professione, può facilmente essere attratto da soluzioni che solo apparentemente sono efficaci. Tuttavia, si possono seguire alcuni semplici trucchi per migliorare l'aspetto complessivo del documento.

- Coerenza espositiva. Una volta adottate delle scelte grafiche, si seguano per tutta la presentazione in modo da mantenere uniformità. Ciò vale per gli stili delle forme ma anche per i colori, per gli sfondi e per il posizionamento delle immagini
- Immagini originali. Si evitino le clipart, si scelgano immagini fotografiche, se possibili originali e non derivate da banche dati.
- Un elemento, un significato. Non usate grafica a caso, ma soltanto se è funzionale ad abbellire chiaramente oppure a denotare in qualche modo un significato, una sfumatura o l'importanza di un elemento.
- Evitare le rigidità. Ammorbidire le curve arrotondando gli angoli, utilizzare schemi con sviluppi armoniosi e simmetrici, dare spessore ai bordi e alle linee in modo che non siano taglienti: tutti questi accorgimenti rendono più dolce la presentazione
- Effetti in soffitta. Ombreggiature, sfumature, trasformazioni tridimensionali: siete proprio sicuri che servano a qualcosa? Gli utenti potranno facilmente restare confusi da questi effetti.
- Delicatezza multimediale. Non si usino suoni se non indispensabili per sottolineare un certo passaggio (di solito, in chiave ironica). Tra le animazioni si privilegino movimenti di media velocità e le dissolvenze, e si ricorra poco ai video.

L'esposizione orale

Se si pensa che creata al computer una buona presentazione il gioco sia fatto, si è decisamente fuori strada. Si è a metà dell'opera, un po' più avanti se è fatta veramente bene. Resta ancora lo scoglio più grande, quello nel quale non si può tornare indietro con il comando Ctrl+Z: parlare in pubblico esponendo le slide.

Prima di tutto si tenga presente che una presentazione è data dall'insieme di slide ed esposizione: le due parti si completano a vicenda e insieme danno un risultato finale efficace o meno.

È evidente che delle buone slide aiutino il processo espositivo, ma queste devono essere anche lette nel modo più opportuno, o meglio commentate. Uno degli errori più marchiani che si possano commettere, infatti, risiede nella lettura delle slide proiettate.

Il pubblico sa leggere da sé e non ha alcun bisogno di qualcuno che lo faccia al posto suo. Lo spettatore si aspetta quindi di ricevere da chi parla un valore aggiunto che può arrivare soltanto da un commento ragionato, appropriato e, se possibile, breve.

Interagire con il pubblico

Si deve stabilire da subito una relazione con il proprio pubblico. La prima questione da dirimere è allora decidere quale livello d'interazione consentire: il pubblico può interrompere in qualsiasi momento? Darete le risposte subito o alla fine? Sono ammessi commenti dagli altri spettatori oppure no?

La scelta dipende molto da come si vuole impostare la propria esposizione, ma in linea di massima è bene raccogliere le domande in un unico momento, che non è necessariamente quello finale. Se per esempio l'esposizione è divisa in blocco, in capitoli, al termine di ciascuno di questi si può fare un primo giro di domande e risposte.

Ciò ha anche il vantaggio di ripristinare un certo livello di attenzione nel pubblico: la curva dell'attenzione è molto forte all'inizio, scende in mezzo per rialzarsi verso la fine. Se nella presentazione si creano momenti di inizio e di fine, si otterrà il risultato di stimolare maggiormente l'attenzione.

Le domande potranno poi essere sfruttate per fare arrivare a tutti gli spettatori i chiarimenti necessari su un certo punto oppure i commenti.

In alcuni casi si potrebbe poi fare ricorso a un'introduzione iniziale, a presentazione ferma, dove poter esprimere delle considerazioni preliminari e generiche. Tuttavia tale scelta deve essere dettata più da considerazioni logistiche e opportunistiche che non da reali esigenze espositive: se è un escamotage per permettere elegantemente ai ritardatari di rientrare in platea e a tutti di concentrarsi sulla presentazione, allora può essere una buona idea.

Al contrario, se si pensa di dare un tono complessivo alla presentazione con un'introduzione formale, allora è meglio ricordarsi che andare diritti al cuore della questione rimane il miglior metodo d'esposizione.

Supporti all'esposizione orale

Quando si presentano le proprie slide, bisognerebbe essere capaci di anticipare sempre leggermente il contenuto della diapositiva successiva, in modo da dimostrare una piena padronanza del documento. Se al contrario ci si deve girare verso la slide, leggerla magari a mezza voce, ragionarci e quindi riprendere il filo del discorso, allora l'effetto non sarà dei migliori.

Per fare questo, naturalmente il primo e più importante passaggio è quello di provare e riprovare la presentazione, in modo da imprimersi in mente quanto più possibile i vari passaggi. Inoltre, un trucco che si può adottare, là dove è possibile, è quello di non dare le spalle al computer o allo schermo di proiezione così da avere una visuale di sbieco sia sul pubblico sia sulla presentazione.

In questo caso, PowerPoint viene anche parzialmente in soccorso con la *Visualizzazione relatore*. Si tratta di una particolare modalità di visualizzazione per cui su uno schermo (per il pubblico) viene visualizzata la presentazione a tutto schermo normalmente, mentre sull'altro viene visualizzata una presentazione con una serie di funzioni, tasti e comandi utili a migliorare l'esposizione in corso.

Per esempio, sono disponibili le anteprime di tutte le diapositive, facendo clic sulle quali si può saltare velocemente a una di esse, i comandi per lo schermo nero (utile quando si interrompe la presentazione per rispondere a domande), il tempo trascorso in ore e minuti dall'avvio della presentazione, e le note del relatore, che è possibile utilizzare come copione della presentazione.

Il tutto mentre sullo schermo per il pubblico la presentazione continuerà in visualizzazione *Normale*.

Per attivare questa funzionalità è necessario che il proprio computer supporti la funzionalità per monitor multipli e che la si attivi. Una volta effettuato, dalla scheda *Presentazione* si deve scegliere nel gruppo *Monitor* la voce *Visualizzazione relatore*. Il sistema provvede automaticamente a segnalare se eventualmente è stato rilevato un solo monitor e a procedere ai controlli per attivare le funzionalità di monitor multipli.

Dalla scheda *Presentazione*, gruppo *Imposta*, si può scegliere la voce *Imposta presentazione* per scegliere le opzioni di impostazione desiderate, tra cui la voce *Mostra visualizzazione relatore*, che permette di accedere alla tipologia in questione.

Questa visualizzazione consente di avere a colpo d'occhio sul proprio monitor una serie di comandi altrimenti raggiungibili, nella modalità di visualizzazione *Presentazione*, tramite il menu contestuale che appare facendo clic con il pulsante destro del mouse (Figura 10.6).

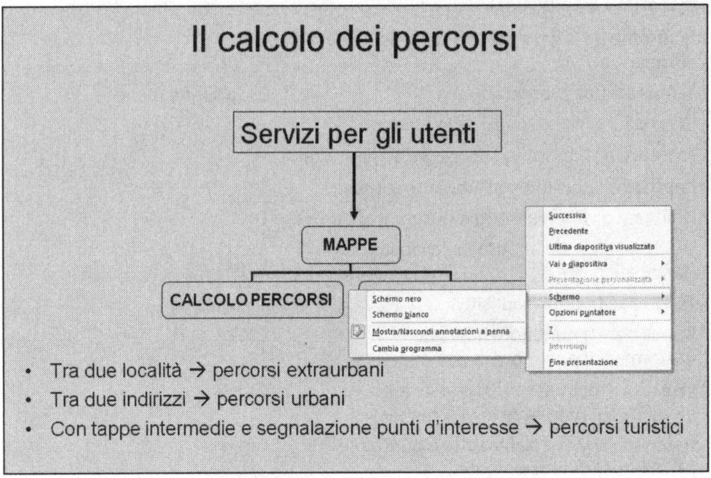

Figura 10.6 La visualizzazione Presentazione e il menu contestuale che appare dopo aver fatto clic con il pulsante destro del mouse.

Da qui è possibile passare alle diapositive iniziale o finale oppure ancora scegliere a quale arrivare (indicata per numero e titolo), ma si può anche impostare lo schermo su bianco o nero oppure cambiare la visualizzazione del puntatore in penna, evidenziatore (cambiando anche i colori se è il caso) o in gomma e via di seguito.

L'altro gruppo di comandi che si trovano esplicitati nella *Visualizzazione relatore* sono le funzionalità più particolari attivabili tramite comandi da tastiera, illustrati nella tabella.

Operazione/funzionalità	**Comandi da tastiera**
Avviare una presentazione dall'inizio.	F5
Eseguire l'animazione successiva o passare alla diapositiva successiva.	N, Invio, Pag↓, → o barra spaziatrice
Eseguire l'animazione precedente o tornare alla diapositiva precedente.	P, Pag↑, ← o Backspace
Andare alla diapositiva *numero*.	*numero*+Invio
Visualizzare una diapositiva nera vuota oppure tornare alla presentazione da una diapositiva nera vuota.	B o punto
Visualizzare una diapositiva bianca vuota oppure tornare alla presentazione da una diapositiva bianca vuota.	W o virgola
Interrompere o riavviare una presentazione automatica.	S
Terminare una presentazione.	Esc o segno meno
Cancellare le annotazioni sullo schermo.	E
Passare alla diapositiva successiva, se nascosta.	H
Impostare nuovi intervalli durante le prove.	T
Utilizzare gli intervalli originali durante le prove.	O
Utilizzare il clic del mouse per avanzare durante le prove.	M
Tornare alla prima diapositiva.	1+Invio
Visualizzare il puntatore nascosto e/o trasformare il puntatore in una penna.	Ctrl+P
Visualizzare il puntatore nascosto e/o modificare il puntatore in una freccia.	Ctrl+A
Nascondere immediatamente il puntatore e il pulsante di spostamento.	Ctrl+H
Nascondere il puntatore e il pulsante di spostamento dopo 15 secondi.	Ctrl+U
Visualizzare il menu di scelta rapida.	Maiusc+F10
Passare al primo collegamento ipertestuale o a quello successivo in una diapositiva.	Tab
Passare all'ultimo collegamento ipertestuale o a quello precedente in una diapositiva.	Maiusc+Tab
Eseguire l'operazione corrispondente al clic del mouse sul collegamento ipertestuale selezionato.	Invio mentre è selezionato un collegamento ipertestuale

Un'ultima caratteristica tecnica, infine, che può dare un grande aiuto al relatore è costituita dalla possibilità di scrivere, annotare ed evidenziare parti della presentazione direttamente mentre la si esegue, a uso e consumo del pubblico.

Per scrivere sulle diapositive o evidenziare parti della slide durante la presentazione, è necessario accedere al menu contestuale che appare facendo clic con il pulsante destro del mouse mentre ci si trova nella visualizzazione *Presentazione*. A quel punto bisogna cambiare le *Opzioni puntatore* scegliendo la voce preferita, *Penna* o *Evidenziatore*.

Per scrivere o disegnare sulle diapositive, basta tenere premuto il pulsante sinistro del mouse e trascinare. La stessa operazione deve essere compiuta per evidenziare una parte di testo o grafica. Una volta scritto sulla slide, tra le opzioni del puntatore compare anche la gomma, che permette di agire su quanto scritto cancellandolo completamente senza toccare la diapositiva sottostante (Figura 10.7).

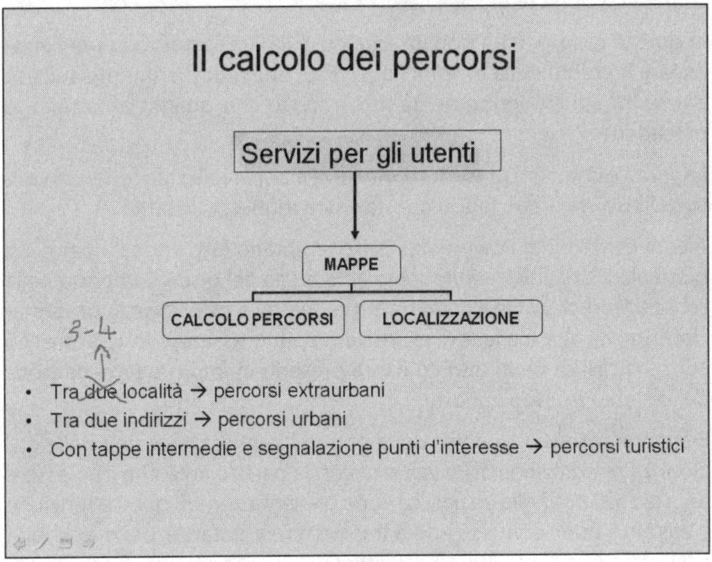

Figura 10.7 La diapositiva in visualizzazione Presentazione su cui si è intervenuti scrivendo a mano con il mouse.

Una volta che si esce dalla visualizzazione *Presentazione*, infine, il sistema chiede se si vuole mantenere o cancellare le annotazioni a penna:

se si decide di conservarle, da quel momento faranno parte della slide a tutti gli effetti e saranno visualizzate anche nelle altre modalità. Il tutto fino alla chiusura del documento, quando salvare o meno le modifiche segnerà il destino delle annotazioni a penna.

La scrittura con il mouse non è facile: ci si eserciti in precedenza per evitare brutte figure e comunque si ricorra alla scrittura su slide in termini di semplici annotazioni piuttosto che di integrazioni di contenuto.

Ogni presentazione ha il suo scopo

Sembra una battuta talmente è banale, ma non lo è. Lo strumento PowerPoint si è evoluto a tal punto che ormai non serve più soltanto per presentazioni professionali classiche. Per esempio, con PowerPoint si può preparare un buon album fotografico da trasmettere in automatico per la propria famiglia.

In questo caso, perché non inserire dei suoni di sottofondo per sottolineare le azioni della propria figlia? Ecco che il suggerimento sull'uso dei suoni va apparentemente in contrasto con quanto affermato in precedenza.

La verità è che ogni presentazione deve essere realizzata tenendo conto dell'uso che se ne farà, e questa è una regola sacrosanta.

Alcuni comandi di PowerPoint 2007 sembrano fatti apposta per i casi particolari. La *Registrazione commento audio* del gruppo *Imposta* nella scheda *Presentazione* a cos'altro serve se non a estendere la presentazione anche alla sua fase di esposizione pur in assenza del relatore? Lo stesso dicasi di molti altri comandi presenti in *Imposta presentazione* dello stesso gruppo *Imposta*.

E ancora in *Salva con nome* del menu del logo di Office una delle opzioni è *Presentazione di PowerPoint* con la particolarità che può essere aperta soltanto nella visualizzazione presentazione. E questa funzione a cos'altro può servire se non a trasmettere a distanza, per e-mail, una presentazione a carattere professionale di cui non si vuole mostrare nient'altro che l'effetto finale?

Gli esempi sono tanti: quando si realizza una presentazione, si tenga conto dell'uso che se ne vuole fare e si utilizzino le funzioni migliori per quello scopo.

Indice analitico